A Reinvenção do Bazar

John McMillan

A Reinvenção do Bazar

Uma História dos Mercados

Tradução:
Sergio Goes de Paula

Jorge Zahar Editor
Rio de Janeiro

Para minha mãe

Título original:
Reinventing the Bazaar
(A Natural History of Markets)

Tradução autorizada da primeira edição norte-americana
publicada em 2003 por Norton, de Nova York, Estados Unidos

Jorge Zahar Editor Ltda.
rua México 31 sobreloja
20031-144 Rio de Janeiro, RJ
tel.: (21) 2240-0226 / fax: (21) 2262-5123
e-mail: jze@zahar.com.br
site: www.zahar.com.br

Capa: Miriam Lerner

CIP-Brasil. Catalogação-na-fonte
Sindicato Nacional dos Editores de Livros, RJ.

McMillan, John
M429r A reinvenção do bazar: uma história dos mercados / John McMillan: tradução, Sergio Goes de Paula. — Rio de Janeiro: Jorge Zahar Ed., 2004

Tradução de: Reinventing the bazar: a natural history of markets
Inclui bibliografia
ISBN 85-7110-821-8

1. Capitalismo. 2. História econômica. 3. Economia de Mercado. I. Título

CDD 330.122
CDU 330.82

Sumário

Prefácio

"O que um professor universitário tem para me ensinar sobre a economia de mercado?", perguntou Scott McNealy, presidente do Conselho e principal executivo da Sun Microsystems, numa palestra para os alunos da Faculdade de Administração da Universidade de Stanford. A pergunta de McNealy, conhecido por seu ceticismo em relação aos professores universitários, tinha um caráter retórico, mas o desafio que ele propôs merece ser aceito.

A economia de mercado é tão onipresente quanto o ar que respiramos — não apenas para um executivo "superstar" como McNealy, mas para todos nós. Encontramos mercados todos os dias, de inúmeras maneiras: quando compramos e vendemos, quando trabalhamos, quando investimos. Mas podemos ter uma nova percepção se assumirmos um outro ponto de vista sobre o que nos é familiar.

Este livro é uma resposta ao desafio de McNealy. As pesquisas atuais dos economistas estão aprofundando nossa compreensão sobre os mercados. Nos capítulos que se seguem as novas idéias em economia, e algumas das antigas, são usadas para dissecar mercados exóticos, inovadores e também os de todos os dias — alguns no espaço físico, outros no ciberespaço. Como os mercados funcionam? O que podem fazer? O que não podem fazer? São estas as perguntas que vou tentar responder.

Os mercados são organizações sutis. Os mecanismos subjacentes as transações são intricados — e estão em um fluxo incessante. As pessoas são engenhosas para encontrar maneiras de efetuar trocas que trazem ganhos mútuos.

No entanto, os mercados só fazem o que devem fazer se estão bem estruturados. Qualquer economia bem-sucedida tem uma série de artifícios e procedimentos que fazem com que os mercados funcionem sem tropeços. Uma plataforma funcional tem cinco elementos: a informação flui sem dificuldades; os direitos de propriedade estão protegidos; pode-se confiar que as pessoas vão cumprir o que prometeram; os efeitos colaterais sobre terceiros são cerceados; e a concorrência é estimulada.

Em grande parte a plataforma do mercado evolui por tentativa e erro. Os mecanismos de transação desenvolvem-se de baixo para cima, através de inovações feitas pelos participantes. A evolução espontânea é a maior propulsão dos mercados. Para alcançar todo seu potencial, no entanto, os mercados precisam de ajuda do governo. Mercados e governos têm uma relação pouco confortável. Os mercados coordenam a economia melhor do que qualquer alternativa centralizada, e algumas vezes os governos distorcem e até mesmo destroem os mercados; mas a ajuda dos governos é essencial para a economia alcançar todo o seu potencial.

A força dos mercados está em sua capacidade de adaptação, em sua incansável reinvenção. Formatar os mercados para o século XXI é tanto uma tarefa para os governos como uma oportunidade para os empreendedores.

"Às vezes os economistas contam histórias melhores que as dos romancistas", observou o escritor Mario Vargas Llosa.[1] Minha tarefa é levar a cabo a observação de Vargas Llosa. A matéria-prima é rica: a história dos mercados é repleta de engenhosidade e criatividade humanas — e também de suas decepções e fracassos.

1

A única economia natural

Flores de todas as cores, cobrindo uma área do tamanho de 125 campos de futebol — é o que você vê quando visita o maior mercado de flores do mundo, na aldeia holandesa de Aalsmeer. É uma escala impressionante: sete milhões de rosas, três milhões de tulipas, dois milhões de crisântemos e oito milhões de outras flores e de plantas em vasos passam por lá em uma manhã típica. Cerca de dois mil compradores oferecem US$5 milhões por elas.[1]

As flores são mandadas de avião de lugares tão distantes quanto Colômbia, Quênia e Zimbábue. Embora embarcar flores para os Países Baixos possa parecer algo semelhante a vender uísque para escoceses, os holandeses hoje em dia são os donos do negócio global de flores. O mercado é organizado com tanta eficiência que as flores ainda estão frescas quando chegam a seus destinos finais em todo o mundo.

Um mercado mundial de flores, delicadas e perecíveis como são, não poderia existir sem a tecnologia moderna. Só no final da década de 1980 é que países como o Quênia tornaram-se produtores significativos. São precisos transporte aéreo e telecomunicações eficientes para levar rosas de um cultivador perto de Nairóbi a Aalsmeer, e de lá para um comprador de, digamos, Seul, em menos de um dia. Aparelhos eletrônicos rastreiam as flores conforme as negociações da casa de leilões prosseguem. O leilão segundo o método do "relógio holandês" permite que os milhares de lances sejam feitos em poucas horas. Um gigantesco relógio, ao qual todos os licitantes estão ligados, é colocado na frente de cada sala de leilões. À medida que cada lote de flores é trazido para dentro, o ponteiro do relógio começa em um preço alto e vai girando por preços menores até que um dos licitantes interrompe-o, apertando um botão. Os computadores então organizam a entrega das flores no endereço do comprador.

No dia 9 de novembro de 1989 a população de Berlim, em festa, derrubou o muro que por 30 anos dividira a cidade. Ao cair o muro, caíram também o comunismo e a economia planificada. A 30 de abril de 1995, o governo dos Estados Unidos deixou de controlar a Internet. E, quando os empreendedores imaginaram procedimentos para a compra e venda online, o comércio eletrônico floresceu. Essas duas datas marcam o início do que se tornou, para o bem ou para o mal, a era do mercado.

A reinvenção dos mercados não começou com a Internet nem com o fim da planificação centralizada. Os mercados existem há tanto tempo quanto a História e vêm sendo incessantemente reinventados. As primeiras cidades, no Crescente Fértil (o Iraque de hoje), criaram laços de comércio. Mulas e camelos carregaram bens — pedras preciosas, marfim, armas, especiarias, incenso e mirra — entre cidades como Babilônia e Ur. E, como subprodutos de suas atividades de comércio, os mercadores espalharam novas idéias e invenções. O dinheiro, eixo dos mercados, apareceu cedo. Pode-se ver o progresso da civilização em uma coleção arqueológica de moedas antigas.

A cultura se desenvolveu junto com os mercados. A escrita originou-se há cinco mil anos no Crescente Fértil como meio de registrar as informações econômicas. Os mais antigos documentos escritos que conhecemos — marcas em argila cozida — são registros de gado, grãos e óleo que eram usados por coletores de impostos e mercadores. A matemática também foi inventada no Crescente Fértil como ajuda à compra e à venda, pois a aritmética era necessária para computar custos e estabelecer preços.

Na ágora, a praça central de comércio na antiga Atenas, os vendedores se agrupavam segundo os ramos de negócio. Os vendedores de peixe ficavam em uma área, a carne era vendida em balcões reunidos em outra área, as roupas em uma terceira. Os vendedores de objetos mais valiosos, como perfumes e jóias, ocupavam uma construção especial. Os oleiros, que faziam os vasos e objetos de mesa que hoje vemos nos museus, tinham sua própria seção, como também os artesãos de metal que produziam chaves, espelhos de bronze, ferramentas e sinos. Mais do que apenas um mercado, a ágora era o coração de Atenas, local de disputas atléticas, reuniões políticas, espetáculos teatrais e festivais religiosos.[2]

As cores, ruídos e odores da ágora provavelmente eram semelhantes aos de qualquer bazar de hoje em dia, dos quais um exemplo extravagante é a feira de camelos que acontece uma vez por ano na pequena cidade de Pushkar, no estado desértico de Rajasthan, na Índia. A feira originou-se há muitos séculos como complemento a uma peregrinação hindu, pois se acredita que foi em Pushkar que Brahma, o criador, deixou cair a pétala de um broto de lótus e milagrosamente um lago se formou. Existem mais camelos à venda do que você acreditaria que fosse possível ver em um só lugar: cerca de 50 mil. É uma cena barulhenta, poeirenta, movimentada. Encantadores de serpentes, músicos, dançarinos ciganos, acrobatas e comedores de fogo entretêm as multidões. Mulheres em saris de cores vibrantes vendem comida e objetos artesanais. Há uma corrida de camelos e um jogo de pólo de camelos, com apostadores gritando furiosamente por seus favoritos. Enquanto isso, milhares de camelos, meticulosamente penteados para a ocasião, estão sendo regateados.

Os bazares da aldeia global de hoje estão na Internet. Conectando pessoas em qualquer lugar do mundo de maneira rápida e barata, a Internet transformou os mercados ao possibilitar trocas entre compradores e vendedores que, de outra maneira, talvez não se encontrassem. Ligado ao shopping eletrônico global você pode comprar quase tudo que deseje.

Durante a maior parte do século XX, os governos regularam excessivamente os mercados, especialmente em países comunistas como a União Soviética e a China, substituindo-os por sua antítese, a planificação central. Seguiu-se uma amarga decepção, à medida que essas economias estagnavam. O fracasso da economia planificada centralmente fez com que todos os governos do mundo se tornassem mais modestos sobre o que são capazes de fazer, reconhecendo que uma economia só funciona bem quando grande parte dela é deixada por conta dos mercados. Na Rússia, na China e em outros lugares, a economia foi dolorosamente reconstruída, algumas vezes de forma que nos leva a reexaminar o que achávamos que sabíamos sobre mercados.

O que queremos dizer com "um mercado"? Existe mercado para alguma coisa se existirem pessoas que querem comprar e pessoas que querem vender essa coisa. O dicionário define mercado como "um encontro de pessoas com propósito de negociar através da compra e venda privadas" e "um lugar público onde um mercado acontece".[3] Mas isto não vai muito além da superfície. O que caracteriza uma transação de mercado?

A chave é autonomia na decisão. A participação na troca é voluntária; tanto o comprador como o vendedor são capazes de vetar qualquer negócio. São entidades separadas. Controlando seus próprios recursos, os participantes de um mercado, ao decidirem como usarão esses recursos, não estão obrigados a seguir as ordens de outros. Estão livres para tomar decisões — comprar, vender, investir, empenhar-se — que reflitam suas próprias preferências. Mas suas escolhas não são completamente livres: estão limitadas pelo volume de seus recursos e pelas regras do mercado.

Se as pessoas não têm autonomia, suas negociações não são, segundo essa definição, negociações de mercado. Quando existe uma relação de autoridade — uma parte está cuidando da outra, ou uma autoridade mais alta cuida das duas —, então qualquer transação está em outra categoria; não é transação de mercado.

Para quem é pobre, a liberdade que é a essência do mercado pode ser muito limitada. "Comam brioche" é um conselho inútil para quem não pode comprar pão. O poder de barganha entre comprador e vendedor algumas vezes é muito desigual. Ser capaz de vetar qualquer negociação realmente dá algum poder de barganha, mas não necessariamente muito. Apesar disso, a oportunidade de concordar ou discordar de uma troca é uma espécie de liberdade. Alguma escolha, mesmo pequena, geralmente é melhor do que nenhuma.

A concorrência, embora não seja uma característica definidora do mercado, normalmente está presente e acrescenta autonomia. Ela refreia o poder dos participantes individualmente e, na maioria dos mercados, impede que qualquer um deles tenha um efeito decisivo nos resultados gerais. O consumidor pode dizer "Não, vou comprar em outro lugar". Um mercado competitivo significa que existe esta alternativa.

Assim, uma definição para transação de mercado é uma troca voluntária: qualquer parte pode vetá-la e (sujeitos às regras do mercado) cada um concorda livremente com os termos. O mercado é um foro para realizar tais trocas.

Além dos mercados, existe também "o mercado", uma abstração, como "a economia de mercado" ou "o mercado livre", ou "o sistema de mercado". O mercado abstrato surge da interação de muitos mercados reais. Por "um mercado" ou "um espaço de mercado" quero dizer um local físico específico ou ciberespaço onde se compram e vendem bens. Por "o mercado" (o contexto vai deixar isto claro), quero dizer a abstração.

Com esta definição, muitas transações ficam de fora. Mercados jamais são ubíquos. Mesmo na economia mais orientada para "o mercado", a maioria das transações não passa pelos mercados. O alcance deles é delimitado. Existem três categorias predominantes de atividades de não-mercado.

A primeira é o trabalho não-pago nas famílias, tais como cuidar dos filhos e da casa, fazer comida para a família. É difícil avaliar o valor econômico do trabalho doméstico, mas, nos Estados Unidos, o trabalhador doméstico em tempo integral produz em média, segundo uma estimativa, bens e serviços que, se lhes fosse atribuído preço, valeriam cerca de US$17 mil anuais.[4]

Atividades governamentais como a construção de estradas, a administração de escolas e o trabalho da polícia compõem outra categoria de não-mercado. O consumo do governo (todas as atividades governamentais que não a transferência de renda entre as pessoas) significa um quinto ou mais da Renda Nacional nas economias modernas.

Os negócios feitos no interior das empresas são outra grande categoria de não-mercado. Nos Estados Unidos e em economias semelhantes ocorrem mais transações no interior das empresas do que através dos mercados. Quando a General Motors faz uma encomenda de engrenagens, é diferente se o produtor das engrenagens é uma firma independente ou uma divisão da GM: a propriedade não muda quando os bens se deslocam de uma parte da empresa para outra, ao contrário de quando se deslocam entre empresas ou da empresa para o consumidor. Nas transações de mercado, agentes autônomos seguem seus próprios interesses.

Nos negócios intra-empresa, em contraste, elas não são mediadas pelo mercado, mas pelas regras da empresa, e são realizadas — ou pelo menos deveriam ser — de maneira a promover não os objetivos individuais de quem toma as decisões, mas os objetivos globais da organização.

Por que então é chamada de "economia de mercado", dado que a maioria das transações, no interior das famílias, das empresas e do governo, estão na verdade fora do mercado? É uma economia de mercado porque mesmo essas transações acontecem no contexto dos mercados. As transações de mercado moldam a economia como um todo.

Ninguém é encarregado de um mercado — ou melhor, todos são. Essa descentralização traz dinamismo. Os mercados dão poder às pessoas. O teatrólogo tcheco Vaclav Havel, um corajoso dissidente do comunismo e depois presidente de seu país na fase de desmontagem da economia planificada, tem, como ninguém, credenciais para comparar o mercado a suas alternativas. "Embora meu coração possa estar à esquerda do centro, sempre soube que o único sistema econômico que funciona é a economia de mercado", disse ele. "É a única economia natural, a única que faz sentido, a única que leva à prosperidade, porque é a única que reflete a própria natureza da vida. A essência da vida é infinita e misteriosamente multiforme e portanto, em sua plenitude e variabilidade, não pode ser contida ou planejada por qualquer inteligência central."[5]

Já houve quem invocasse o sobrenatural para explicar o que parece extraordinário: que os mercados possam funcionar sem que ninguém tome conta. O reverendo Richard Whately, que no século XVIII foi professor de economia política na Universidade de Oxford, acreditava que a coerência do mercado era uma prova da existência de Deus. Se nenhum planejador humano está guiando o mercado para o resultado ótimo, Deus deve existir; a mão invisível é a mão de Deus.

Um fervor religioso caracteriza hoje em dia alguns fãs do mercado livre. "O verdadeiro espírito capital da economia capitalista corrente não é material. É moral, intelectual e espiritual", declarou George Gilder, um evangelista do libertarianismo. Ele também disse que o empreendedorismo "decorre, de maneira muito profunda, da fé e da cultura religiosas" e que os empreendedores "incorporam e completam os doces e misteriosos consolos do Sermão da Montanha". Ronald Reagan gostava de usar a frase "a mágica do mercado" — inadvertidamente confirmando o dito que fala da "economia vudu".

Carlos Fuentes, o romancista, fazia pouco do que ele chama de fundamentalismo econômico, "com sua convicção religiosa de que o mercado, deixado aos seus próprios mecanismos, é capaz de resolver todos os nossos problemas". Gozando os fanáticos do mercado, Harvey Cox, que é professor de teologia, disse que para os verdadeiros crentes o mercado é como Deus, "no mistério que o envolve e na reverência que inspira". Como Deus, os prosélitos do mercado afirmam que ele é "onipotente (possui todos os poderes), onisciente (possui todo o saber) e onipresente (existe em todos os lugares)". Esses atributos divinos, completa Cox, "nem sempre são completamente evidentes para os mortais, mas deve-se acreditar neles e afirmá-los pela fé".[6]

Não é preciso fé. A "mão" que guia o mercado pode ser invisível, mas não é sobrenatural. O mercado não é onipotente, onipresente ou onisciente: é uma invenção humana com imperfeições humanas. Ele não funciona necessariamente bem, nem por mágica ou feitiçaria. Funciona através de instituições, procedimentos, regras e costumes. Um dos meus objetivos com este livro é desmistificar o mercado.

A teoria econômica acadêmica não esconjura a idéia de que os mercados são mágicos, pois pouco dizem sobre como eles fazem seu trabalho. Embora a economia seja, em grande parte, o estudo dos mercados, eles são descritos abstratamente nos livros-texto. O gráfico de oferta e demanda, apresentado em incontáveis aulas de Introdução à Economia, é uma descrição sem vida do processo de troca. Não explica muita coisa que precisa ser explicada. Ele nos diz o que os preços podem fazer, mas nada diz sobre como são estabelecidos. Oferta e demanda passam ao largo de questões como o encontro entre compradores e vendedores, quais outras transações eles fazem, como os compradores avaliam o que estão comprando, como os acordos são levados a termo. Três ganhadores do Prêmio Nobel notaram esse fato estranho. George Stigler achava "constrangedor que tão pouca atenção tenha sido dada à teoria dos mercados". Douglas North observou o "fato peculiar" de que na economia "haja tão pouca discussão sobre a instituição central subjacente à economia neoclássica — o mercado". Ronald Coase queixou-se de que o mercado tem um "papel à sombra" na teoria econômica, e que "a discussão sobre o mercado desapareceu completamente".

A crítica desses laureados agora foi enfrentada. A economia moderna tem muito a dizer sobre o funcionamento dos mercados. Os teóricos abriram a caixa-preta da oferta e demanda e olharam para dentro dela. A teoria dos jogos foi aplicada ao processo de troca. Ao examinar os mercados de perto, a nova economia enfatizou as fricções do mercado e como elas são contidas. Em 2001 esse trabalho foi reconhecido, com a concessão do Prêmio Nobel de economia para George Akerlof, Michael Spence e Joseph Stiglitz por lançarem as bases, como diz a citação do Nobel, "de uma teoria geral dos mercados com informações assimétricas". Expressas em matemática e em um jargão impenetrável, essas novas idéias residem obscuramente nas revistas acadêmicas especializadas. Mas têm, no entanto, um profundo conteúdo prático.[7]

A troca é "uma das mais puras e mais primitivas formas de socialização humana", escreveu George Simmel em 1900; ela cria "uma sociedade no lugar de uma mera coleção de indivíduos"[8]. Um mercado é uma construção social, e para funcionar com eficiência ele precisa ser bem construído. A expressão "desenho de mercado" refere-se aos métodos de transacionar e aos artifícios que permitem que as transações se façam sem problemas.

O desenho de mercado consiste nos mecanismos que organizam a compra e venda; nos canais para o fluxo de informação; nas leis e regulamentações governamentais que definem os direitos de propriedade e sustentam os contratos; e na cultura de mercado, suas normas auto-reguladoras, códigos e convenções que governam o comportamento. Embora o desenho não controle o que acontece no mercado — como já dissemos, a chave de tudo é a livre decisão —, ele formata e apóia o processo de transação.[9]

Um desenho de mercado funcional mantém sob controle os custos de transação — as várias fricções no processo de troca —, que incluem o tempo, o esforço e o dinheiro gasto no processo de fazer negócios, tanto os do comprador como os do vendedor.[10] Os custos de transação são muitos e muito variados.

Os custos de transação podem existir antes mesmo de o negócio ser feito. Localizar potenciais parceiros de negócios pode custar tempo e dinheiro. Comparar os vendedores e escolher entre eles exige esforço do comprador. Muitas vezes a qualidade dos bens à venda não aparece de imediato, e o comprador pode ter um certo trabalho na avaliação. Se ela não for confiável, pode ser que o comprador relute em fazer a transação.

Quando se faz um acordo, há outros custos de transação. As negociações podem ser interrompidas. Quando se barganha, muitas vezes acontecem exageros na tentativa de fazer um bom negócio, que provocam um impasse e estragam o que poderia ser um acordo mutuamente benéfico.

Após o fato, ainda há outros custos de transação. O trabalho de monitoração custa tempo e dinheiro. A implementação dos contratos, a prevenção e o acerto de disputas não são gratuitos. Se os acordos não forem inequívocos pode-se desistir de oportunidades produtivas. Um fabricante de componentes como chips de computador ou bancos de carro pode preferir uma produção uniforme e vendê-la a várias firmas, ao invés de adaptar seus produtos às necessidades de uma única empresa, porque com isso, embora ele crie mais valor, ficará mais vulnerável aos caprichos de um único freguês.

Os custos de transação usam recursos de maneira não relacionada com o valor real do negócio a ser feito. No caso extremo, os custos de transação podem fazer com que os mercados sejam disfuncionais. Se a informação do mercado for tão inadequada que o comprador só consiga localizar *um* vendedor, este pode explorar a falta de alternativas do comprador e cobrar um preço exorbitante. Uma disfunção de mercado ainda mais extrema ocorre quando os custos de transação são tão altos que anulam quaisquer potenciais benefícios com o negócio. Os custos de transação podem frustrar trocas que, não fossem eles, valeriam a pena. Por exemplo: há desemprego não apenas porque existam empregos de menos, mas também porque os custos de transação no mercado de trabalho impedem que empregadores e pessoas que buscam empregos se conectem. Uma maneira nova de fazer negócios que reduza os custos de transação pode trazer benefícios para todos.

Os mercados modernos são organizações sofisticadas. Os mercados de produtos multifacetados como automóveis e computadores, e de trabalho e serviços financeiros, devem resolver uma série de problemas que não existem no caso dos produtos mais simples, como roupas e alimentos. Um deles é que um mercado só funciona bem se a informação flui sem dificuldades. Uma distribuição desigual de informação atrapalha as negociações e limita o alcance do que pode ser contratado. A transmissão de informação exige artefatos que garantam a confiabilidade das comunicações. Outro problema: o mercado só funciona bem quando as pessoas confiam umas nas outras. A confiança exige mecanismos que a garantam, já que, lamentavelmente, nem todo o mundo é inerentemente confiável. Muitos bens têm características ocultas, de modo que deve haver alguma maneira de garantir aos compradores a qualidade do bem. A confiança também é necessária em transações que levam tempo para se completar. As pessoas relutam em investir sem alguma garantia de que o outro cumprirá suas promessas. Por essas e por outras razões, uma moderna economia de mercado necessita de uma plataforma suficientemente sólida para suportar transações altamente complexas.

Quando as coisas funcionam bem, nem notamos o desenho do mercado. Onde os custos de transação são baixos, os mecanismos que os contêm são quase invisíveis. Um desenho inadequado, ao contrário, é facilmente perceptível e seu sintoma é um mercado disfuncional. Nós vamos examinar mercados em todo o mundo. Quando olharmos para países pobres, onde, por uma razão ou outra, os custos de transação muitas vezes são altos, veremos o que está faltando. Quando olharmos para países ricos, veremos surgir novas maneiras de fazer negócios em resposta a novas tecnologias.

Algumas partes do desenho de um mercado são concebidas pelos próprios participantes do mercado, outras, pelo governo. Na maioria dos casos as regras do jogo de mercado se desenvolvem por transformação espontânea, com os participantes desenhando maneiras melhores de transacionar. (Vou me referir a este aspecto do desenho do mercado como "informal" ou "de baixo para cima".) Mas reduzir os custos de transação é uma tarefa não apenas dos empresários, mas também de política pública. O governo tem a responsabilidade de estabelecer e manter um ambiente no interior do qual os mercados funcionem com eficiência. (Vou me referir a este aspecto do desenho de mercado como "formal" ou "de cima para baixo".)

Uma parte básica do papel do governo no desenho do mercado é a definição dos direitos de propriedade. A maneira mais segura de destruir um mercado é solapar a crença das pessoas na segurança de sua propriedade. Mas o papel do governo vai muito além de atribuir direitos de propriedade.

Os atos governamentais para sustentar os mercados começaram cedo. No século V a.C., Creso (rei da Lídia, no que atualmente é a Turquia) cunhou moedas de ouro e de prata com pureza garantida. Assegurar a fidelidade da moeda ajudou a espalhar o comércio pelo mundo antigo. Atualmente, para estimular o crescimento econômico de países pobres na África, Ásia e América Latina é preciso, entre outras coisas, recompor as instituições que apóiam os mercados, como as leis de contrato, de modo a reduzir os custos de transação. Creio que se pode argumentar que o subdesenvolvimento decorre do funcionamento inadequado dos mercados. Mesmo em países ricos, o governo deve estar pronto para adaptar as regras do jogo de mercado de modo a acomodar novas tecnologias. As novas formas de comunicação na Internet, por exemplo, exigiram uma reavaliação das leis de direito autoral: deve a lei permitir que as pessoas usem a Internet para enviar gratuitamente gravações de música, ou a cópia sem restrições inviabiliza o mercado de gravações? Em economias que funcionam bem, como as da América do Norte e da Europa Ocidental, o Estado tem um papel ativo na criação de leis e regulamentos.

Como disse Richard Dawkins, a evolução biológica funciona como um relojoeiro cego.[11] Pode parecer que organismos como o olho humano, que são tão maravilhosamente complexos, foram projetados por um mestre relojoeiro, mas na verdade foram "projetados" por uma seleção natural sem objetivo, gradual e não-planejada. Os sistemas econômicos evoluem de maneira semelhante. Um mercado se desenvolve por tentativa e erro, através das ações cotidianas dos participantes no mercado. Mas há duas diferenças. Os componentes do sistema econômico em evolução são agentes inteligentes, não moléculas burras; a direção da mudança é conscientemente afetada pelos participantes do mercado, que olham para frente e ajudam a projetar o sistema. Além disso, partes do sistema econômico, tais como as leis, são impostas pelo Estado ou por alguma outra organização — na verdade, por um relojoeiro que enxerga, embora nem sempre seja hábil. Até mesmo a mais descentralizada das economias tem alguma administração central: da legislatura, dos tribunais, das agências reguladoras. Não há ninguém tomando conta de tudo, mas algumas pessoas estão dirigindo.

A história do futebol é um modelo para o desenvolvimento de um mercado. Em suas variantes — futebol, rúgbi, futebol americano — esse esporte descende de jogos populares que existiram na Inglaterra desde a era medieval. O futebol tinha poucas regras, que emergiram espontaneamente: apoiavam-se nos costumes e variavam de aldeia para aldeia. Podiam jogar quantos quisessem. Se os espectadores tivessem vontade de se juntar ao jogo, podiam fazê-lo. Não havia árbitro, apenas uma espécie de controle social pelos próprios jogadores.

Não era exigida muita habilidade, apenas músculos. O objetivo era, usando quaisquer meios, levar a bola, uma bexiga de porco inflada, até o limite do campo do oponente. No começo da partida alguns dos jogadores mais fortes tomavam a bola. "O resto dos jogadores imediatamente se juntaram em torno deles, e uma sólida massa se formou", relata um espectador de um jogo que aconteceu em 1829 na paróquia de Todos os Santos e São Pedro, no Derbyshire. "A briga para pegar a bola, que era carregada nos braços dos que se apossavam dela, era violenta, e o movimento da maré humana, indo para frente e para trás sem qualquer preocupação com as conseqüências, era tremendo." Muitas vezes os jogadores caíam "devido à intensidade da pressão, desmaiando e sangrando sob os pés da multidão".

Ao longo de centenas de anos o jogo foi se desenvolvendo aos poucos. E então, de repente, transformou-se em futebol e rúgbi. Essas mudanças não foram conseqüência, como nos séculos anteriores, do nível local, mas vieram de cima para baixo. Foram formadas corporações nacionais na Inglaterra, a Football Association em 1863 e a Rugby Football Union em 1871, com o objetivo de codificar as regras. O futebol e o rúgbi tiveram início quando um projeto formal foi sobreposto aos padrões de jogo que haviam evoluído.

As habilidades dos jogadores, e não apenas os músculos, passaram a ser importantes. O jogo era popular, mas, de alguma maneira, era considerado um passatempo desabonador de aldeões e estudantes da Inglaterra. Em suas formas novas e estruturadas, ele varreu o mundo. O futebol transformou-se no belo jogo que é hoje em dia, o maior esporte do mundo. Rúgbi se tornou um jogo de velocidade e estratégia. Através de um outro processo de evolução espontânea, somado a novo estabelecimento proposital de regras, o rúgbi, por sua vez, deu origem ao futebol americano, um jogo que lembra o xadrez.[12] A diferença entre o jogo antigo e seus descendentes extremamente bem-sucedidos eram as regras explícitas e passíveis de serem impostas.

Um mercado típico nasce e cresce como o futebol: evolui espontaneamente, dirigido por seus participantes e opera com pouca ou nenhuma estrutura formal — mas apenas até certo ponto. Para alcançar um determinado grau de sofisticação, seus procedimentos devem ficar claros e é preciso uma autoridade para os impor. Apenas quando as regras informais são suplementadas por algumas regras formais é que um mercado pode alcançar seu pleno potencial, com as transações sendo conduzidas eficientemente e tornando possíveis negócios complexos.

Um mercado absolutamente livre é como o futebol antigo: uma disputa onde todos se metem. Um mercado real é como o futebol americano: uma disputa ordenada.

Os mercados provocam choques de opiniões. Algumas pessoas os enconjuram como causa de exploração e pobreza. Outras os louvam como fonte de liberdade e prosperidade. Existe o dogma de que os mercados são inerentemente perniciosos, de modo que devem ser sistematicamente dominados pelo Estado; e há também o dogma de que são inerentemente benéficos, de modo que podemos deixar tudo a cargo do mercado livre. "Para cada problema há uma solução," disse H.L. Mencken, "que é simples, direta e errada." Ambas as soluções simples e diretas habitualmente oferecidas para todos os tipos de males sociais — "suprima o mercado" e "deixe tudo por conta do mercado" — quase sempre estão erradas.

"Arranjem-me um economista maneta", foi o pedido do presidente Herbert Hoover, cansado de ver seus assessores econômicos apontando diferentes caminhos possíveis.* No entanto, respostas honestas para as grandes perguntas da economia raramente estão livres de embargos. Quanto aos méritos dos mercados, a maioria dos economistas levanta, sem qualquer culpa, muitas objeções.

Os mercados são importantes demais para serem deixados para os ideólogos. Na verdade, são o meio mais eficiente para melhorar o bem-estar das pessoas. Para os países pobres, eles oferecem o caminho mais seguro para sair da pobreza. Para os países ricos, eles são parte do que é necessário para manter seus padrões de vida.

Os mercados, assim, são a máquina antipobreza mais poderosa que existe — mas só quando funcionam bem. A restrição é crucial. Mais de um bilhão de africanos e asiáticos, segundo o Banco Mundial, se arranjam para viver com menos de US$1 por dia.[13] Isto é mais gente do que toda a população do rico Ocidente. Para uma grande quantidade de pessoas, ao que parece, os mercados não estão fazendo muito bem.

Não há dúvida de que os governos dos países pobres muitas vezes intervêm em excesso, sufocando os mercados e exacerbando a pobreza. Mas isto não é tudo. Se os Estados suspendessem essas intervenções, esses países continuariam pobres. Em Calcutá, Cairo ou Tijuana há mercados operando em todos os lugares. É impossível ver-se livre dos vendedores loucos para vender coisas. O problema nos países em desenvolvimento não é que não existam mercados; é que eles funcionam mal.

Deixados por sua própria conta os mercados podem falhar. Para gerar todos os seus benefícios eles precisam da ajuda de um conjunto de regras, costumes e instituições. Não podem operar eficientemente em um vácuo. Se as regras do jogo do mercado forem inadequadas, como acontece freqüentemente, é difícil, e demorado, consertá-las. Muitos países, para prejuízo de seus cidadãos, ainda não conseguiram fazer isto.

Os mercados não são milagrosos. Existem problemas de que eles não podem tratar. Se sua plataforma não for sólida, eles sequer resolvem os problemas que devem resolver. Vistos como instrumentos, os mercados não precisam ser reverenciados ou execrados — basta deixá-los operar onde forem úteis.

---

* No inglês há um trocadilho com o uso da palavra *hand* (mão) nas expressões "*on the one hand*" (por um lado) e "*on the other hand*" (por outro lado). (N.T.)

Na Rússia de 1992, em meio às ruínas do comunismo, o Estado abruptamente deixou de controlar a economia. Poucos anos depois, quando o caminho na direção de uma economia de mercado se transformou em um atoleiro e o país ficou em uma situação lastimável, circulou uma piada pelas ruas de Moscou:

— Quantas pessoas são necessárias para trocar uma lâmpada no comunismo?

— Cinco: uma para segurar a lâmpada, quatro para girar a mesa em que ele está em pé.

— E no capitalismo, quantas?

— Nenhuma, o mercado cuida disso.

O sarcasmo russo chama a atenção para um ponto crucial: embora os mercados possam fazer muita coisa, não funcionam automaticamente. Sem ajuda, ele não vai cuidar das coisas.

"Deus está nos detalhes", declarou o arquiteto Ludwig Mies van der Rohe. As pessoas que construíam segundo os projetos desse arquiteto geralmente resmungavam que "o Diabo está nos detalhes" e que Mies van der Rohe estava invertendo as queixas deles. Para os mercados, assim como para as edificações, são os detalhes de projeto que determinam se estes funcionam bem ou não. Tanto Deus como o Diabo estão nos detalhes.

2

Triunfos da inteligência

Numa calçada de Hanói, em 1995, um policial aborda uma vendedora ambulante. Com o cassetete, esmigalha metodicamente os melões que ela estava vendendo e destrói seu carrinho de madeira. Uma multidão se junta e observa em amedrontado silêncio. Nenhum dos espectadores tentou interceder: sabiam que não deviam se meter com a polícia vietnamita. Terminada a tarefa, o policial se afasta com ar orgulhoso, deixando uma grande sujeira na calçada. A vendedora resignadamente cata alguns pedaços dos destroços. Não era seu primeiro encontro com um policial sádico, nem seria o último. Mas ela tinha de dar um jeito para viver, e por isso ia continuar.

Os vendedores ambulantes de Hanói — em sua maioria camponesas de chapéu de palha cônico, muitas vezes com crianças no colo — vendem frutas, legumes e pequenos objetos de casa. Os moradores da cidade apelidaram os pequenos balcões de "mercados de rãs", por causa da agilidade dos ambulantes em fugir da polícia, levando as coisas em carrinhos ou em cestas suspensas nas pontas de varas. Os que têm o azar de serem pegos olham, sem nada poder fazer, a polícia destruir ou roubar suas mercadorias. Os que escapam exibem as mercadorias em outra esquina. Um jornal do Partido Comunista exortou a prefeitura a "varrer estes vagabundos para fora de Hanói". O comércio irregular era anátema para as autoridades, mas elas não conseguiam eliminá-lo. A teimosia dos vendedores reafirma um provérbio vietnamita: "Tentar parar um mercado é como tentar parar um rio."

Os ruandeses, nos campos de refugiados no Zaire (hoje República Democrática do Congo), após escaparem à criminosa guerra civil em seu país, imediatamente transformaram suas casas no exílio em um lugar de animada atividade comercial. Segundo um relatório do Alto Comissariado para Refugiados das Nações Unidas, em 1995 havia cerca de 82 mil negócios nos campos. A fome, o terror e a doença tornaram-se um pouco menos insuportáveis através dos improvisados mercados de comida, bares, restaurantes, serviços de ônibus, cabeleireiros, alfaiates, açougueiros, fotógrafos, cinemas e farmácias.

Da mesma forma, surgiram mercados nos campos de concentração da Segunda Guerra Mundial. Segundo R.A. Radford, um britânico capturado pelos alemães, os prisioneiros negociavam as rações de comida fornecidas pela Cruz Vermelha, cigarros e roupas. No lugar de dinheiro, os cigarros eram meio de troca e reserva de valor. Os preços flutuavam de acordo com a oferta e a demanda: a comida tornava-se mais cara sempre que chegava uma nova leva de prisioneiros famintos. De início os preços caíam por ocasião da entrega semanal de comida, porém mais tarde os prisioneiros começaram a estocar comida, o que atenuava as variações na oferta. Alguns prisioneiros se estabeleceram como intermediários, comprando em partes mais baratas do campo e vendendo onde eram mais caros; esta atividade igualava os preços. Havia até mesmo um mercado de trabalho, com prisioneiros oferecendo serviços de lavanderia e de pintura de retratos, e um mercado financeiro rudimentar, com os vendedores dando crédito aos compradores.[1]

Esses mercados improvisados encerram algumas das características-chave dos mercados em geral. Os mercados são resistentes; um campo de refugiados ou um campo de prisioneiros pode parecer um lugar improvável para um florescente sistema de mercado. Os mercados geram ganhos com o comércio; uma das observações mais importantes em toda a economia é que comprar e vender cria valor. Os refugiados de Ruanda concentraram seu trabalho. Alguns limpavam carne, outros plantavam legumes; outros juntavam lenha, outros trabalhavam como alfaiates ou cozinheiros. Eles então negociavam o que produziam. No campo de prisioneiros, os não-fumantes vendiam cigarros para comprar comida, enquanto índios vegetarianos trocavam carne enlatada por geléia e margarina. A capacidade de negociar significava que os refugiados e prisioneiros estavam em situação melhor do que Robinson Crusoé, que só podia consumir aquilo de que dispunha.

Os mercados sempre conseguem aparecer. Eles podem operar em tempos difíceis. Podem nascer e crescer como mato e funcionar efetivamente — pelo menos quando as transações são diretas. Quando seus meios de vida estão em risco as pessoas são engenhosas para encontrar maneiras de melhorar a sorte, criando novos mercados ou projetando melhores.

Até mesmo os mercados mais simples revelam surpreendentes sutilezas quando examinados de perto. Consideremos o mercado de Makola, no centro de Acra, Gana, tal como descrito por Claire Robertson, uma estudiosa da África. Os balconistas, geralmente mulheres, vendem peixes, legumes, grãos, comida enlatada e artigos domésticos básicos. Operam numa escala diminuta, e num dia típico os negócios não vão além de alguns dólares. O mercado, instalado em vários telheiros grandes, com chão de terra, é apinhado e poeirento. A pressão das pessoas, o barulho e o cheiro de peixe deixam o visitante tonto.

As primeiras impressões são enganadoras. Por mais primitivo que possa parecer, o mercado de Makola é um sistema intricado. As vendedoras não são apenas varejistas, mas também atacadistas: compram estoques para vender pequenas quantidades aos consumidores e agregam pequenas compras para revender a outros vendedores. Organizam o transporte dos bens — uma questão nada simples em um país com rodovias e ferrovias inadequadas — servindo como intermediárias entre produtores e consumidores muito dispersos. Têm alguma manufatura rudimentar: enfiam contas e processam matérias-primas, transformando-as em alimentos, condimentos e cosméticos. Descobrem usos reciclados para garrafas, latas e jornais. Ao avaliar a capacidade de pagamento dos fregueses e ao lhes dar crédito, desempenham o papel de bancos.

Como são analfabetas, têm de fazer os registros dos negócios de cabeça, demonstrando uma impressionante capacidade de memória. Fazem cálculos precisos dos custos dos insumos, para poderem determinar seus lucros. O preço que uma vendedora cobra por um colar de contas, por exemplo, reflete o preço pago pelas contas e pelo fio, o tempo que ela ou a empregada gastou enfiando as contas e a margem de lucro desejada.

As vendedoras desenvolveram seu próprio sistema legal em miniatura. Surgiram direitos informais de propriedade. Embora não tenham título legal do lugar onde vendem, que tecnicamente é de propriedade do Conselho da Cidade de Acra, elas agem como se tivessem. Os espaços são herdados: muitas vezes a vendedora adquiriu-o da mãe ou da irmã. Também são alugados, comprados e vendidos. Certas comerciantes respeitadas, chamadas de "mães rainhas", atuam como juízes, arbitrando quando surgem disputas.

Os ganhos com o comércio são generalizados. As comerciantes melhoram a vida de outras pessoas — e delas próprias — ao disponibilizar comida para os pobres da cidade e ao gerar renda para os produtores agrícolas, com a qual eles satisfazem necessidades como roupas. Assim, elas são um exemplo da análise que Adam Smith fez sobre o comerciante: "Ao buscar seus próprios interesses ele freqüentemente promove o da sociedade com mais eficiência do que se realmente pretendesse promovê-lo."

O mercado de Makola continuou a operar a despeito das tentativas periódicas, e por vezes violentas, do governo ganense de acabar com ele. Tais tentativas atingiram o cume da brutalidade em 1979, depois que o governo militar acusou os comerciantes do mercado de violarem os controles de preço. Soldados pilharam as barracas e depois dinamitaram o mercado. Mais tarde, na cidade de Kumasi, soldados armados de metralhadoras invadiram o mercado local e espancaram as comerciantes. Acusando uma delas de aproveitadora, um soldado tirou-lhe o filho e fuzilou-a. Depois disso, tratores transformaram as barracas em pó. Um soldado observou: "Nós vamos ensinar as mulheres de Gana a deixarem de ser perversas."

O governo de Gana, invocando a "ameaça das mulheres do mercado", usou as comerciantes como bodes expiatórios para seus próprios fracassos políticos, que haviam levado o país a severa escassez e inflação. Os jornais repetiram o discurso do governo. Um deles descreveu a demolição do mercado como uma "feliz tragédia" que provocou "lágrimas de alegria no trabalhador, no homem comum", que se encontrava "sem ajuda nas mãos das insensíveis conspiradoras de Makola" (ou seja, as vendedoras).

Em uma semana elas estavam de volta ao mesmo lugar, vendendo peixes e vegetais, embora sem um teto. As realizações das comerciantes de Makola, escreveu Robertson, "foram triunfos de inteligência, determinação e, algumas vezes, desespero"[2].

Um exemplo americano de desenvolvimento espontâneo de mercados aconteceu durante a Lei Seca. De 1920 a 1933 foi ilegal vender álcool nos Estados Unidos. A despeito da lei — ou talvez por causa dela — o negócio de bebidas floresceu, com as pessoas respeitáveis correndo para os bares ilícitos, os *speakeasies*.

A proibição teve seus custos. Os sedentos bebedores pagavam preços exorbitantes, pois a necessidade de comerciar por baixo do pano significava que os custos de transação eram altos. Os preços triplicaram. Algumas bebidas eram tóxicas, fabricadas com ingredientes duvidosos. Bandidos como Al Capone tentaram monopolizar o negócio de bebidas, assassinando seus rivais e corrompendo policiais.

A despeito de todos os esforços, o governo falhou completamente em esmagar o mercado de bebidas alcoólicas. O consumo de álcool, ao final da Lei Seca, ainda era cerca de dois terços do nível pré-proibição. "Detestando a interferência em suas liberdades, americanos sóbrios e bem-pensantes, que antes mal tocavam em bebida, passaram a considerar um ponto de honra" diz o historiador escocês *Sir* Robert Bruce Lockhart, "beber em todas as ocasiões sociais."[3] O bizarro episódio que foi a Lei Seca nos faz lembrar uma frase de Robert Burns: "Liberdade e uísque andam juntos."

O mercado de livros de segunda mão se transformou. Muitos milhões de livros velhos estão à venda pela Internet. Ferramentas de busca possibilitam encontrar rapidamente o que se procura, por mais obscuro que seja. Qualquer um pode vender o mundo — basta criar um *website*. Sebos poeirentos agora são *players* globais.

Não é fácil encontrar nos Estados Unidos livros esgotados sobre o abstruso tópico do rúgbi neozelandês. No entanto, de minha casa na Califórnia eu consegui reunir uma coleção bastante extensa. Antigamente isto seria difícil, senão impossível; a Internet tornou fácil. Rastreei os livros não apenas na Nova Zelândia, mas também no Reino Unido, África do Sul, França, Austrália e Canadá. Em uma loja em Swansea, País de Gales, achei um exemplar raro do melhor livro sobre rúgbi já escrito, o clássico de 1906 *The Complete Rugby Footballer on the New Zealand System*, de Dave Gallaher e Billy Stead. Sem a Internet, conseguir esse livro significaria inúmeras cartas e ligações telefônicas, e talvez eu não conseguisse. Por causa da Internet a livraria de Swansea fez negócio comigo.

Em outras palavras, alguns tipos de custos de transação foram reduzidos com a Internet: o custo da informação, o tempo, esforço e dinheiro necessários para saber o que está disponível, onde, e a que preço. Nos tempos pré-Internet, os custos de transação para comprar livros esgotados eram altos. Hoje em dia, tudo o que se precisa fazer é clicar o *mouse*.[4]

A Internet possibilitou mercados globais para todos os tipos de bens que anteriormente tinham apenas mercados locais. Nos tempos pré-Internet, se você colecionava caixas de rapé do século XVIII, para satisfazer sua obsessão seria preciso viajar de cidadezinha em cidadezinha, revirando velhos e poeirentos antiquários ou feiras de antiguidades. Só muito raramente você encontrava o objeto de seus sonhos. Com a Internet, não há nenhuma dificuldade em encontrar caixas de rapé em qualquer lugar do mundo.

O crescimento da Internet estimulou a busca por novos métodos de transacionar. Apoiando-se na veloz comunicação em mão dupla da Internet, uma miríade de mecanismos foi imaginada para facilitar a compra e venda. Por exemplo, no site eBay, de leilões, os licitantes concorrem febrilmente por tudo, de lixo a arte refinada.

Tudo começou em 1995, quando Pierre Omidyar criou uma página chamada AuctionWeb para pessoas que queriam trocar informações sobre artigos de coleção e fazer negócios. Diz a lenda que seu objetivo inicial era vender uma coleção de caixinhas de uma marca de confeitos que sua namorada tinha. Inicialmente os serviços do site foram oferecidos gratuitamente, como um serviço público. Depois de seis meses de explosivo aumento de freqüência, com base apenas na propaganda boca a boca, Omidyar começou a cobrar uma taxa, uma pequena percentagem do preço de venda, para cobrir os custos de manutenção da página. O pagamento dependia apenas da honestidade do vendedor, mas os cheques começaram a chegar. Ele abriu mão do emprego e se juntou a Jeffrey Skoll e juntos desenvolveram a ferramenta de leilão e a infra-estrutura de apoio aos clientes. "Nós trabalhávamos virtualmente em qualquer lugar onde encontrássemos um espaço", lembra Skoll. "Começamos na sala de jantar de Omidyar, e depois passamos para minha sala de jantar." Inicialmente pensaram em se centrar em um segmento particular de mercado, como moedas ou selos. "Nos primeiros tempos nossa estratégia mudava a cada dia", disse Skoll. Finalmente decidiram não se especializar, e deixar qualquer um vender qualquer coisa.

Com o sistema de leilões reforçado, para suportar o volume maciço de tráfego, em setembro de 1997 eles relançaram o AuctionWeb, com o nome de eBay. Menos de dois anos depois o valor do eBay na bolsa de valores chegou a US$22 bilhões. As revistas especializadas proclamaram que o eBay era a reinvenção dos mercados; a *BusinessWeek* disse que, com seus leilões online "o eBay criou, sozinho, um novo mercado". Segundo o *Economist*, "leilões pela Internet como o eBay podem provocar um revolucionário salto adiante na eficiência do mecanismo de preços"[5].

O site do eBay é uma feira revolucionária. Existem mais de 42 milhões de usuários registrados; o usuário típico passa 20 minutos por dia no site. Cerca de cinco milhões de leilões acontecem a qualquer dia, vendendo tudo, de sucata a obras de arte. No momento em que escrevo, por exemplo, existem quase 1.500 artigos listados sob o título "Victorian tradecards" — que, diga-se de passagem, são a versão do século XIX para folhetos de propaganda.

O eBay criou um mercado global para bens que anteriormente tinham apenas um mercado local. Criou até mesmo mercados para bens que antes não tinham qualquer mercado. Entre os artigos mais estranhos listados estão um balde cheio de terra do Texas, 100 mil quilos de suéteres diversos, um estacionamento por uma semana perto do centro de San Francisco, areia de Baywatch e uma camiseta escrita "Vendi minha alma no eBay".

Um dos segredos do sucesso do eBay foi reconhecer que a Internet, ao facilitar o encontro entre compradores e vendedores, criou novas possibilidades de negociar quinquilharias de todos os tipos. A outra foi o mecanismo de leilão, amigável e flexível. Os leilões pré-Internet tinham a desvantagem de exigir que os potenciais compradores se reunissem em um mesmo lugar (algumas vezes os lances eram feitos por telefone ou fax, mas era meio incômodo). No eBay os licitantes encontram-se apenas no ciberespaço.

O eBay reduziu tanto os custos de transação, que pessoas de qualquer lugar que desejem negociar artigos de baixo valor podem tratar diretamente umas com as outras. Atualmente, em centenas de diferentes sites de leilões, as pessoas dão lances por componentes de computador, antigüidades, obras de arte, selos, brinquedos, jóias, serviços de viagem, imóveis e vinhos. O eBay mostrou que a Internet e os leilões foram feitos um para o outro.

Os leilões pela Internet geraram negócios ativos no caso de bens que antes raramente eram negociados. Velhas toucas de banho, bonecas de massa e lancheiras de plástico subitamente adquiriram valor. As pessoas que achavam que essa parafernália era um trambolho sem valor aprenderam, através do eBay, quanto os colecionadores estavam dispostos a pagar por aquilo. Normalmente isso provoca um aumento de preço, mas nem sempre. Os preços das primeiras edições de romancistas populares como John Grisham, Anne Rice e Tom Clancy despencaram.[6] Antes dos leilões pela Internet um colecionador chegava a pagar até US$75 num sebo por uma edição de 1980 de *A incendiária*, de Stephen King. Os leilões no eBay e em seus concorrentes fizeram com que os leitores comuns se conscientizassem do valor dos livros que estavam nas estantes juntando poeira; o mercado foi inundado e o preço de um livro como *A incendiária* caiu para cerca de US$30. Como qualquer mercado competitivo, os leilões pela Internet geram informações sobre o valor dos bens negociados, e algumas vezes acontecem surpresas.

O que os criadores do eBay têm em comum com as negociantes de Makola? Os dois grupos estabelecem mecanismos de troca para obter ganhos com o comércio. Onde não existem mercados, criá-los pode gerar ganhos mútuos. Onde já existem, algumas vezes há ganhos quando se descobrem maneiras de fazê-los funcionar melhor.

Desde sempre as pessoas vêm imaginando novos mercados e melhorando os existentes. As inovações na organização econômica podem ser tão produtivas quanto as tecnológicas. Algumas vezes os dois tipos de inovação caminham lado a lado. A casa de leilões de Aalsmeer, por exemplo, tornou factível o comércio mundial de flores ao usar a nova tecnologia de informação para automatizar seus processos de venda e para acelerar a entrega.

Embora a Internet tenha aproximado as pessoas mais do que nunca, esta não é a primeira, ou sequer a maior das transformações. Os avanços anteriores na tecnologia de comunicação tiveram um efeito similar, ao ampliar os mercados. "O telégrafo e a imprensa", observou a revista *Contemporary Review* em 1886, "converteram a Grã-Bretanha em uma vasta ágora, ou reunião de toda a comunidade." O serviço postal, as estradas de ferro, o telefone, o rádio e a televisão, cada um à sua própria maneira, transformaram as comunicações. Friedrich Engels, em *Princípios do comunismo*, de 1847, fez a seguinte observação sobre a Revolução Industrial: "A grande indústria colocou todas as pessoas do mundo em contato umas com as outras, e fundiu os mercados locais em um único mercado mundial."

Engels, é claro, não era um apaixonado pela reinvenção dos mercados, mas ela é inexorável. Perdem-se ganhos potenciais se qualquer tipo de custo de transação impedir a compra e venda, de modo que existe uma oportunidade de lucro em descobrir uma maneira de reduzir tal custo. Aparecem novos mecanismos de mercado. Alguém pode projetar um mercado completamente novo. Ou, através das ações separadas de muitos, as regras e procedimentos de mercado gradualmente emergem ou mudam.

Há setores inteiros das economias modernas dedicados a organizar as transações. O comércio varejista e atacadista e as indústrias de propaganda, de seguros e financeira existem não para manufaturar coisas, mas para facilitar as transações. Tais atividades são uma parte grande de qualquer economia moderna, responsáveis, nos Estados Unidos, por 1/4 do Produto Nacional Bruto.[7] Inovar em qualquer desses setores significa descobrir uma maneira de reduzir os custos de transação.

Empresários inovadores há muito têm lucros ao descobrir maneiras de tornar os mercados mais produtivos. Os negociantes muitas vezes agem como desenhistas de mercados. Suas inovações são sutis, mas às vezes elas são muito simples — ou assim parecem depois que acontecem. O lojista que pensou na garantia do tipo "seu dinheiro de volta", por exemplo, tornou o trabalho no comércio melhor para todos, reduzindo a incerteza dos consumidores e, ao mesmo tempo, sem dúvida, ganhando com sua brilhante idéia. Alguns atribuem esta inovação a Potter Palmer, fundador da loja Marshall Field & Co, que em 1861 colocou o seguinte anúncio no *Chicago Tribune*: "As compras feitas em meu estabelecimento que não sejam satisfatórias quanto a preço, qualidade ou estilo podem ser devolvidas no balcão, com o que o dinheiro da compra será devolvido com prazer."[8]

Na Nova York do século XVIII, títulos e ações eram vendidos de maneira desorganizada. Quem quisesse comprar ou vender tinha de procurar com quem negociar: espalhando a notícia, colocando um anúncio no jornal ou simplesmente ficando em um café até aparecer a pessoa certa. Em 1792 um certo John Sutton, sentindo que havia uma oportunidade, organizou uma troca de títulos no número 22 da Wall Street, então uma rua lamacenta. Os vendedores levavam seus títulos e ações pela manhã e ao meio-dia Sutton organizava um leilão, ganhando uma comissão. O leilão de Sutton, que ele chamou de Stock Exchange Office, fez disparar o crescimento dos modernos mercados financeiros, pois se transformou na Bolsa de Valores de Nova York.

A transformação foi rápida. Os leilões de Sutton perderam eficiência porque outros negociantes começaram a pegar carona. Os intrusos freqüentavam os leilões apenas para observar os preços correntes, e então ofereciam seus títulos com uma comissão menor, tirando negócios de Sutton. A prática logo mostrou-se autodestrutiva, pois como poucos títulos passavam pelos leilões de Sutton os lances deixaram de ser guias significativos para o verdadeiro valor dos títulos.

Para resolver esse problema, os 24 corretores mais importantes de Wall Street concordaram em formar um novo leilão e acertaram negociar os títulos a taxas fixas. Não comprariam ou venderiam em outros leilões, mas apenas entre si. Por algum tempo fizeram seus leilões na rua, mas quando o inverno se aproximou eles se instalaram na Casa dos Negociantes de Café. Mais tarde construíram seu próprio prédio.

Eles formularam, a partir do zero, as regras que definiam como os títulos deviam ser comprados e vendidos, e estabeleceram métodos para obrigar o cumprimento dos contratos e definir as disputas. Ser membro da Bolsa de Valores era algo restrito e lucrativo, de modo que os corretores regulavam-se mutuamente com a sanção da expulsão. Membros que não cumpriam contratos eram afastados. Não-membros que renegavam contratos com membros eram postos em uma lista negra. Sob as novas regras, o mercado de títulos floresceu.[9]

Meio século antes de Sutton começar seus leilões, negociantes de arroz em Osaka, Japão, já haviam inaugurado o primeiro mercado de futuros do mundo. Naquela época, o arroz era tão importante no Japão que era quase uma forma de moeda. Diz-se que a idéia de um comércio adiantado — comprar de antemão bens que só serão entregues depois — começou em 1620 quando um negociante de arroz de Nagoya, chamado Chozemon, encontrou um amigo de Sendai, ao norte do Japão, que passava por Nagoya em peregrinação. O amigo informou que a colheita de arroz do norte ia ser ruim. Chozemon prontamente comprou a colheita futura de arroz da área de Nagoya, pagou 10% adiantado aos fazendeiros, e ficou devendo o resto. Quando chegou a safra, ele armazenou o arroz por vários meses, vendendo-o com um bom lucro, já que a colheita ruim do norte tinha feito os preços subirem.

Aprendendo com o exemplo de Chozemon, no século seguinte os negociantes de arroz de Osaka instituíram as sofisticadas características que hoje vemos em qualquer moderno mercado de futuros, como o Chicago Board of Trade. A associação dos negociantes que comandam o mercado estabelece as regras. Os termos dos contratos passaram a ser padronizados, de modo que os contratos futuros podiam ser realizados prontamente: os contratos especificavam quantidade, data de entrega, e localização da colheita. Os preços eram estabelecidos por leilão e em um "livro" do mercado eram registrados os negócios. O mercado era auto-regulador; os negociantes que quebravam as regras eram expulsos. Para certificar as transações foram formadas câmaras de compensação que, agindo simultaneamente como vendedor para o comprador do contrato e como comprador para o vendedor do contrato, reduziram os riscos de inadimplência. Havia até mesmo um serviço de notícias: os preços diários eram espalhados por todo o Japão através de bandeiras de sinalização, pombos-correio e sinais de fumaça.

O mercado de Osaka evoluiu de modo a adaptar-se às necessidades de seus participantes. Negociando contratos futuros, os plantadores sem dinheiro obtinham fundos antes de colher o arroz, e os compradores de arroz que valorizavam a cautela se protegiam contra futuras altas de preços. E era também um lugar onde as pessoas apostavam, como registrou Ihara Saikaku, escritor do século XVII: "As pessoas compravam e vendiam, baseadas nas condições do céu, nos ventos da noite e nas chuvas da manhã."[10]

As inovações nos mercados financeiros continuam em curso. Quando uma nova empresa vai a público pela primeira vez, através de uma oferta pública inicial — IPO [do inglês *initial public offering*] — as ações são vendidas a um preço fixo. Como ainda não foi vendida nenhuma ação, o banco de investimento que estabelece o preço tem pouca coisa em que basear sua estimativa do valor da empresa. Na maioria dos casos, o preço é estabelecido bem abaixo do nível que a bolsa de valores depois revelará. As 90 empresas do Vale do Silício que foram a público em 2000, por exemplo, apresentaram um preço médio por ação de US$16. Ao final do dia da emissão estavam sendo vendidas a US$28, em média. Com o preço subindo mais de 3/4 imediatamente após a IPO, os investidores que tiveram a sorte de comprar as ofertas iniciais tiveram lucros muito rápidos e muito significativos. William Hambrecht, diretor da empresa de San Francisco W.R. Hambrecht & Cia., acredita que existe uma maneira melhor de dar preço às ofertas iniciais. Os bancos de investimento deliberadamente induzem um salto nos preços das ações, diz ele, ao subvalorizar a oferta inicial. Eles oferecem as ações a seus melhores clientes, garantindo-lhes virtualmente um lucro significativo. E têm um retorno, já que os clientes dirigem seus negócios futuros ao banco de investimento. Essa maneira de operar as IPOs, na visão de Hambrecht, é injusta com os donos originais da empresa e com os pequenos investidores, que são excluídos.

Em lugar do preço fixo por ação, a empresa de Hambrecht define o que ela chama de IPO aberta, com um leilão online de ações. É uma forma modificada do leilão holandês, usado no mercado de flores de Aalsmeer. Os investidores fazem lances pelo número de ações que querem comprar, ao preço que desejam pagar. O preço que surge desse processo competitivo agrega a informação e as crenças sobre o valor da firma de todos os investidores suficientemente interessados para fazer lances. A IPO aberta, diz Hambrecht, "apresenta um preço bem mais próximo da demanda real do mercado do que um preço negociado artificialmente". Enquanto "o modelo original de negócios consistia em tentar juntar a amplidão e o poder da *web* com o processo de leilão", a parte difícil era conseguir "um mecanismo de preços diferente num mercado que era usado para preços negociados". A IPO aberta é "inerentemente mais eficiente e mais barata".

Um sinal prematuro do potencial dos leilões de IPO foi a enraivecida reação dos que estavam fazendo negócios à maneira antiga. Um observador da indústria fez a seguinte observação sobre Hambrecht: "Outros bancos de investimento agem como se ele fosse o anticristo."[11] Embora entrar no processo de IPO e dissuadir empresas novas de usar grandes bancos de investimento fosse muito árduo, a nova maneira de fazer IPOs ganhou alguns seguidores prematuros, já que a revista online Salon.com, em 1999, e Peet's Cofee & Tea, em 2001, escolheram chegar ao público através das IPOs abertas. Ainda não se sabe, no momento em que escrevo, se a IPO por leilão será uma inovação durável no desenho do mercado. Os bancos de investimento argumentam que, com a forma tradicional de IPO, eles desempenham um serviço valioso: ao estabelecer o preço das ações estão certificando o valor da empresa, poupando os investidores de investigar por si mesmos. A IPO tradicional, dizem seus defensores, está eficientemente adaptada às realidades do mercado para novas emissões. A IPO por leilão pode passar ou não pelo teste de sobrevivência do mercado. Qualquer que seja o resultado, ele é um exemplo das experiências do mercado.

Rembrandt foi um inovador não apenas na pintura, mas também no comércio. Ele ajudou a estabelecer um próspero mercado de artes na Amsterdã do século XVII. Segundo a historiadora de arte Svetlana Alpers, "a obsessão de Rembrandt pelas minúcias do sistema de mercado permearam sua vida e sua obra". Antes, os artistas não eram agentes livres, dependiam de mecenas ricos e poderosos. Rembrandt trabalhou com determinação para acabar com o sistema de mecenato e para construir no lugar dele um mercado sustentado por um conjunto amplo de compradores de arte. Parte de seu objetivo era conseguir preços mais altos por sua obra, mas ele também reconhecia que o mercado competitivo trazia-lhe mais autonomia artística do que ficar preso a um pequeno número de mecenas. Segundo Alpers, Rembrandt "usava o mercado para adicionar honra à arte".

Cerca de um século depois, os compositores da Alemanha deixaram de ser empregados permanentes de mecenas aristocratas e passaram a produzir para o mercado aberto. Como empregados, eles compunham suas obras seguindo encomendas, e as composições não lhes pertenciam, mas a seus senhores. Handel e Telemann foram veementes em seu desagrado por se sujeitarem aos caprichos de seus empregadores, e abriram o caminho para que Mozart e outros compositores trabalhassem autonomamente. Numa carta de 1781 para o pai, Mozart disse, sem dúvida com um certo exagero: "Acredite em mim, meu único propósito é ganhar o máximo de dinheiro possível; porque depois da saúde, é a melhor coisa para se ter." Vendendo suas composições para editores de música, dando aulas e cobrando pela apresentação de suas obras em concertos públicos, Mozart ganhava a vida como empresário no mercado. Ao fazer isso, diz o psicólogo Howard Gardner, Mozart lançou "as bases para a independência e para a criação auto-orientada"[12]. Mozart achava que o mercado lhe oferecia liberdade criativa.

O principal aspecto de mercados de todos os tipos vem à tona quando examinamos o crescimento dos novos mecanismos de mercado. Ao beneficiar tanto o comprador como o vendedor, qualquer transação cria valor. (Como as duas partes podem vetar o negócio, ele deve deixar ambas em situação melhor do que se não negociassem.) Desta forma, comprar e vender é uma forma de criação. Por mais elementar que seja este ponto, sua importância não pode ser exagerada. Existem ganhos nos negócios, e as pessoas são incansáveis em encontrar maneiras de realizá-los.

Das obras de arte às finanças, dos leilões online da eBay ao comércio do campo de refugiados de Ruanda, novos mercados estão sempre sendo construídos de baixo para cima. Os empresários, que incansavelmente pensam em maneiras mais eficientes de transacionar, desempenham o papel de desenhistas de mercados.

Mas não são apenas os empresários que agem como desenhistas de mercados: estes também vêm de cima para baixo, com o governo assumindo a liderança — algumas vezes, como veremos a seguir, obrigado pela pressão de seus eleitores.

3

Quem não pode pagar, morre

Uma horrível epidemia de aids tomou conta da África no final do século XX. No ano 2000, das 33 milhões de pessoas infectadas em todo o mundo, 23 milhões eram africanos. A cada dia a síndrome matava uma média de 5.500 pessoas. O mundo jamais vira uma taxa de mortalidade tão alta entre jovens adultos. Ao nível de risco existente, a previsão era de que em alguns países africanos metade dos meninos de 15 anos morreria de aids.[1]

Os medicamentos anti-retrovirais enfrentaram a doença com sucesso. As mortes por aids nos Estados Unidos caíram 70% entre 1996 e 1998. Mas o sucesso, na sua maior parte, se deu na América do Norte e na Europa. Com a dose para um ano variando entre US$10 mil e US$15 mil, os medicamentos estavam fora do alcance da maioria das vítimas da doença em todo o mundo. "Alguns acham que, porque se descobriram medicamentos melhores, a emergência terminou. Infelizmente, não é assim", disse em 2000 o secretário-geral da ONU, Kofi Annan. Para a maior parte das pessoas que têm aids, o preço anual do regime anti-retroviral "simplesmente está em outra galáxia".

Os medicamentos têm um preço cerca de dez vezes maior do que os custos de fabricação, e a diferença reflete os direitos de patente das empresas. "Os pobres não têm poder de consumo, de modo que o mercado não resolve seu problema", diz o dr. James Orbinski, presidente da rede de ajuda Médicos Sem Fronteira. "Estou cansado dessa lógica que diz 'Quem não pode pagar, morre'."[2]

Segundo qualquer padrão humanitário, o mercado farmacêutico global na virada do século era disfuncional. Ele mostra os mercados em seu pior aspecto. Ao mesmo tempo, mostra-os no melhor que têm. Afinal de contas, foram os incentivos de mercado que estimularam o desenvolvimento dos medicamentos que salvam vidas.

Passo a passo, uma reinvenção do mercado de medicamentos começa a acontecer. Diferentemente das outras inovações de mercado que examinamos, o redesenho deste foi provocado pela opinião pública.

Os altos preços dos medicamentos contra a aids não eram a única razão de alarme. Pouca pesquisa se fazia em vacinas ou em curas das terríveis doenças que matavam milhões de pessoas por ano nos países pobres, como malária, doença-do-sono, leishmaniose e tuberculose. Enquanto isso, grandes somas eram gastas em drogas contra a calvície e a impotência. Nem mesmo as necessidades dos animais de estimação ficaram sem atenção: uma empresa desenvolveu um antidepressivo para a ansiedade canina provocada pela separação.

"As companhias farmacêuticas sempre vão preferir lucros máximos comercializando um novo medicamento contra a obesidade do que liderando um novo tratamento contra a malária", disse o dr. Bernard Pecoul, dos Médicos Sem Fronteiras, que vem fazendo campanhas por um melhor acesso aos remédios nos países em desenvolvimento. "Quando novas vacinas ou novos remédios são desenvolvidos, a maioria da população mundial fica de fora." A pesquisa de novos medicamentos está dirigida para as aflições cosméticas dos ricos e não olha para as doenças fatais dos pobres. Remédios contra doenças tropicais são um ínfimo 1% das novas patentes de medicamentos.[3] As companhias farmacêuticas se especializam nas doenças dos ricos.

Um exemplo da situação é a história, contada no *New York Times*, de um medicamento usado contra a doença do sono, a eflornitina.[4] A doença do sono leva à morte após um período quase insuportável. Pesquisadores em busca de um medicamento contra o câncer descobriram acidentalmente a efetividade da eflornitina contra a doença do sono. Ela se mostrou tão eficiente em tirar as pessoas de estados de coma que seriam fatais, que na África ela passou a ser chamada de "droga da ressurreição". No entanto, ela não era lucrativa, de modo que o detentor da patente deixou de produzi-la e os estoques se esgotaram. O interesse do detentor da patente reacendeu-se quando descobriu que a eflornitina, usada como ingrediente de creme facial, impedia o crescimento de pêlos faciais nas mulheres. Devido a seu uso como cosmético, a fabricação foi retomada.

A habilidade nas vendas é a questão. Exércitos de vendedores mascateiam medicamentos com os médicos. Estima-se que nos Estados Unidos os custos de comercialização da indústria são de mais de US$8 mil por médico. Gasta-se muito mais em comercialização do que em pesquisa por novos e melhores medicamentos. A Pharmacia Corp., por exemplo, produtora de um colírio para glaucoma, entre outros produtos, segundo seu relatório anual de 1999, gastou 40% da receita em comercialização e administração, o dobro do que gastou em pesquisa. GlaxoSmithKline, o maior fabricante de medicamentos contra aids, gastou 37% da receita de 2000 em comercialização e administração, e 14% em pesquisa.[5]

Em *O jardineiro fiel*, o fascinante romance de John Le Carré sobre os negócios de uma grande companhia farmacêutica no Quênia, um dos personagens chama seus diretores de "o bando mais dissimulado, dúbio, embusteiro e hipócrita que tive o desprazer de conhecer." Em nome do "deus Lucro" a empresa fictícia, "um monopólio amoral que custa vidas humanas todos os dias", mascateia drogas perigosamente inadequadas, testa seus remédios sem qualquer ética, corrompe funcionários da saúde e intimida cientistas. "Os medicamentos são o escândalo da África", diz o herói do romance. "Se existe alguma coisa que mostre a indiferença ocidental com o sofrimento africano, são a horrível escassez dos remédios adequados e os preços indecentemente altos que as companhias farmacêuticas vêm cobrando nos últimos 30 anos."

Le Carré disse a um entrevistador que, quando escreveu o romance, foi movido por uma "raiva moral" contra "a falsidade, hipocrisia, corrupção e ambição corporativa da indústria farmacêutica".[6] Esse tipo de depreciação funciona na ficção; pode servir a um propósito útil, como um chamado às armas. Mas para fazer uma análise econômica construtiva precisamos dar um passo atrás e assumir uma visão mais ampla. O tema do romancista são as pessoas e suas falhas de caráter; do economista, as instituições e como elas moldam os comportamentos. Por mais tentador que seja demonizar as empresas e seus executivos, amaldiçoar os agentes atrapalha o diagnóstico do problema estrutural.

Quando negligenciam as doenças tropicais e quando estabelecem preços altos para os medicamentos, as empresas farmacêuticas respondem ao sistema em que se encontram: estão reagindo aos incentivos do mercado. As empresas têm de agir segundo o interesse dos acionistas, e eles investem onde acham que existe uma perspectiva de retorno. Embora grandes, os recursos que elas têm e que estão disponíveis para a pesquisa não são ilimitados, e elas têm de escolher para onde dirigi-los. "Não podemos negar que tentamos focalizar nos principais mercados: cardiovascular, metabolismo, antiinfecciosos etc.", disse um executivo da Aventis, uma companhia franco-alemã. "Mas nós somos uma empresa em um ambiente competitivo. Temos um compromisso de desempenho junto aos acionistas."[7]

A inovação é um lance de dados com apostas altas. Um medicamento do tipo "arrasa-quarteirão" ganha por ano US$1 bilhão ou mais. Tais retornos não vêm facilmente. Segundo a indústria, apenas três entre cada dez medicamentos pagam os seus custos de investimento. Estima-se que levar um novo medicamento para o mercado custa entre US$200 e US$500 milhões (estes números são um palpite, já que as companhias farmacêuticas não apresentam seus custos de desenvolvimento de qualquer medicamento em separado). Segundo os dados da indústria, em 1999 o dispêndio total em pesquisa foi mais do que 20% das vendas.[8]

Os riscos, diga-se de passagem, são bem pagos. Em termos de lucratividade a indústria farmacêutica ocupava um confortável primeiro lugar na lista da *Fortune* das 500 maiores empresas do mundo. Seus lucros eram 18% das receitas, bem longe dos 11% da indústria no segundo lugar, as financeiras; os lucros das outras iam diminuindo até chegar a zero. A forma de registro exagera os verdadeiros lucros da indústria farmacêutica, devido à maneira como é feita a contabilidade (os custos de pesquisa são tratados como despesas correntes, enquanto faria mais sentido tratá-los como investimentos). Corrigindo esse viés contábil, chegamos a lucros menores, mas ainda relativamente altos.[9] A indústria farmacêutica é lucrativa.

Apesar de tudo, as empresas não são a causa principal das falhas do mercado mundial de medicamentos. Elas fazem o que for preciso para maximizar seus lucros. Vamos tomar isto como dado e passar para a questão mais profunda: o desenho do mercado.

Para cobrir os custos das pesquisas, caras e incertas como são, qualquer medicamento que seja desenvolvido com sucesso deve ter um preço bem acima de seus custos de fabricação. As leis de patente destinam-se precisamente a isto: garantir direitos de monopólio ao inovador. O mercado farmacêutico global funciona exatamente como planejado. O desafio para os que acham que ele é viciado é pensar num desenho alternativo que leve a melhores resultados.

A raiz das deficiências no mercado farmacêutico global não está nas políticas das empresas, mas na pobreza dos países. O presidente Thabo Mbeki, da África do Sul, ao abrir uma conferência internacional sobre aids, disse que a extrema pobreza, mais do que a doença, era o principal assassino em toda a África. Diminuir o preço dos anti-retrovirais torná-los-ia acessíveis a mais africanos, mas a maioria continuaria sem eles.[10] Os orçamentos de saúde da maior parte das nações africanas não seriam suficientes para comprar os volumes necessários, mesmo a um preço muito menor. Um ano de anti-retrovirais, mesmo com um desconto de 90%, custa mais do que a renda *per capita* de muitas nações africanas. Gastar quantias significativas em medicamentos contra a aids tiraria recursos de outras necessidades urgentes, como remédios contra tuberculose e pneumonia. E, por si só, comprar os medicamentos contra aids não resolve o problema: é complicado administrar os anti-retrovirais, e para serem efetivos eles exigem contínua supervisão médica, um nível de cuidado inacessível na maior parte da África. Sem uma melhoria nos serviços básicos de saúde, os efeitos dos medicamentos seriam limitados, mesmo que estivessem disponíveis. Portanto, a única solução real é eliminar a pobreza.

Países mais ricos são mais saudáveis. Existe uma forte correlação estatística entre saúde e renda *per capita*.[11] Com o crescimento econômico vêm os recursos necessários para atacar as doenças. As mudanças sociais que levam a uma melhor prevenção, como status mais alto para as mulheres e melhor educação, também são uma parte necessária da cura da aids, e estas melhoras tendem a acompanhar o crescimento da Renda Nacional. O crescimento econômico é a única base confiável para a cura da aids e das várias doenças tropicais. No entanto, é óbvio que o crescimento não é fácil, e, de qualquer forma, é um remédio de longo prazo. Levaria décadas até que seus efeitos surgissem, e assim ele não dá nenhuma esperança às vítimas de hoje. Remédios imediatos também são desesperadamente necessários.

Tais remédios não são fáceis de criar. Nenhum sistema alternativo faria um trabalho melhor na inovação e distribuição farmacêutica do que o sistema de mercado. Mas o valor social de uma nova vacina contra uma doença tropical como a malária, em função das muitas vidas que salvaria, é incomensuravelmente maior do que o dinheiro que seria ganho com a sua venda, dada a baixa renda daqueles que precisam dela, de modo que os incentivos do mercado são necessariamente insuficientes. As receitas das vendas seriam tão baixas que provavelmente não cobririam os custos das pesquisas. Como o principal problema é a pobreza, fazer remendos nas regras do mercado não vai resolver. Mas pode ser que ajude.

O desenho do mercado é parte do problema? Bem, de certa maneira, sim. Está claro para onde vão os esforços de pesquisa quando o mercado promete quase nada para a cura da malária e bilhões para a cura da disfunção erétil.

No entanto, além dessas falhas, o sistema de mercado tem alguns acertos admiráveis: os novos fármacos que prolongaram e melhoraram um número incontável de vidas. Os anti-retrovirais ajudaram milhares que, de outra forma, teriam morrido de aids. A pesquisa trouxe uma série de outras maravilhas médicas, como mostrou a Pharmaceutical Research and Manufacturers of América (PhRMA), uma aliança de fabricantes de medicamentos nos Estados Unidos.[12] Os antibióticos e as vacinas quase eliminaram difteria, sífilis, coqueluche, sarampo e pólio do mundo desenvolvido. As mortes por gripe e pneumonia assim como por doenças cardíacas, derrame e úlcera, foram drasticamente reduzidas. Milhões de pessoas vivem mais, mais produtivamente e com mais conforto.

Foram os incentivos de mercado que estimularam a invenção desses medicamentos milagrosos. Não fosse pelo lucro, muitos deles não existiriam. Adam Smith disse que o interesse próprio podia levar a resultados beneficentes: não existe exemplo mais marcante disto do que a busca agressiva de lucros que dá origem a medicamentos que preservam vidas. Nenhum outro sistema econômico teve mais sucesso na consistente criação de grandes inovações farmacêuticas do que o sistema de mercado. No desenvolvimento de novos fármacos as alternativas ao mercado — tais como organismos internacionais ou governos — tiveram muito menos êxito do que as companhias farmacêuticas. Embora os laboratórios governamentais nos Estados Unidos e na Europa Ocidental façam pesquisas importantes, não têm a capacidade e os incentivos para transformar ciência básica em medicamentos utilizáveis. Dados os imensos investimentos e os resultados altamente improváveis, é necessária a perspectiva do lucro para induzir o desenvolvimento contínuo de melhores medicamentos em larga escala. Só o mercado é capaz de fornecer motivação suficiente.

Precisamos, então, ser fatalistas? Se não há alternativas para o mercado, então não há nada que se possa fazer para levar remédios aos que precisam deles com urgência?

Dizer que as companhias farmacêuticas respondem às regras do mercado não é tudo. Elas não aceitam passivamente tais regras como dadas, e tentam ativamente formatá-las. Tratam de garantir que sua palavra seja ouvida em questões relativas ao desenho do mercado. Sua presença nas capitais do mundo é conspícua. Elas assediam o governo dos Estados Unidos com um *lobby* feroz, em parte para enfrentar as acusações de elevação de preços. Na campanha eleitoral de 2000 a indústria farmacêutica gastou US$167 milhões, mais do que qualquer outra indústria.[13]

As vastas somas que as companhias farmacêuticas gastam com *lobby* é uma medida da confusão que há entre Estado e mercado. O mercado farmacêutico jamais foi verdadeiramente livre. A propriedade intelectual não pode existir sem o Estado, pois é preciso uma estrutura sofisticada para definir e garantir direitos de propriedade sobre idéias. Os governos têm sido essenciais na manutenção do mercado farmacêutico existente e será essencial em qualquer tentativa de melhorá-lo. Dessa forma, o fato de que os incentivos de mercado são necessários para induzir inovações farmacêuticas não é um argumento em prol do *laissez-faire*. O mercado é uma parte indispensável de qualquer solução, mas apenas uma parte dela. O governo está envolvido de duas maneiras: ao prover fundos e ao desenhar o mercado.

A saúde pública — prevenir epidemias, impedir que as doenças se espalhem, proteger contra os riscos ambientais, responder a desastres — é o que os economistas chamam de bem público. Como outros bens públicos (e isto será discutido mais adiante), sua oferta não pode ser deixada ao mercado. O controle de doenças transmissíveis traz ganhos amplamente partilhados. Quem se vacina contra a pólio, por exemplo, não beneficia apenas a si mesmo, mas também aos outros. Uma avaliação individualista de custos e benefícios resultaria em uma utilidade muito pequena para as vacinas, e assim a saúde pública é vista em todos os países desenvolvidos como uma preocupação legítima do governo. Essa justificativa para a ação governamental aplica-se não apenas no interior de cada país, mas também globalmente. Doenças como ebola, cólera, febre amarela e meningite atravessam fronteiras. Com os modernos transportes aéreos, elas se espalham mais rápido do que nunca. "Uma doença transmissível que ocorra em um país", observa a Organização Mundial de Saúde, "pode, no dia seguinte, ser transmitida para outro, em qualquer parte do mundo." O mero interesse pessoal dos países desenvolvidos exige que eles financiem o controle internacional de doenças.

O conhecimento científico básico também é um bem público. Seus benefícios não retribuem o descobridor, de modo que os mercados induzem pouca pesquisa básica. Esta é a razão pela qual os governos de todas as partes financiam a ciência. Os dispêndios dos governos dos Estados Unidos com pesquisa relativa à saúde através dos Institutos Nacionais de Saúde (NIH) e outros órgãos federais totalizaram US$18 bilhões no ano de 2000. Universidades, fundações e organizações filantrópicas gastaram outros US$10 bilhões, aproximadamente. Tais volumes significam mais do que os gastos em pesquisa de todas as companhias farmacêuticas americanas, que foi US$22,5 bilhões. A maior parte das mais importantes patentes de medicamentos concedidas às companhias farmacêuticas origina-se em pesquisas financiadas pelo governo. Segundo um estudo da Fundação Nacional para a Ciência, das principais descobertas citadas em patentes biomédicas, apenas 17% veio da indústria. Muito do trabalho que mostrou a eficiência dos anti-retrovirais contra a aids, por exemplo, foi feito pelo NIH e por outros laboratórios públicos.[14] A produtividade das pesquisas das companhias farmacêuticas depende do financiamento estatal.

Em geral são necessários os incentivos de mercado para levar as idéias da ciência pura para as aplicações utilizáveis. Normalmente o setor privado é mais eficiente na conversão de uma ruptura científica em uma nova droga capaz de ser usada. Mas existem exceções: algumas vezes as pesquisas financiadas pelo governo têm êxito onde o mercado falha. Um exemplo notável foi o desenvolvimento de variedades de grãos de alta produtividade em meados dos anos 1960, realizado por uma rede internacional de centros de pesquisa, entre eles o Centro Internacional para Melhoria do Milho e do Trigo, no México, e o Instituto Internacional de Pesquisa em Arroz, nas Filipinas. A pesquisa foi financiada por um consórcio de governos, órgãos internacionais e fundações. As novas linhagens de arroz e trigo dispararam a revolução verde, quase dobrando os resultados. Como os grãos são os alimentos básicos da maioria da população mundial, as variedades de grãos de alta produtividade se situaram, em termos de impacto sobre os mais pobres, entre as mais importantes invenções de todos os tempos. Seguindo esse notável precedente, a Iniciativa Internacional da Vacina contra a aids, financiada por governos, agências internacionais e fundações, está buscando vacinas contra, além da aids, malária e tuberculose.

É preciso muito dinheiro para fornecer esses bens públicos internacionais. Segundo o dr. Peter Piot, diretor da Unaids, um programa das Nações Unidas, a África precisa de $3 bilhões por ano para medidas básicas de combate à síndrome e dezenas de bilhões de dólares a mais, a cada ano, para os africanos poderem dispor dos medicamentos usados rotineiramente nos países desenvolvidos. Fundos nos volumes necessários só podem vir do mundo desenvolvido. "Precisamos de bilhões, e não de milhões, para lutar contra a aids no mundo," diz o dr. Piot, "não podemos lutar contra uma epidemia dessa magnitude com pouca coisa."[15]

Além de fornecer dinheiro, os governos e as organizações internacionais têm de repensar o desenho do mercado, e, em particular, as regras que governam a propriedade intelectual. Uma patente é uma solução de compromisso para um problema que não admite solução ideal. Trata-se de um monopólio sancionado oficialmente. Ao oferecer a perspectiva de lucros monopolistas, a patente é um incentivo poderoso para a inovação; o ritmo impressionante dos avanços farmacêuticos no século passado atesta isto. A perspectiva de patentes ajudou a induzir o desenvolvimento, por exemplo, dos anti-retrovirais como medicamentos utilizáveis.

Mas o sistema de patentes tem uma desvantagem. O preço excessivo que pode resultar do monopólio conferido pela patente, se recompensa o inovador, ao mesmo tempo prejudica os consumidores. As patentes geram invenções, porém também inibem seu uso.

O sobrepreço induzido pela patente ocorre em qualquer indústria inovadora mas, devido à natureza da demanda, é provavelmente mais forte na indústria farmacêutica do que em outros lugares. A quantidade que se compra de um medicamento típico é relativamente insensível a seu preço. Isto porque a necessidade do paciente é grande, as decisões sobre seu uso não são tomadas pelo usuário, mas pelo médico, e muitas vezes a conta não é paga pelo usuário, mas por uma companhia de seguros ou pelo plano de saúde governamental. Um estudo sobre o mercado norte-americano de medicamentos contra a úlcera, em que quatro fabricantes competem, estimou que um aumento de 10% no preço seria seguido por um decréscimo de apenas 7% na demanda.[16] Isto significa (basta fazer as contas) que um aumento no preço significaria um aumento na renda total recebida, implicando que, caso houvesse um único fornecedor, como acontece em muitos outros mercados farmacêuticos, o preço fosse muito mais alto. Como dizem os livros-texto de economia, quando a demanda é inelástica, um monopolista maximizador de lucros estabelece o preço muito acima de seu custo de produção. Quando os compradores não são sensíveis ao preço, cobrar o que o mercado paga significa estabelecer os preços muito acima. Patentes, pelo inestimável propósito a que servem, têm um custo real.

Como as leis de propriedade intelectual são definidas e impostas pelo Estado, e como representam um compromisso incômodo entre as necessidades do inovador e as necessidades do usuário, as regras do mercado farmacêutico não são pétreas.

Alguns países em desenvolvimento iniciaram unilateralmente o redesenho do mercado farmacêutico, estabelecendo suas próprias regras de propriedade intelectual.

Na Índia o governo decidiu não garantir patentes para produtos alimentícios e farmacêuticos, de modo que os fabricantes podem vender cópias de medicamentos patenteados por empresas americanas ou européias. Tendo de cobrir apenas os custos de fabricação e não os de pesquisa, e como não estão protegidos pelas patentes, eles cobram preços baixos. Diferentemente das nações desenvolvidas, com seus monopólios protegidos pelas patentes, em 2000 a Índia tinha uma indústria farmacêutica com cerca de 20 mil empresas e cobrava preços competitivos. A diferença entre monopólio e concorrência é indicada pelo fluconazol, um medicamento usado contra infecções por fungos. Na Índia, ele não está patenteado e é vendido por vários fabricantes que concorrem entre si, enquanto nos Estados Unidos a patente é reconhecida e o mercado é servido por um único fabricante. O preço por pílula era de US$0,25 na Índia e US$10 nos Estados Unidos.[17]

No Brasil, a fabricação de anti-retrovirais sem respeitar patentes permitiu que um grande número de pacientes de aids recebesse um tratamento que seria impossível com os preços induzidos pelas patentes. Em 1997, o governo brasileiro começou a encorajar as companhias nacionais a produzir cópias sem licença de medicamentos patenteados contra a síndrome. O governo comprava essas cópias e as distribuía gratuitamente aos pacientes. O preço do coquetel anti-retroviral era 1/4 do preço americano; um dos anti-retrovirais custava menos do que 1/16 do preço americano. Essa política fez do Brasil uma rara história de sucesso entre os países em desenvolvimento, já que as mortes por aids diminuíram muito. O então presidente do Brasil, Fernando Henrique Cardoso, disse: "Trata-se de uma questão moral e política, uma situação verdadeiramente dramática, que tem de ser encarada realisticamente e que não pode ser resolvida apenas pelo mercado."[18]

Em 1997 a África do Sul promulgou uma lei que visava tornar disponíveis os medicamentos essenciais através de um licenciamento compulsório (isto significa apropriar-se da patente, fabricar ou importar cópias do medicamento, e pagar um *royalty* aos detentores da patente). Ao cortar as taxas de licença pagas pelos fabricantes africanos de medicamentos, o governo calculou que poderia reduzir os preços entre 50% e 90%, tornando os medicamentos muito mais acessíveis. A Tailândia seguiu a África do Sul e fez passar uma lei que permitia contornar as patentes de medicamentos.

Os países em desenvolvimento argumentaram que uma cláusula das regras da Organização Mundial do Comércio permitia-lhes ignorar as patentes e produzir eles mesmos os medicamentos protegidos. O licenciamento compulsório é permitido no caso de uma emergência de saúde pública. (O próprio governo dos Estados Unidos às vezes decreta que uma patente pode ser licenciada de modo compulsório, normalmente por razões antitruste, ordenando uma empresa a partilhar sua tecnologia para acabar com um monopólio.)

As companhias farmacêuticas internacionais discordam dos países em desenvolvimento, afirmando que ignorar as patentes é ilegal. Fizeram campanhas junto ao governo dos Estados Unidos para impor sanções ao Brasil. Um porta-voz da PhRMA, a aliança dos fabricantes de medicamentos dos Estados Unidos, disse do Brasil: "Eles ainda são parte da ordem mundial e precisam acertar as contas com nossas empresas." A PhRMA reagiu de maneira semelhante com relação à iniciativa da África do Sul. A legislação era "uma revogação da propriedade intelectual", acusou um porta-voz, argumentando que "se os medicamentos contra a aids fossem licenciados compulsoriamente em todo o mundo não haveria mais pesquisa". A ação da África do Sul, disse, era "pirataria". Essas "companhias da Índia e do Brasil," escreveu o colunista Andrew Sullivan, ecoando a indústria, "são, na melhor das hipóteses, plagiadores dos produtos americanos, e, na pior, ladrões"[19].

As empresas farmacêuticas guardam zelosamente sua propriedade intelectual. Um exemplo: em Gana, no ano de 2000, uma empresa indiana, Cipla, começou a vender uma versão genérica de um medicamento contra a aids feita pela Glaxo-Wellcome, a 1/10 do preço internacional da companhia. A autoridade regional africana para as patentes definiu que as da Glaxo não eram válidas em Gana. Apesar disso, a Cipla parou de vendê-la depois que a Glaxo ameaçou processá-la.

Os países em desenvolvimento disseram que precisavam derrubar as patentes se quisessem salvar vidas. "Como podem nos negar acesso a medicamentos que prolongam a vida," perguntou um parlamentar queniano, "quando nosso povo está morrendo?" As companhias farmacêuticas retrucam dizendo que as patentes são necessárias para a inovação. "Precisamos de proteção à propriedade intelectual em todo o mundo, além de fronteiras", disse um porta-voz da Bristol-Myers Squibb. "Sem isto, não teremos incentivo para desenvolver medicamentos novos e mais eficientes contra HIV/aids."[20]

Quem está certo? Como as patentes são um artifício imperfeito, em princípio não é errado quebrá-las. Como não é uma questão de princípio, avaliar as reivindicações antagônicas significa simplesmente comparar custos e benefícios.

Haveria um custo no licenciamento compulsório: não respeitar a propriedade intelectual das companhias farmacêuticas e tornar os medicamentos acessíveis a preços menores significaria lucros menores e menos pesquisa de novos e melhores medicamentos. Haveria um benefício: menos mortes. Mesmo que apenas uma fração dos africanos com aids se salvasse (porque é preciso mais do que apenas uma redução de preços para fazer chegar os medicamentos à maioria dos doentes africanos), uma fração de dezenas de milhões significa muitas vidas.

A aritmética custo-benefício nesse caso particular é simples — e está do lado dos países em desenvolvimento. Como poucos medicamentos contra a aids são vendidos na África aos preços correntes, a queda nos lucros seria pequena, refletindo-se em pouca ou nenhuma redução na pesquisa se a África tivesse permissão para pegar uma carona na inovação mundial. Por exemplo, apenas 10% dos US$454 milhões das vendas de 1999 do medicamento contra a aids feitas pela Glaxo-Welcome originaram-se de países fora da América do Norte e da Europa. Nesse caso, a revogação dos direitos de propriedade quase não teria custos diretos. Poderia haver custos indiretos, como conseqüência de um efeito cunha, se fosse estabelecido um precedente que levasse ao desrespeito por outras patentes de medicamentos. O contrabando de medicamentos de volta para o Ocidente poderia solapar os preços das empresas. Mas os benefícios — muitas vidas salvas ou prolongadas — são literalmente incalculáveis. A não ser que se acredite, religiosamente, que os direitos de propriedade são sacrossantos, os benefícios de quebrar as patentes nos países pobres claramente são maiores do que os custos. O licenciamento compulsório para medicamentos contra a aids como medida de emergência é uma posição muito difícil de atacar.

De início o governo dos Estados Unidos não encarava as coisas do ponto de vista dos países em desenvolvimento. Colocou-se do lado das companhias farmacêuticas, convencido por seus generosíssimos *lobbies*. O governo Clinton ameaçou aplicar sanções comerciais aos países que produzissem cópias de medicamentos patenteados. O Congresso ameaçou cortar ajuda. Um relatório do Departamento de Estado para o Congresso, em 1999, afirmava que "todas as agências importantes do governo dos Estados Unidos" estavam "engajadas em campanhas assíduas e articuladas para persuadir o governo da África do Sul a retirar ou modificar" sua lei de fármacos. Os Estados Unidos apresentaram uma queixa formal contra o Brasil na Organização Mundial do Comércio, na qual afirmavam que, ao permitir que as indústrias locais fabricassem medicamentos patenteados por outras empresas, o Brasil violava as regras do comércio internacional.

Apesar disto tudo, a outra posição ganhou força. Grupos internacionais como os Médicos sem Fronteiras e a Oxfam, uma organização filantrópica do Reino Unido, galvanizaram a opinião pública. Os jornais fizeram reportagens a respeito das queixas dos pacientes de aids, os ativistas colocaram a questão no centro da agenda política. Assediaram o vice-presidente Al Gore, interrompendo ruidosamente seus discursos nos primeiros estágios de sua campanha eleitoral em 2000. O grupo Act Up encenou mortes na frente da sede da PhRMA, em Washington D.C., com túmulos e cadáveres de mentira, e palavras de ordem como "medicamentos para todas as nações". Alguns acionistas da GlaxoSmithKline, preocupados tanto com a questão em si como com os prejuízos que uma imagem pública ruim poderia causar sobre os preços das ações da empresa, montaram uma campanha para forçá-la a tornar seus medicamentos mais acessíveis nos países pobres. Como resultado dessa pressão conjunta, em 2001 — uma década depois que os especialistas haviam começado a avisar o mundo sobre a iminente crise da aids nos países pobres — a maré virou.

O governo Clinton mudou de rumo e anunciou que não iria mais ameaçar com sanções comerciais os países que derrubassem as patentes dos medicamentos contra a aids. O Banco Mundial e as Nações Unidas criaram fundos com esse propósito. A União Européia propôs um plano em duas partes: preços diferenciados, com mais baixos para os países pobres, e uma reforma das regras internacionais de patentes para tornar mais fácil a esses países importar cópias genéricas dos medicamentos. A filantropia privada também teve seu papel: por exemplo, foi organizado o Fundo Global para Vacinação Infantil, dirigido por Bill e Melinda Gates, com o objetivo de cobrir os custos de imunização de crianças nos países em desenvolvimento. (No entanto, os recursos ficaram muito aquém das dezenas de bilhões de dólares que a Unaids calculou que seriam necessários.)

Quando 39 companhias farmacêuticas moveram um processo para derrubar a lei sul-africana que permitia que as patentes fossem quebradas, argumentando que ela violava acordos internacionais sobre propriedade intelectual, do lado de fora do tribunal manifestantes levavam cartazes xingando os executivos das indústrias farmacêuticas de "vampiros da aids, mais letais que o vírus". O processo se transformou em um desastre de relações públicas para as empresas, acusadas de colocar os lucros na frente de vidas. Em abril de 2001 elas desistiram. "Nós precisávamos ganhar esse caso, senão muitos de nós iriam morrer", disse Nonthantla Maseko, sul-africana com o vírus da aids. "Nossa esperança estava em ganhar a causa. Nós tínhamos de ganhar."[21] Ao retirarem sua ação judicial, as empresas farmacêuticas estabeleceram um precedente que foi, de forma geral, interpretado como significando que os países pobres poderiam, por razões de saúde pública, derrubar patentes.

Em 2000, as cinco principais companhias farmacêuticas concordaram em negociar preços mais baixos para seus medicamentos contra a aids na África e na Ásia. E em 2001 as principais companhias anunciaram que iriam fornecer esses medicamentos aos países em desenvolvimento ao custo de fabricação, cerca de 1/10 do preço cobrado no Ocidente. Uma das condições, disse Per Wold-Olsen, executivo da Merck, era "estabelecer processos que impedissem que eles fossem re-exportados para o mundo desenvolvido". Acrescentou que os governos dos países desenvolvidos precisavam ajudar a construir infra-estruturas de cuidados à saúde e sistemas de distribuição para os países em desenvolvimento. John McGoldrick, da Bristol-Myers Squibb, disse: "Não buscamos lucros com os medicamentos contra a aids na África e não vamos deixar que nossas patentes sejam um obstáculo."[22]

As forças normais do mercado levaram as companhias farmacêuticas a mudar seus preços, já que estas estavam começando a enfrentar a concorrência das fábricas indianas de medicamentos genéricos. Mas as mudanças também foram uma resposta à movimentação dos ativistas. A história dos medicamentos contra a aids mostra como os consumidores e seus defensores — organizações de ajuda como Médicos sem Fronteiras e Oxfam, grupos de defesa como Act Up, e a imprensa — podem obrigar um mercado a se readaptar. Provavelmente não é coincidência que os países que agiram agressivamente no sentido de mudar as regras de mercado — Brasil, África do Sul e Tailândia — tenham governos democráticos, e portanto susctíveis à pressão do público.

Mas a solução de vender medicamentos contra a aids a preço de custo em países pobres não é transferível para medicamentos contra muitas outras doenças. Os remédios contra a aids são um caso especial, quando consideramos os custos/benefícios de quebrar a proteção das patentes, pois sua descoberta foi impulsionada pelo mercado imensamente lucrativo nos países desenvolvidos. Os países pobres seriam uma fração mínima dos lucros globais desses produtos, quaisquer que fossem as políticas de preços adotadas, de modo que, mesmo não contribuindo com os custos de pesquisa, não reduzem significativamente os incentivos de inovação. Já no caso das doenças que não atingem o mundo desenvolvido, a redução dos incentivos para a pesquisa em decorrência do enfraquecimento das patentes poderia ser tão forte que anularia qualquer benefício. Permitir o livre acesso das nações pobres é potencialmente benéfico apenas no caso de doenças que atinjam os países ricos e que tenham os Estados Unidos e os mercados europeus como indução à inovação. No caso das doenças tropicais, ausência de patente significa ausência de pesquisa. Tornar as inovações disponíveis para todos não significa nada, caso não haja inovações.

Para se desenvolverem medicamentos contra as doenças que atingem apenas os países pobres são necessárias mudanças mais profundas no desenho do mercado. Para esses produtos as proteções de propriedade intelectual precisam ser mantidas para que se faça qualquer pesquisa. No entanto, talvez haja outras maneiras de organizar um sistema de patentes. Como devem ser os incentivos para a pesquisa em novas drogas contra doenças típicas dos países pobres? Apesar de seu valor social potencialmente muito alto, tais drogas não são desenvolvidas no sistema padrão de patentes porque os rendimentos que poderiam ser obtidos com elas não cobririam os custos de desenvolvimento.

Michael Kremer, uma liderança no movimento que busca maneiras funcionais de fornecer medicamentos para os países pobres, já explorou várias alternativas e acréscimos ao sistema de patentes, a serem feitos pelos governos e agências internacionais.[23] Reduzir os custos de inovação, talvez através de créditos fiscais, subsidiando os insumos que as companhias farmacêuticas usam em sua pesquisa, poderia tornar lucrativo o desenvolvimento de fármacos de baixo valor de mercado. No entanto, como é difícil monitorar os insumos de pesquisa, subsidiar insumos em geral é menos eficiente do que recompensar o êxito pagando pela produção. Outra maneira de garantir a correspondência entre custos e rendimentos é aumentar os retornos, com governo e órgãos internacionais comprometendo-se a garantir as receitas da empresa quando o novo medicamento passar a ser fabricado — talvez pagando uma soma específica para cada dólar ganho com as vendas.

Dado o pequeno poder de compra dos países pobres, essa abordagem exige financiamento dos governos da Europa Ocidental e América do Norte e de órgãos internacionais como o Banco Mundial e a Organização Mundial da Saúde. Considerando-se os custos entre US$200 e US$500 milhões para desenvolver um novo medicamento, tais fundos têm de ser muito bem dotados.

O mercado farmacêutico global chama a atenção, ao mesmo tempo, para o que há de pior e para o que há de melhor nos mercados. Para impulsionar a descoberta de novos medicamentos, os incentivos de mercado são indispensáveis. No entanto, há mais de uma maneira de desenhar um mercado. O desenho correto para o mercado varia com o tempo e com o lugar. Qualquer mercado é imperfeito e de tempos em tempos pode ser necessário redesenhá-lo.

Dessa forma, tanto empresários como governos eventualmente assumem o papel de desenhistas de mercados. Agora vamos ver o que esse desenho exige, i.e., os fundamentos daquilo que é necessário para os mercados funcionarem bem.

4

A informação quer ser livre

O secular bazar do Oriente Médio é tema de muitos relatos de viagem. Em Marrakech, Marrocos, você entra no bazar por um portão de tijolos chamado Bab Doukkala e chega a um labirinto de ruas estreitas apinhadas de compradores. Todos os seus sentidos são bombardeados pelo forte cheiro das especiarias, as vistosas cores dos tecidos, os gritos dos condutores de mulas. Vendedores ambulantes oferecem coisas de comer: marmelada, hortelã, queijo, carne. Os artesãos se agrupam segundo os produtos: vasos, sapatos, objetos de latão, de madeira, gravuras, roupas, cestas, mosaicos.

A informação no bazar "é pobre, escassa, mal distribuída, ineficientemente comunicada e intensamente valorizada", como colocou o antropólogo Clifford Geertz. "O nível de ignorância acerca de tudo — desde a qualidade dos produtos e os preços correntes até as possibilidades do mercado e dos custos de produção — é muito alto, e grande parte do modo como o bazar funciona pode ser interpretado como uma tentativa de reduzir tal ignorância para alguns, aumentá-la para outros, ou ainda impedir que terceiros tenham acesso a ela." Não se afixam preços em artigos, a não ser os mais baratos. Não há marcas. Não há publicidade. Os compradores experientes fazem longas buscas, tentando fugir dos preços altos ou dos artigos vagabundos. Eles gastam tempo comparando as ofertas dos diversos negociantes e estes gastam tempo tentando convencer os potenciais fregueses a comprar deles. "A busca de informação é a experiência central da vida no bazar", disse Geertz. Ela é "a arte realmente avançada no bazar, uma questão em torno da qual gira todo o resto"[1].

Os negociantes do bazar algumas vezes tentam aumentar os custos de busca, escondendo as informações sobre preços. As negociações são feitas discretamente, de modo que o negociante pode oferecer uma pechincha a um freguês privilegiado sem que os outros compradores saibam do preço. No Iêmen, algumas vezes comprador e vendedor escondem a negociação, cobrindo as mãos com um pano. Barganham movendo os dedos, usando cada dedo para simbolizar um número e os olhos para indicar concordância ou discordância.[2]

Imagine-se em Marrakech passando pelo portão de tijolos e entrando no bazar. Você quer comprar uma urna de latão como lembrança. Os muitos vendedores de objetos de latão se amontoam numa área própria. Você pode andar de um para outro em questão de segundos, de modo que é fácil comparar. Mas não sem custos. Você está em Marrakech por poucos dias e há outros lugares para visitar. À medida que você vai de comerciante em comerciante, seus companheiros de viagem começam a pressionar para que você decida logo e compre alguma coisa rapidamente, para que todos possam seguir caminho. O custo para você obter mais uma cotação de preços não é negligenciável.

Você acaba pagando demais. Como a amarga experiência mais cedo ou mais tarde ensina a qualquer pessoa do rico Ocidente que visita um país pobre, o turista não é páreo para um comerciante de bazar. E só em parte é uma questão de técnica. Os comerciantes do bazar são negociadores duros e experimentados. Além do mais, a maioria dos turistas não tem o conhecimento geral das faixas normais de preços, nem capacidade para julgar a qualidade do artesanato. Mas vamos supor que você seja um negociador implacável e um experiente juiz de valor. Seus custos ao pesquisar, por menores que sejam, são suficientes para impedir a concorrência entre os comerciantes. Você paga um preço exorbitante.

Vamos examinar a lógica desse preço adicional com mais detalhes. Imagine que vários vendedores oferecem a urna de latão que você deseja. Você está disposto a pagar até US$10 por ela. (Para simplificar a história, vamos supor que os vendedores conhecem seu preço máximo; se não conhecessem você teria algum poder de barganha.) O custo da urna para qualquer um dos comerciantes — o preço por atacado, mais aluguel, custos de trabalho e a margem mínima de lucro para continuar no negócio — chega a US$5. Você já conseguiu uma cotação com o negociante com quem estava falando. Para obter outras, tem que procurar outros comerciantes. Isto significa sair um pouco do seu caminho e usar um pouco mais do seu tempo — custos pequenos, mas não nulos. Que preço cada um vai cobrar?

Observe que, se houvesse apenas um comerciante vendendo a urna, ele cobraria um preço de monopólio, exatamente o que você estava disposto a pagar, US$10. O comerciante teria um lucro de 100%. Numa comparação oposta, suponha que há muitos negociantes e que você está plenamente informado, de modo que pode comprar livremente de quem tiver o preço mais baixo. Nesse caso todos os negociantes cobrariam US$5. Cada um deles vai enfrentar o competidor na busca pelo negócio, abaixando o preço até apenas cobrir os custos. O resultado do processo competitivo é que você consegue preços mais baixos.

Mas isto não acontece quando a informação não é livre. Nesse caso, a definição é do mercado, e todos os comerciantes vão cobrar o preço mais alto, US$10.

Não é que os comerciantes façam conluios uns com os outros. Não precisam disto. O preço se mantém alto simplesmente pela falta de informação do comprador.

Imagine que todos os comerciantes estão cobrando US$10. Será que algum deles estaria melhor se reduzisse esse preço? Cortar preços é desvantajoso: significa uma redução na receita com qualquer cliente que teria comprado daquele negociante mesmo a um preço mais alto. Se a informação fosse livremente disponível, quem reduzisse os preços receberia um aumento compensador nas vendas à medida que clientes adicionais o procurassem. No entanto, quando existem custos de busca, essas vendas extras podem ser desprezíveis. Se você incorre num custo de busca de 10 centavos ou mais para cada comerciante que procurar, e se houver 50 comerciantes oferecendo a urna, então, mesmo que você saiba que existe alguém disposto a vender pelo preço de custo, poupando US$5, não vale a pena procurar. Seria como catar uma agulha no palheiro. Se você visitasse mais um vendedor, a possibilidade de que ele fosse o de preço mais baixo seria de 1 para 50, de modo que, em média, o retorno para aquela cotação extra seria de 10 centavos (ou US$5 multiplicados por 1/50), que é o mesmo custo de obter mais uma cotação. Não vale a pena pesquisar preços. O negociante que reduzisse seus preços, não conseguindo nenhuma ou apenas poucas vendas extras, os elevaria outra vez.[3]

Elevar os preços, assim, depende das expectativas dos comerciantes. O comerciante com quem você está barganhando sabe que você sabe que todos os outros estão cobrando um preço muito alto. Sabendo que você tem um custo de procurar outro comerciante, ele cobra o mesmo preço que todos os outros. Você está numa armadilha e paga o preço alto.

Para a concorrência funcionar, os vendedores devem ser recompensados ao reduzir os preços. Isto aconteceria se a informação fosse livre. Mas, quando os custos de busca imobilizam os compradores, os vendedores são penalizados se reduzirem seus preços. O custo de elevar preços — mesmo que seja pequeno em comparação com o valor da compra — pode impedir que as forças competitivas atuem. Cada vendedor é um pequeno monopolista. Devido ao custo de busca dos compradores, os comerciantes têm um bom lucro. Grandes efeitos podem decorrer de pequenos custos de transação.

O problema da informação está no âmago da economia de hoje em dia. O "mais importante conceito novo em economia nos últimos trinta anos", disse Kenneth Arrow em 2000, "é o desenvolvimento da importância da informação, juntamente com a dispersão da informação"[4].

Da oferta desigual de informação decorrem dois tipos de fricções de mercado. Existem os custos de busca: o tempo, o esforço e o dinheiro que se gasta descobrindo o que está disponível, onde, e por quanto. E existem os custos de avaliação, que decorrem das dificuldades, pelo comprador, de avaliar a qualidade. Um mercado de sucesso tem mecanismos que mantêm baixos os custos de transação decorrentes da dispersão da informação.

Os custos de busca podem fazer com que os mercados funcionem mal de maneiras maiores e menores. À parte a satisfação de procurar alternativas, o tempo e o dinheiro gastos seriam mais bem dispendidos em outra coisa. Além disso, as transações algumas vezes acontecem entre pessoas erradas, ou deixam de acontecer de todo. Se os custos de busca forem altos, os compradores não vão procurar muito ou até mesmo nem vão procurar. A dificuldade em localizar vendedores alternativos pode significar que você vai comprar de quem já conhece, embora possa haver outros vendedores capazes de oferecer um negócio melhor ou um produto diferente que se adaptaria melhor às suas necessidades. Os custos de busca podem provocar negócios inadequados entre comprador e vendedor, algumas vezes impedindo transações mutuamente benéficas. E os custos da procura, como vimos, na verdade enfraquecem a força da concorrência. A mera existência de escolha não garante, por si mesma, que o mercado opere competitivamente. Para que exista competição efetiva os compradores devem ser capazes de comparar facilmente as escolhas.

A informação é o sangue dos mercados. É crucial saber o que está disponível, onde, e quem quer comprar. Um mercado funciona mal se a informação não flui. Raramente ela flui absolutamente livre, mas os mercados que funcionam bem têm vários mecanismos para ajudar seu movimento, e dessa forma resolver os problemas encontrados no bazar de Marrakech. Em geral supõe-se que esses mecanismos estão garantidos, de modo que nem os notamos, exceto quando sua ausência faz o mercado funcionar mal.

Nos mercados de trabalho, em especial, os custos de busca definem o desempenho do mercado. "Quando um número grande de pessoas não consegue achar trabalho, o resultado é desemprego", disse Calvin Coolidge. Embora repetir o óbvio fosse um dos traços de Coolidge, esta afirmação é menos trivial do que parece. Quem procura trabalho pode não o encontrar não porque ele não exista, mas devido aos custos de procura. Procurar trabalho toma tempo e custa caro.

O cenário onde é cobrado um preço mais alto, no bazar de Marrakech, é uma amostra de como os mercados podem funcionar mal se não tiverem mecanismos de transmissão de informação. Mas existem soluções. As pessoas do lugar que normalmente compram no bazar estão numa situação diferente da dos turistas. Elas têm custos de transação, exatamente como os turistas, e têm problemas com a ignorância a respeito de produtos e preços que Geertz observou. Mas existe uma força dissuasória que impede os comerciantes de cobrar demais dos fregueses locais: o desejo de repetir a transação.

Diferentemente dos turistas, os compradores habituais do bazar estabelecem relações com os comerciantes. Embora possam verificar os preços correntes tratando rapidamente com vários comerciantes, no final eles normalmente acabam voltando para os negociantes habituais, com quem barganham de verdade. Trata-se de laços de conveniência, não de amizade. Comprador e vendedor continuam sendo adversários. O comprador quer um preço baixo, e o vendedor, um preço alto. Eles barganham por muito tempo e com muita convicção, mas seus interesses não são completamente opostos. O comprador valoriza a garantia de não ser enganado que a relação dá, e o comerciante quer deixar o comprador suficientemente satisfeito para voltar amanhã. As relações economizam custos de procura e resultam em preços mais baixos para os fregueses habituais.

As relações de negócio repetidas são apenas uma solução parcial para problemas informacionais. Um mercado sofisticado exige mecanismos adicionais para prover informação.

A maioria dos mercados contém mecanismos para solucionar as fricções geradas pelos custos de procura e portanto permitem que as forças competitivas reduzam os preços. Serviços como *Consumer Reports* e as Páginas Amarelas reduzem tais custos. As informações boca a boca são uma fonte preciosa de dicas para as compras. Os vendedores que pretendem fazer negócios no longo prazo podem deixar de cobrar alto demais para fazer outros negócios com os fregueses. A propaganda pode tirar fregueses de lojas rivais. Nomes de fantasia e marcas registradas podem reduzir os custos de procura para os consumidores. Os intermediários reduzem os custos de procura para as firmas. Há uma longa lista de artifícios de mercado que ajudam na aquisição de informação e mitigam os efeitos anticompetitivos dos custos de procura.

Tais custos trazem oportunidades empresariais. Como vimos, mesmo custos de procura baixos podem resultar em preços mais altos, a não ser que haja alguma força adicional para contrabalançar seus efeitos. Como a procura é uma atividade dispensiosa, os compradores podem preferir pagar por um serviço que faça a procura para eles. Quando existem custos de procura pode ser que se percam negócios mutuamente benéficos porque comprador e vendedor não conseguem se encontrar. Dessa forma, intermediários que funcionam como realizadores de negócios — corretores de imóveis, por exemplo — prestam um serviço valioso. Há ganhos em retificar as ineficiências decorrentes dos custos de procura.

Intermediários como os atacadistas e as companhias distribuidoras encontraram seus nichos de mercado ao reduzir os custos de procura. Vamos imaginar que você trabalha para um fabricante americano de sapatos sofisticados e que deseja levar a produção para um país onde os custos sejam menores. Como vai encontrar firmas locais com quem fechar contrato? Você tem de gastar muito tempo investigando as firmas locais, visitando suas fábricas, avaliando a qualidade da mão-de-obra e barganhando o preço. Ou então contratar um especialista para realizar esse processo de procura. Em Taiwan, por exemplo, existem firmas que operam como articuladoras entre grandes marcas nos Estados Unidos e na Europa e os fabricantes locais de sapatos. Elas agem como "centros de informação quanto às condições administrativas e financeiras" dos fabricantes de Taiwan, segundo o geógrafo You-tien Hsing.[5] Elas também reúnem informações no outro sentido: a respeito das demandas e confiabilidade dos compradores americanos e europeus. Às vezes seus empregados se instalam nas fábricas para monitorar a qualidade enquanto uma encomenda estiver sendo produzida. Se mais tarde acontecerem problemas entre a empresa ocidental e o subcontratante de Taiwan, a empresa intermediária tem a informação necessária para julgar qual parte está errada, de modo que pode atuar como um corretor honesto. Essas empresas têm lucros fazendo os mercados funcionarem melhor.

É comum falar em eliminar o atravessador. Mas algumas vezes os atravessadores são valiosos. Se a informação fluísse livremente, eles poderiam ser eliminados; quando a informação não é livre, eles servem a um propósito útil.

"A informação quer ser grátis. A informação também quer ser cara." Este mantra da alta tecnologia aplica-se também ao mundo da baixa tecnologia. Foi formulado pelo guru de computadores Stewart Brand, que explica: "A informação quer ser grátis porque ficou muito barato distribuir, copiar e recombinar — barato demais para medir. Ela quer ser cara porque pode ser incomensuravelmente valiosa para quem recebe."[6]

Os compradores ficam mais poderosos com qualquer coisa que lhes facilite a aquisição de informação. Qualquer inovação de mercado que reduza os custos de procura, tal como o advento do comércio eletrônico, torna os mercados mais eficientes. As pessoas gastam menos tempo e dinheiro na procura. Formam-se melhores combinações de compradores e vendedores, e os preços ficam mais competitivos, com vantagem para o comprador.

Os vendedores, de maneira geral, também ganham quando a inovação reduz os custos de procura. Na busca de informação, os recursos se evaporam, de modo que uma melhor informação de mercado é uma situação em que todos ganham; tanto os vendedores como os compradores se beneficiam quando os mercados funcionam mais eficientemente. Há uma exceção: a situação dos vendedores pode piorar. Como os custos de procura tendem a atrelar os compradores a vendedores e podem fazer com que estes cobrem mais, a redução desses custos pode trazer uma redução desproporcional dos preços de venda.

O transporte de cargas a longa distância beneficiou-se com a melhor articulação decorrente de menores custos de procura. Depois de entregar sua carga, um caminhão precisa encontrar outra carga para não rodar vazio em sua viagem de volta. Isto significava que o motorista ou os despachantes tinham que dar vários telefonemas. Hoje em dia a Internet disponibiliza informações instantâneas sobre capacidade dos caminhões e cargas potenciais. Foram criados sites (como getloaded.com e datconexus.com) que, através de senha e mediante um pagamento mensal, fornecem as informações desejadas aos motoristas e empresas. Os caminhões raramente voltam para casa vazios, e fala-se em ganhos de produtividade de 20% ou mais. O caminhoneiro Richard Kirschman foi um dos primeiros a andar com um *laptop* (ligado a uma bateria de cortador de grama que ele carrega em uma sacola de bola de boliche). Entrevistado na National Public Radio, ele falou de um motorista que encontrou em um bar em Dallas que estava preso lá havia três dias, sem conseguir voltar para casa, em Nova Jérsei, porque não encontrava uma carga naquela direção. Ligando o computador, Kirschman imediatamente encontrou quatro cargas diferentes para o colega, que pouco depois estava na estrada outra vez.[7] O fluxo de informação trazido pela Internet reinventou o mercado de cargas.

O comércio pela Internet, com seus bits de informação transitando por cabos de fibra ótica à velocidade da luz, está o mais longe que se pode chegar do bazar do Oriente Médio — pelo menos no estilo. Em essência, no entanto, os dois são semelhantes. Tanto na Internet como no bazar, os métodos de troca são formados pela informação e pelo custo de obtê-la. O bazar, no entanto, enfrenta altos custos de transação resultantes da falta de mecanismos de transmissão de informação. No comércio eletrônico a situação é diferente: a facilidade de comunicação da Internet mudou o equilíbrio do poder de barganha de compradores e vendedores. Ao dar muita informação aos compradores, a Internet lhes deu poder.

Varejistas da Internet como CDNow.com e Amazon.com oferecem negócios com baixo custo de procura de informação. Seu sucesso em atrair a freguesia está no fato de que muitos compradores de livros e CDs acham mais conveniente procurar no espaço cibernético do que no espaço físico. Em sites de vendas de automóveis como Autobytel.com e Carpoint.com, os compradores podem, em seu próprio computador, fazer propostas para diferentes vendedores. Reduzindo os custos de procura dos compradores, a Internet deslocou os preços em favor dos compradores.

Ela também pode ajudar os vendedores. Em algumas aldeias na Índia rural, os moradores se reuniram e compraram um computador. Na aldeia de Badgi, no estado de Madhya Pradesh, os agricultores usam o computador da aldeia para receber as cotações de trigo, alho e outros produtos nos mercados próximos. Isto aumenta seu poder de barganha com os intermediários com quem negociam. "Se o preço que ele oferece me agrada, eu vendo para ele", disse Satya Narayan Khati, plantador de trigo. "Caso contrário, eu mesmo levo ao mercado." A melhoria da informação tornou os preços dos plantadores mais competitivos.[8]

A Internet ajudou os compradores ao aumentar seu poder de barganha junto aos vendedores, mas ajudou tanto os compradores como os vendedores de outra forma: melhorando a eficiência dos mecanismos de mercado. Os vendedores foram ajudados pela expansão no número de seus fregueses em potencial, que não precisam mais estar próximos, já que é possível comprar de qualquer lugar do mundo; e vice-versa: os compradores ganharam ao ter acesso a novos vendedores. Melhores combinações significam que tanto compradores como vendedores melhoram.

Bill Gates, discursando no Fórum Econômico Mundial, em Melbourne, Austrália, em 2000, falou das mudanças que a Internet trouxe.[9] Os mercados se baseiam, disse ele, no encontro, pelo vendedor, do comprador mais apropriado. Na velha economia essa atividade tinha muitos custos adicionais: os custos de promoção e de estabelecimento de uma rede de distribuição. A Internet permite que as empresas dispensem os intermediários e vendam diretamente aos consumidores, economizando enormemente. Como os custos de transação na velha economia eram custos gerais, que ocorriam independentemente da escala, eles eram um obstáculo para as firmas pequenas. Vender um volume modesto de produtos muitas vezes não cobria as despesas gerais. Agora, com a Internet, as empresas pequenas podem sobreviver. "Se você for capaz de digitar algumas palavras descrevendo o seu produto, você pode atender à demanda e satisfazê-la, mesmo que sejam apenas alguns milhares de unidades por ano." Temos agora, concluiu Gates, "capitalismo sem fricções".

A procura foi automatizada. Robôs de compra rastreiam centenas de negociantes online em busca do melhor preço para você. Existem serviços especializados em comparar ofertas de artigos como livros, CDs e computadores. Ademais, um grande volume de informação sobre preços por atacado está disponível online. Antes, os compradores de carros usados que queriam economizar tinham de conseguir um catálogo com os preços de carros usados. Agora eles têm isto sem custos na Internet. Comparar preços é quase de graça, pelo menos para os que têm acesso a computadores.

Os que se dão ao trabalho de comparar preços fazem um favor para todo o mundo. No jargão dos economistas, eles geram uma externalidade positiva.[10] Quem estiver vendendo a preços altos e pensar em reduzi-los vai primeiro avaliar custos e benefícios. O custo está nos lucros menores com os fregueses que teriam comprado ao preço inicial. O benefício está no aumento das vendas para novos fregueses. Se existirem suficientes compradores sensíveis a preços, o vendedor é recompensado quando corta os preços. Assim, quem barganha por centavos e procura o preço mais baixo pressiona os vendedores que estão cobrando caro, induzindo-os a reduzi-los, em benefício de todos os compradores.

A redução nos custos de procura dos compradores provocada pela Internet trouxe uma sensível redução de preços, como previsto pela teoria econômica. Um estudo sobre preços de livros e CDs novos mostrou que os vendidos pela Internet têm um preço de 8 a 15% mais baixo, em média, do que os vendidos através dos meios convencionais. Quem compra carro pela Internet paga 2% menos do que quem o faz nas agências antigas, poupando, em média, US$450 por carro. A Internet reduziu o preço de uma apólice de seguro de vida em 5% ou mais. Os menores custos de procura do comprador, combinados com os menores custos operacionais do vendedor, traduzem-se em menores preços de venda, como seria de se esperar.

A despeito da facilidade de comparar preços na Internet, ela não eliminou a dispersão de preços. Gastei alguns minutos na PriceScan.com procurando um livro meu, *Games, Strategies and Managers* (que, apesar de sua obscuridade, está na maioria das livrarias online) e descobri que ele custa US$17,95 na Borders.com e Powell's Books, US$16,14 na Amazon.com e Barnes&Noble.com, e apenas US$12,71 na Buy.com, US$12,57 na Kabang.com, e US$11,49 na Alldirect.com. Embora os custos de entrega variem de vendedor para vendedor, o preço final tem uma dispersão semelhante. Para entrega em uma semana ele varia de US$15,57 (na Kabang.com) a US$20,10 (na Amazon.com).

Estudos mais sistemáticos revelam a mesma coisa: a disponibilidade imediata de informações não nivelou os preços de artigos idênticos. Embora os preços na Internet tendam a ser mais baixos do que nos vendedores convencionais, existe uma significativa dispersão de preços entre vendedores na rede. Definindo-a como a diferença entre o maior e o menor preço de um determinado artigo tomada como percentagem de seu preço médio, a dispersão típica, segundo um estudo, era de 37% para livros e 25% para CDs. Na verdade, no caso dos livros existe maior variação de preços entre vendedores pela Internet do que entre varejistas convencionais.[11]

Uma dispersão tão grande é um enigma. Livros e CDs novos são indiferenciáveis. Um livro é exatamente o mesmo livro, onde quer que você o compre. Se a Internet trouxe o capitalismo livre de fricções, deveria ter eliminado a dispersão de preços, porque todos os compradores saberiam onde encontrar o melhor negócio.

Uma possível explicação para a existência de dispersão de preços é a preguiça: os compradores não se dão ao trabalho de buscar o preço mais baixo. No entanto, parece ser uma explicação fraca, porque a maioria das pessoas acha que vale a pena gastar alguns segundos para poupar dinheiro. Certamente não basta para explicar a continuidade da dispersão de preços em artigos caros.

Por que continua a existir dispersão de preços quando os custos de informação são muito baixos? Se existe, é porque até mesmo os mercados da Internet estão sujeitos a fricções — ainda existem alguns custos de transação. Não se trata de custos para localizar vendedores ou para saber de seus preços, já que esses custos estão próximos a zero. Os custos de transação remanescentes são mais sutis. Eles decorrem da dificuldade de observar a qualidade. A Internet não criou mercados totalmente sem fricção. Ela aumentou a necessidade de se confiar nos vendedores.

Na verdade, a Internet não tornou a informação gratuita. Se comprar fosse apenas uma questão de encontrar o menor preço, os mecanismos de comparação de preços da Internet eventualmente obrigariam todos os vendedores a se igualar aos concorrentes de preço mais baixo. Mas um livro oferecido por um vendedor pode ser diferenciado, segundo a percepção do comprador, do mesmo livro oferecido por outro vendedor, mesmo que sejam objetos fisicamente idênticos. Ele não está apenas comprando um livro, mas um pacote de serviços de que o livro é uma parte — a parte principal, sem dúvida, mas apenas uma parte. Além do mais, o comprador tem vários tipos de garantias: de que o livro será entregue no prazo prometido; de que será entregue em boas condições; de que o vendedor vai aceitá-lo de volta se não for o que dele se esperava; de que os empregados do vendedor não usarão fraudulentamente os dados do cartão de crédito do comprador. Os compradores se disporão a pagar um pouco mais para reduzir a incerteza. Os custos de informação incluem não apenas os custos de localização de um vendedor, mas também os de obter garantias. A reputação do vendedor pode dar essa garantia. Uma marca registrada é um mecanismo de produção de informação.

Para além das garantias da confiabilidade, os vendedores oferecem uma gama de outros serviços. Se você tiver uma boa relação com a livraria local, pode ser que confie no julgamento do dono e compre o livro de um autor de quem nunca ouviu falar, simplesmente baseado na recomendação do livreiro. Artigos aparentemente homogêneos muitas vezes não são realmente homogêneos: depende de onde você compra.

Aprofundando um pouco mais esse ponto, vamos deixar a Internet e passar para um exemplo de baixa tecnologia. Nas cidades da Índia era difícil encontrar leite fresco de boa qualidade. Para aumentar os lucros, atacadistas e varejistas costumavam misturar água. Os compradores podiam avaliar o frescor do leite, bastava cheirá-lo, mas não podiam avaliar seu conteúdo de gordura. Como resultado da baixa qualidade as vendas de leite caíram; o consumo *per capita* caiu 25% abaixo do que fora 20 anos antes.

O economista George Akerlof criou uma maneira de mostrar a lógica de como os mercados funcionam mal quando os compradores não podem avaliar a qualidade.[12] Imagine que custa US$1 para um vendedor fornecer um litro de leite de boa qualidade e US$0,60 para fornecer um litro de leite aguado. Um comprador típico estaria disposto a pagar até US$1,20 por leite bom e US$0,80 por leite inferior. Em ambos os casos há ganhos mútuos com o negócio. No entanto, se o comprador não for capaz de distinguir a qualidade, ambos os tipos de leite serão vendidos pelo mesmo preço. Suponhamos que nosso comprador acredita que 60% dos vendedores põem água no leite. Então o máximo que ele pagaria por um litro de leite seria $0,96, e provavelmente menos. (A aritmética disto é que existem 40%

de possibilidade de o leite valer US$1,20 para o comprador e 60% de que valha US$0,80, de modo que, em média, ele vale US$1,20 x 0,4 + US$0,80 x 0,6, que é igual a US$0,96.) Mas essa situação não é sustentável. Custa US$1 para fornecer leite bom. Um vendedor honesto que pratique um preço que cubra seus custos não se manterá no mercado porque o comprador suspeita — com boas razões, aliás — de que vai ser enganado. Os vendedores honestos sairão do mercado, e a fração de vendedores que põem água no leite subirá para 100%. A lei de Greesham é válida nesse mercado: os bens de baixa qualidade expulsam os de boa qualidade.

Na Índia, como em muitos países pobres, esta situação é comum. Os mercados de muitos bens não funcionam satisfatoriamente, como observa o jornalista Ashok Desai: "O alho que você compra é todo misturado, de todos os tamanhos e qualidades, frescos e secos; não se consegue o alho grande, uniforme, limpo, que se consegue na Europa. O algodão vem elaboradamente adulterado; às vezes o óleo comestível é tão perigoso que mata as pessoas. Esses produtos nunca melhoram; seus produtores continuam a produzir os mesmos bens de má qualidade década após década."

A Índia resolveu o problema de leite adulterado (como foi descrito pelo economista Robert Klitgaard). O Departamento Nacional de Desenvolvimento dos Laticínios da Índia lançou uma campanha na década de 1970 para melhorar a qualidade do leite. Ele forneceu aparelhos baratos para medir o teor de manteiga no leite em cada estágio da cadeia de distribuição, do agricultor para o atacadista e para o vendedor final, e montou esquemas de pagamento segundo o qual o preço pago refletia a qualidade medida. No estágio final, o dos consumidores, foram criadas marcas registradas para fazer com que os consumidores confiassem no que estavam comprando. Como resultado a qualidade melhorou e o consumo aumentou. Os consumidores e produtores honestos se beneficiaram.[13]

A solução do problema de garantir a qualidade do leite não aconteceu de um dia para outro; exigiu uma série de ações coordenadas. Nem sempre se tem como certos os mecanismos de garantia de qualidade. Muito difundidos nos países ricos, muitas vezes eles faltam nos países pobres. Essa ausência é uma das razões pelas quais os mercados funcionam mal.

Uma das partes mais importantes do desenho de mercado é a construção de canais por onde flua a informação, tanto para ajudar compradores e vendedores a entrarem em contato, como para possibilitar que se verifique a qualidade do que está sendo comprado. "O segredo do negócio", disse Aristóteles Onassis, o grande armador, "é saber de alguma coisa que ninguém mais saiba". O segredo do desenho do mercado, pelo contrário, é possibilitar que a informação flua.

A distribuição desigual de informação pode fazer com que um mercado funcione ineficientemente. Comparar preços exige tempo e esforço, que podem ser pequenos mas raramente são nulos. Transações que poderiam ser mutuamente benéficas deixam de ser feitas porque é muito difícil para as pessoas se encontrarem. Os custos de procura dos compradores dão aos vendedores o poder de estabelecer preços. Mercados bem-sucedidos têm mecanismos, tais como a propaganda, que fazem com que a informação flua. Intermediários, como os atacadistas e atravessadores, reduzem os custos de procura para as firmas.

Muitas vezes é difícil avaliar a qualidade do que está sendo oferecido, e o medo que os compradores têm de serem passados para trás pode fazer com que os mercados funcionem com um nível baixo de atividade. Como vou mostrar a seguir, os mercados precisam desenvolver mecanismos para sinalizar a qualidade, como garantias, marcas registradas e corretores especializados.

5

A honestidade é a melhor política

"Em um negócio, você dá e recebe. Você se compromete. E então passa a mão no dinheiro e pega o primeiro trem para fora da cidade." Esta era a descomplicada filosofia de negócios de Irving Lazar (o Rapidinho), um espalhafatoso agente de estrelas de Hollywood. Para alguns, agarrar o dinheiro tipifica o comportamento de mercado. Cada um por si — é a lei da selva.

A realidade é o inverso. Quando não se pode confiar nas pessoas, os mercados funcionam mal. Nas transações mais simples, em que o comprador paga em dinheiro por um artigo fácil de reconhecer, não é preciso confiança. Mas a maioria das transações não é tão direta assim. Numa economia que funciona bem, os negócios se baseiam na capacidade de fazer promessas viáveis.

Enquanto compradores, nós dependemos dos vendedores sempre que haja alguma incerteza a respeito da mercadoria — o que acontece com quase tudo que se compra. Quando compramos alimentos, acreditamos que não vão nos fazer mal. Esperamos que os medicamentos não tenham efeitos colaterais. Supomos que o carro que adquirimos vai funcionar e que o mecânico que o consertar vai fazer o serviço direito. Contamos que nossos empregados não sejam preguiçosos. Ao consultar um médico ou um contador, confiamos na competência deles. Sempre que o comprador não puder verificar a qualidade antecipadamente, de alguma maneira o vendedor deve ser capaz de tranqüilizar o comprador. Como vendedores, por outro lado, temos fé no comprador sempre que oferecemos crédito. Quando deixamos que os fregueses levem as mercadorias, confiamos que eles vão pagar as contas.

"Honestidade é a melhor política — sempre que isso der dinheiro." Com esta piada, Mark Twain identificou uma das chaves para o mercado bem desenhado. Algumas pessoas são honestas de nascença; outras, não. Mercados bem desenhados dispõem de uma série de mecanismos, formais e informais, para fazer com que, na verdade, ser honesto dê dinheiro. A confiança do mercado apóia-se em regras e costumes que levam até mesmo pessoas inescrupulosas a manter a palavra.

A segurança que os consumidores desejam e pela qual querem pagar pode ser relativa a algo tão trivial quanto a consistência de uma batata frita. Você pode dizer "Batata frita é batata frita" — e isto simplesmente indicaria que você não tem vocação para magnata do hambúrguer. Na década de 1950, Ray Kroc, fundador do McDonald's, era obcecado por elas. "As batatas fritas se tornaram quase sacrossantas para mim," disse ele mais tarde, "e sua preparação, um ritual a ser seguido religiosamente."[1] Seus funcionários iam com hidrômetros até as plantações, e rejeitavam as batatas que não tivessem a proporção ótima de água. Kroc imaginou uma maneira de curar as batatas de modo a converter os açúcares naturais em amido. Desenvolveu o "computador de batatas", para calibrar o tempo de cozimento de uma panela de batatas fritas. Ele baseou a vantagem competitiva de sua empresa na uniformidade das batatas fritas — a combinação precisa, e confiável, de amido e gordura. Em Minneapolis ou em Minsk, a marca McDonald's promete ao cliente exatamente aquilo que lhe entrega.

Existem muitos e variados mecanismos de mercado voltados para a garantia de qualidade. Você compra pilhas de uma marca que já usou e viu que duravam muito. Você compra um carro de um fabricante com uma história de construção de bons carros. Você manda instalar um silencioso em uma loja que anuncia uma garantia confiável. Você vai a um médico diplomado. Você decide empregar alguém com base nos testemunhos de empregadores anteriores. Ao escolher um advogado você leva em conta as recomendações de amigos. O mercado tem múltiplas maneiras de distinguir entre produtos de alta e de baixa qualidade.

A reputação é uma garantia de qualidade. Uma firma bem conhecida oferece mais segurança do que uma firma da qual ninguém ouviu falar. Como um erro pode prejudicar sua valiosa reputação, você pode supor que ela vai cumprir os prazos e não vai enganá-lo. A dispersão de preços que persiste entre os vendedores pela Internet, por exemplo, é um reflexo da necessidade de segurança que o consumidor tem. As empresas podem ganhar dinheiro com o bom nome, já que podem cobrar mais do que os concorrentes.

Divulgar informações convincentes pode ser difícil. Como persuadir fregueses potenciais de que seu produto é melhor que o do concorrente? Vamos supor que você tenha, de fato, o melhor produto. Suponha também que você possa fazer algo que sua clientela alvo veja. Essa ação não apenas lhe custa algo; ela vai lhe custar mais se você não for sincero do que se você for — e aqui está a chave de tudo. Vamos chamar essa ação de "sinal". Os fregueses inferem que você está mesmo dizendo a verdade.[2] Quando você dá o sinal, está seguindo a máxima de que as ações falam mais alto do que as palavras.

Os anúncios podem ser sinais. Como observou Mark Twain, "os anúncios contêm as únicas verdades em que se pode confiar em um jornal". Um fabricante de refrigerantes patrocina uma campanha milionária, estrelada por cantores de rock. Aparentemente, tudo o que os anúncios estão dizendo é que uma grande quantia está sendo desperdiçada. Mas a prodigalidade é a questão: ela afirma a confiança da empresa em seu produto. A firma espera que os consumidores, depois de experimentar, vão continuar comprando, de modo que, no final, ela vai mais do que cobrir as despesas da publicidade. Os anúncios funcionam como uma comunicação confiável porque um fabricante de produtos de baixa qualidade não ganharia dinheiro com eles. Eles dizem "experimente, você vai gostar" mais convincentemente do que apenas com palavras.

Sinalizar é da natureza. Em uma savana no leste da África um leão caça uma gazela. Percebendo o predador, a gazela começa a dar saltos de quase dois metros no ar. Por que ela pula em um só lugar ao invés de sair correndo enquanto pode? O que parece ser um comportamento louco, teorizam os biólogos, é, na verdade, racional. Saltar é a maneira que a gazela tem de se comunicar. Ela está dizendo ao leão, "eu sou forte e saudável. Caçar-me vai ser um desperdício da sua e da minha energia."

Por que o pavão tem uma cauda tão extravagante? É difícil de carregar e torna-o vulnerável aos predadores. Mas ela tem uma razão de ser — como meio de comunicação. Para as fêmeas em busca de um macho, uma cauda luxuriante é um sinal de que o macho é saudável e que transmitirá bons genes.[3]

A ostentação pode ser uma fanfarronada verossímil. Os equivalentes econômicos da cauda do pavão — uma exibição aparentemente perdulária que na verdade tem o propósito de conferir credibilidade — são vários. Os bancos e as companhias de seguros têm escritórios com uma suntuosidade que vai além das necessidades de quem os ocupa. Essas instalações ostentatórias são um sinal de que a empresa é sólida, distinguindo-a de outras companhias mais precárias que não podem bancar um padrão desses. Como sinal de que esperam estar ali aguardando por você ainda por muito tempo, lojas se instalam em áreas de aluguel alto, como a Quinta Avenida, em Nova York, quando um endereço mais barato também serviria. Um capitalista que queira fazer um investimento de risco só põe dinheiro em uma empresa nova se o empreendedor puser uma soma substancial de seu próprio dinheiro — não porque o capitalista esteja de caixa baixa, mas como sinal de sinceridade do empreendedor.

Um mercado funcional tem uma série de mecanismos de sinalização para comunicar informações confiáveis sobre a qualidade. A sinalização pode impedir a expulsão dos bens de alta qualidade pelos de baixa qualidade, mas ela não é gratuita. A cauda do pavão é um ônus; a sede luxuosa do banco e os caríssimos anúncios do fabricante de refrigerante se fazem em detrimento de sua linha de produção.

Como o vendedor pode saber que os compradores vão pagar o que devem? A Paragon Cable, uma empresa de TV a cabo de Nova York, descobriu um truque novo para fazer os clientes em atraso pagarem.[4] Ela não processa os inadimplentes, nem corta o serviço. Em vez disso, fornece apenas a programação do Congresso norte-americano, com seus intermináveis discursos, debates e audiências. Segundo eles, tem sido uma eficiente medida de cobrança.

A preocupação com o futuro é o mais importante incentivo para levar as pessoas a manterem a palavra. Se você pedir crédito ao vendedor de algum artigo, será que vai conseguir? Pode ser que sim, caso se trate de uma fruta numa loja do bairro. Mas não vai conseguir, caso se trate de um carro. A diferença, claro, é o que você ganha ao roer a corda. Se a loja de frutas for conveniente para você, continuar comprando lá vale mais do que os trocados do calote. Por outro lado, no caso do carro, você ganha muito dinheiro com o calote, e como compra raramente o vendedor não pode confiar em seu desejo de fazer negócio outra vez. Assim, a honestidade é a melhor política, dependendo do que é maior: os ganhos futuros de continuar fazendo negócios ou os ganhos imediatos de não realizar os pagamentos.

Mesmo quando o calote tiver um retorno maior do que o valor de qualquer negócio corrente com um vendedor, você continuará tendo um incentivo para pagar a conta se outros negociantes se recusarem a fazer negócios com você. O valor dos negócios futuros que você vai perder se for colocado numa lista negra pode dissuadi-lo de trapacear. A preocupação com sua reputação global é mais um incentivo para os negócios honestos.

Para existirem sanções ligadas à reputação, de alguma forma a notícia deve se espalhar. Assim sendo, as fofocas podem ter efeitos econômicos reais. Grupos pequenos normalmente são capazes de impor padrões de comportamento. Os corretores dos mercados financeiros "policiam-se mutuamente, enquanto grupo", diz um corretor de contratos futuros de açúcar. Quando alguém faz alguma coisa errada "eles simplesmente dizem para o cara: 'É melhor você não fazer isto de novo. Se fizer... vamos dar um gelo em você.'"[5]

Para uma comunidade coesa, como os corretores de valores ou uma aldeia tradicional, as sanções podem ser invocadas espontaneamente. Em sociedades fluidas, onde as pessoas vão e vêm, é mais difícil estabelecer uma reputação. É preciso um canal de informação para que os outros saibam quando acontece uma transgressão, e quem a provocou. Os serviços de proteção ao crédito, por exemplo, servem de repositórios de informação. Para a maioria dos consumidores, saber que arriscam prejudicar sua avaliação de crédito é incentivo suficiente para fazê-los pagar as contas.

O mercado de peixe dos Estados Unidos sofria com serviços não pagos. Os atacadistas enviavam carregamentos de peixes para compradores fora do estado e os cheques eram devolvidos. Era fácil para os compradores encontrar outros vendedores, e assim podiam continuar dando calote. Vendo isto, Neal Workman, um empresário de Portland, Maine, criou uma firma chamada GoFish, voltada para a cobrança de dívidas para os atacadistas. Ele logo percebeu que podia ir além de cobrar dívidas, já que havia um valor não utilizado nas informações que ele reunia. "Você só pode cobrar uma dívida uma vez", disse ele. "E pode vender muitas vezes as informações sobre as pessoas que não pagam."[6] GoFish passou a usar a Internet para prover seus assinantes com informações instantâneas sobre compradores de peixe. Através desse simples artifício — apenas divulgar informações —, Workman reformatou os incentivos do mercado. Os compradores passaram a ter de pagar suas contas, caso quisessem continuar no mercado de peixe. Isto não apenas foi lucrativo para a GoFish, como melhorou o funcionamento do mercado como um todo.

No mercado atacadista de diamantes de Nova York, os negociantes trocam entre si sacos de diamantes que valem milhões de dólares, sem contratos escritos. Um aperto de mãos e as palavras *mazal u'brache* — "com sorte e bênçãos" — criam um acordo comprometedor. Os contratos orais em parte funcionam porque a maioria dos negociantes é de judeus hassídicos, com uma visão comum. No entanto, com valores tão grandes em jogo, as relações individuais não resultariam em sanções ponderáveis. O mercado de diamantes é desenhado de modo que qualquer um que rompa um contrato perca negócios futuros, não só com a pessoa enganada, mas também com todos os outros negociantes de diamantes. O Diamond Dealers Club organiza a sanção. Quando entra para o clube, o novo membro concorda em submeter todas as disputas à arbitragem do clube. Os membros que rompem contratos podem ser multados ou excluídos dos negócios por até 20 dias. Multas não pagas são exibidas para todos. Na pior das hipóteses, um membro pode ser expulso do clube e, com isso, do negócio de diamantes.[7] Para continuar no ramo, o comerciante de diamantes tem de ser honesto.

No México, o negócio de calçados é regulado pela associação dos fabricantes de sapatos, que mantêm um banco de dados sobre os varejistas que compram de seus membros. Se um deles deixa de pagar a conta, fica registrado no banco de dados e qualquer membro pode ver. Sabendo que essa informação vai ser exposta, os varejistas têm menos tendência a romper os contratos. Trata-se de um artifício antigo: na Europa medieval as guildas de mercadores davam a mesma garantia contratual a seus membros.[8]

Parte dos serviços que as trocas online entre empresas (B2B) prestam é segurança. Na indústria química, por exemplo, essas trocas permitem que os compradores de produtos químicos industriais, de petroquímicos a plásticos, encontrem fornecedores em qualquer parte do mundo. Sem confiança, não haveria tal mercado; os compradores continuariam atuando da maneira a que estavam habituados, comprando de parceiros comerciais com quem haviam construído relações de muito tempo. "O tamanho médio de uma transação é da ordem de US$200 mil", disse John Beasley, diretor da Chem Connect, um site de compras na área química. "Para completar uma transação online desse tamanho, você tem de ter confiança de que o parceiro vai fazer o que promete."[9] Uma vantagem competitiva de um site de compras é sua capacidade de convencer os vendedores de que os compradores vão pagar suas contas. Assim, a maioria dos sites investiga as firmas que usam seus serviços, e agem sempre que um membro não cumpre um trato com outro membro.

"Para viver fora da lei, você precisa ser honesto", cantava Bob Dylan em "Absolutely Sweet Marie". Um mercado bem desenhado tem uma série de mecanismos para investigar reputações. Espalhar informações sobre comportamento desonesto é suficiente para fazer com que a maior parte das pessoas seja honesta a maior parte do tempo.

No Vietnã muitos negócios baseiam-se exclusivamente na palavra das pessoas. "Não temos nenhuma lei comercial para resolver disputas entre empresas", diz Huynh Buu Son, um banqueiro de Ho Chi Min. "Quando os empresários assinam contratos, não podem confiar nos textos legais, o que facilita as trapaças."

A partir das reformas de meados da década de 1980, ocorreu um renascimento do setor privado. No começo da década de 1990 as pequenas fábricas floresciam. As políticas de governo do Vietnã não facilitavam os negócios, de modo que os próprios empresários tiveram de criar as regras do jogo. Para o setor privado vietnamita ser tão dinâmico, teria que haver algum meio de segurança contratual. Sem poder usar os tribunais, os empresários confiavam em seus próprios mecanismos.

Em parte as disputas eram evitadas pela ameaça de perder negócios futuros. A sanção para o não-pagamento de uma dívida era o cancelamento de transações futuras com o devedor, e os empresários tentavam impedir que as disputas chegassem a este ponto. Quando uma dívida não era paga, disse um gerente, ele "negociava pacientemente". Conseguir receber o dinheiro "é uma arte, muito difícil de explicar".

Pessoas na mesma linha de negócios reuniam-se todos os dias em casas de chá e bares. Um fabricante de objetos de alumínio disse que, quando encontrava os colegas, eles discutiam o grau de confiança de certos fregueses. Outro, fabricante de produtos de aço, disse que todos os dias trocava informações, com outros negociantes, sobre os fregueses. Esses encontros regulares, disse ele, "criam uma ética da maneira de como fazer negócios que ajuda o mercado a funcionar." Se um freguês enganar um fabricante, os outros vão saber, e ele pode ir para a lista negra.

Os empresários estruturaram os negócios de modo a limitar os riscos. Quando achavam que havia risco de o comprador dar o calote — quando fabricavam por encomenda, por exemplo, ou quando vendiam para um freguês de uma cidade distante —, insistiam em receber adiantado. Para transações à distância, o motorista de ônibus que levava o produto algumas vezes agia como representante do cliente, levando o dinheiro para o produtor e funcionando, na verdade, como intermediário financeiro, um fiador do pagamento.

Uma firma reduziu a possibilidade de disputas escolhendo bem os parceiros, investigados cuidadosamente pelos empresários. "O bom freguês não é o que paga um preço alto pelo seu produto," disse um deles, "mas o que é honesto e cumpre os compromissos." Muitos nunca tiveram nenhum desentendimento com os fregueses devido aos esforços em verificar sua "capacidade financeira e personalidade". Um deles disse que antes de fazer negócios investigava os proponentes "com cuidado, através de amigos, relações e outros fornecedores e fregueses". Laços externos ao mercado, de família, de clã e de amizade, circundam a relações de mercado.

Não é novidade que na Ásia os laços de família são importantes para os negócios. Mas, embora as redes familiares algumas vezes ajudassem a iniciar uma relação de negócio, não eram essenciais. Aproximadamente a metade de uma amostra de empresários disse que não tinha ligações anteriores com os negociantes de quem se tornaram parceiros no longo prazo. A investigação de cada firma tomou o lugar da existência prévia de conexões. Alguns gerentes informaram que puderam avaliar a confiabilidade dos parceiros de negócios visitando diretamente sua fábrica ou loja. Um deles disse: "A melhor maneira de se certificar da qualidade e da confiabilidade do fornecedor é fazer-lhe uma visita, para investigar, medir e testar a qualidade dos materiais." E outro: "A maneira de avaliar a confiabilidade dos fornecedores é visitá-los freqüentemente e verificar o que eles fazem."[10]

As relações de negócios no Vietnã desenvolveram-se muito prontamente em resposta à necessidade de alguma segurança contratual. A auto-ajuda substituiu o sistema legal que faltava.

Dessa maneira, as firmas podem ir surpreendentemente bem, sem usar a lei de contrato. Mas isto quer dizer que os tribunais não sejam necessários? Bastam as relações informais para garantir que as pessoas cumpram suas obrigações? O bom senso diz que a resposta deve ser não.

Alguns negócios não podem funcionar com um contrato informal; só podem ser feitos com o apoio da lei. "Quando há grandes somas de dinheiro envolvidas, é aconselhável não confiar em ninguém", observou Agatha Christie. O ganho de pegar o dinheiro e sair correndo pode ser maior que qualquer dano à própria reputação. Para uma transação com um grande investimento adiantado e que só dá retornos depois de muita demora, a lei é necessária.

Louis B. Mayer, o magnata do cinema, disse: "Um contrato verbal não vale o papel em que seria escrito." Ele estava exagerando; como vimos, os contratos de boca podem funcionar. Mas para um astro de cinema a quem se tenha prometido 5% da receita bruta o melhor caminho é um contrato explícito, porque se o filme for um estouro de bilheteria pode ser que a produtora tente fugir do acordo. Em algumas transações não há substituto para a lei.

Onde ela funciona bem, vendedores e compradores não precisam ter medo de serem enganados; eles podem mover um processo por perdas e danos. Mas nenhum sistema legal funciona perfeitamente. Um contrato não dá, necessariamente, uma garantia inabalável. Ao contrário do que se diz, nem sempre um contrato é um contrato.

Em alguns países pobres é quase impossível usar a lei. O Vietnã é um caso extremo. Em outros países os tribunais existem, mas o sistema está tão sobrecarregado que muitas vezes não compensa o esforço de usá-los para fazer valer um contrato. Na Índia existem 25 milhões de disputas pendentes a respeito de contratos; as ações cíveis geralmente levam dez anos ou mais até serem finalmente julgadas. "Nós somos um país pobre, mergulhado em dívidas, e é preciso dinheiro para ter mais tribunais, equipamentos e pessoal", segundo Ram Jethmalani, ministro de Estado indiano. "Já me disseram que precisamos de cinco vezes mais juízes, mas não sei onde os colocaríamos."[11]

Mesmo em países com excelentes sistemas legais, a lei não funciona sem fricções. Para ir aos tribunais você tem que pagar os honorários dos advogados e se preparar para um processo demorado e um resultado imprevisível. Algumas vezes não vale a pena. Se os seus parceiros de negócios sabem que para você não vale a pena processá-los, a lei não lhe dá nenhuma base para confiar neles. Os tribunais às vezes não são capazes de avaliar se os compromissos contratuais foram cumpridos. Pode ser impossível para a parte prejudicada fornecer provas legalmente aceitáveis de que um contrato foi rompido. Em disputas complicadas, como as que envolvem produção de alta tecnologia, por exemplo, julgar se um produto foi feito segundo as especificações pode depender de avaliações misteriosas. A lei é inútil, se não se puder provar que um contrato foi rompido. Em todos os lugares os contratos dependem, em parte, das relações. Por mais essencial que seja um bom sistema legal, ele não pode gerar o nível de confiança de que os mercados precisam. Também são necessários meios informais de garantias contratuais.

Nos esportes, a interação entre imposição formal e informal das regras fica bem clara. Comparadas com os negócios, as questões nos esportes são relativamente diretas. As regras formais são claramente definidas e facilmente implementadas. O árbitro toma decisões instantâneas, e não é preciso esperar pelos tribunais para julgar uma disputa. No entanto, mesmo nos esportes há lugar para mecanismos informais.

Rúgbi, por exemplo, é potencialmente violento. Os jogadores se atracam com tanta disposição quanto no futebol americano, mas não usam qualquer equipamento de proteção. Caracteristicamente, eles se amontoam depois que um é agarrado, e brigam pela bola. Um sádico pode dar um pontapé na cabeça ou na barriga de um jogador caído. As regras não adiantam muito no que se refere a impedir a brutalidade, pois é fácil não ser visto pelo árbitro. É a possibilidade de auto-imposição que torna o rúgbi relativamente seguro. O potencial agressor sabe que ele próprio logo estará embaixo de um monte de jogadores. Isto costuma ser convincente.

Também no beisebol há uma situação semelhante de auto-imposição. Os lançadores de bolas rápidas às vezes dão "medalhas", bolas propositalmente dirigidas para a cabeça dos adversários. O lançador protesta inocência, é claro: a bola simplesmente escapou. Numa tentativa de dissuadir jogadas perigosas, a liga introduziu a regra de "advertência". Depois de uma "medalha", o árbitro dá uma advertência; se acontecer outra, de qualquer um dos times, o segundo lançador e seu "manager" são expulsos do jogo. Para os da antiga, a regra da advertência na verdade tornou mais provável que os lançadores mirem nos rebatedores. Antes, "managers" como Leo Durocher imediatamente mandariam que seus lançadores retaliassem com "medalhas". Atualmente, um lançador que dá uma "medalha" fica quites com uma advertência, mas seus adversários não podem retaliar. Desta forma, pode-se dizer que a regra formal do beisebol está inibindo uma regra informal mais útil. O efeito da regra da advertência pode ser o oposto do que pretendia. Se a retaliação fosse certa, provavelmente haveria menos lances altos "acidentais".

Nos negócios, como nos esportes, o incentivo para se comportar bem está tanto nas regras formais quanto nas informais. Os tribunais têm pontos cegos que podem atrapalhar muito. Os participantes do mercado suplementam a lei do contrato desenvolvendo seus próprios mecanismos de auto-imposição. Algumas vezes esses mecanismos são desenhados deliberadamente, como mostrarei a seguir.

À inundação de importações nas décadas de 1980 e 1990 seguiu-se uma crise na indústria americana. Quando as importações não eram tão importantes, indústrias como a automobilística, pouco pressionando umas às outras, tinham uma vida fácil. Quando as importações trouxeram nova competição, essa vida confortável foi abalada e subitamente elas tiveram de lutar para ficarem mais enxutas e mais eficientes. Redescobriram as eficiências decorrentes do uso do mercado. Descobriram que alguns insumos podiam ser mais baratos se fossem fornecidos por outras firmas e não pelas unidades internas. Empresas como Xerox, Motorola, Ford e Chrysler mudaram a maneira como tratavam os fornecedores. Ao estabelecerem as regras para seu próprio mercado de insumos, elas estavam realizando uma espécie de desenho de mercado.

Algumas partes da cadeia de produção sempre foram compradas fora. Os fabricantes de carros, por exemplo, tradicionalmente se abastecem externamente de pneus. Fabricantes como a Michelin tornaram-se competitivos com anos de inovação e de produtos confiáveis. No entanto, quando os fabricantes de carro começaram a pensar em outros insumos que poderiam adquirir fora, verificaram que precisavam de um nível mais alto de confiança.

Ao contratar fora, os fabricantes acreditam em seus fornecedores. Um fornecedor que não entrega a tempo ou que entrega produtos abaixo do padrão pode prejudicar o fabricante, atrasando sua linha de montagem ou mesmo interrompendo-a. Os tribunais podem ser lentos demais para remediar os problemas provocados por atrasos nas entregas. Às vezes não são capazes de impor sanções para insumos abaixo do padrão, quando a avaliação da qualidade exige um julgamento especializado. Para ter certeza de que os fornecedores vão entregar produtos de boa qualidade, o fabricante deve criar mecanismos auto-impositivos.

Os fornecedores também acreditam no fabricante.[12] Imagine que você tem uma fábrica de autopeças. Uma indústria automobilística vai lançar um novo modelo e deseja encomendar o chassi. Como o chassi desse modelo é especial, você vai ter de reformar sua metalúrgica. Um pouco de reflexão e você hesitará antes de fazer um investimento tão específico, que vai deixá-lo em posição vulnerável. Pense em depois que você tiver reformado a fábrica. O preço combinado por chassi cobre seus custos de investimento, mas o fabricante de carros, sabendo que as máquinas que você reformou não podem ser usadas para nada mais, pode exigir uma redução de preço. Se o novo preço cobrir seus custos de operação (mas não a reforma) é de seu interesse aceitar o novo preço ao invés de deixar seu equipamento ocioso. Temendo ser capturado assim, talvez você, de início, não concorde com o contrato. (Se o contrato fosse rígido, tal renegociação estaria excluída, mas os contratos em geral deixam alguma abertura para renegociações, porque é impossível antecipar todas as contingências.) Se nenhum fornecedor confiar no fabricante de carros, será impossível persuadi-lo a fazer o investimento específico, que o fabricante terá de fazer ele próprio, produzindo o chassi internamente — mesmo que uma firma de fora pudesse fabricar mais barato.

Aumentar o número de encomendas externas significou delegar algumas tarefas que exigiam investimentos específicos. Para conseguir isto, os fabricantes tiveram de assumir alguns compromissos com os fornecedores. Em alguns casos havia uma hostilidade decorrente de anos de promessas não-cumpridas. Os fabricantes tiveram de vencer a desconfiança dos fornecedores.

Para contratar mais trabalho fora, os fabricantes reduziram o número de fornecedores com quem tratavam diretamente: a Xerox passou de seis mil para 400. Pode parecer um retrocesso, mas é parte do deslocamento dos contratos de curto prazo para as relações de longo prazo. Para manter uma relação, como os negociantes vietnamitas mostraram, você deve prestar muita atenção a seus fornecedores, coisa que só pode fazer com um número limitado. Os fornecedores selecionados, normalmente estabelecidos há mais tempo, receberam a garantia de manter o status privilegiado enquanto trabalhassem bem. E assumiram o ônus de administrar os demais fornecedores, criando uma hierarquia.

Quando os fornecedores passam a ver um fabricante como sinceramente comprometido com a prática da encomenda, o compromisso se mantém por si só: a confiança nas encomendas garante por si mesma os incentivos do fabricante. A necessidade de obter outros investimentos específicos é suficiente para impedir que o fabricante aja de maneira míope, pois só se ele for considerado confiável é que outros fornecedores farão os investimentos.

Do lado dos fornecedores, os incentivos decorrem da perspectiva de novos contratos. Antes, um contrato novo ia para o fornecedor que desse o preço mais baixo. Agora, a política do fabricante é favorecer o fornecedor contratado: se ele fizer um bom trabalho, pode contar com o fabricante para renovar seu contrato.

Um entusiasmado artigo na *Fortune*, em 1994, intitulado "The New Golden Rule of Business", proclamava a existência de um novo tipo de relação com os fornecedores. "É como um casamento", dizia um alto executivo de uma grande empresa, e concluía: "As empresas norte-americanas estão aprendendo a cooperar para entrar na concorrência de verdade."

As novas relações cooperativas melhoraram a qualidade e reduziram os custos. Tom Stallkamp, gerente de compras da Chrysler, no começo da década de 1990 disse que "pela primeira vez em nossa história estamos cordialmente trocando idéias com nossos fornecedores sobre como tornar nossas empresas mais produtivas". Os fabricantes instruíam seus fornecedores sobre técnicas de produção e gerência; envolveram-nos desde cedo no desenho dos novos modelos. Os fornecedores, por sua vez, apresentaram suas idéias de como reduzir os custos e programaram as entregas de modo a se adaptar aos esquemas de produção dos fabricantes. Alguns fabricantes deixaram de verificar os produtos quando chegavam dos fornecedores e passaram a enviá-los diretamente para a linha de produção, partindo do pressuposto de que o fornecedor havia produzido sem defeitos.

As transações entre fornecedor e fabricante ilustram os papéis relativos dos contratos e relações legais. Numa pesquisa de 1997 sobre executivos na área de compras, 2/3 concordaram com a afirmativa de que "como as empresas americanas mudaram seus métodos de tratar com os fornecedores, a ocorrência de sérias disputas com eles caiu drasticamente". Segundo a pesquisa, menos de 1/5 dos desentendimentos com fornecedores terminavam nos tribunais. Como disse um gerente de compras, se surge um problema, você telefona para a outra parte "e trata do problema. Se quiser fazer negócio outra vez, você não fica lendo cláusulas legais."[13]

"A liberdade e a extensão do comércio entre os homens dependem inteiramente da fidelidade quanto às promessas", disse David Hume em 1739. Dois séculos e meio depois, Kenneth Arrow afirmou: "Virtualmente, todas as transações comerciais têm em si um elemento de confiança; certamente, qualquer transação conduzida ao longo de um período de tempo." Como resultado, "muito do atraso econômico no mundo pode ser explicado pela falta de confiança mútua".[14]

Um mercado bem desenhado dispõe de um conjunto de mecanismos de construção de confiança mútua. Os contratos não dependem apenas dos tribunais, mas também de mecanismos informais baseados na reputação. A informação deve fluir para que os incentivos da reputação funcionem. Organizações do setor privado, como associações comerciais, firmas de intermediação e serviços de crédito ajudam a fazer contratos, ao divulgar informações sobre quem os rompe e algumas vezes organizando uma lista negra coletiva. Esses mecanismos informais complementam o sistema legal ao induzir as pessoas a manterem a palavra.

6

Pelo maior lance

Enquanto Tóquio dorme, o mercado de peixe de Tsukiji está fervendo. Desde as primeiras horas de todos os dias de trabalho, algo em torno de US$25 milhões em peixes vai a leilão. Tsukiji não é feito para turista — é preciso tomar cuidado para não ser atropelado pelos carrinhos de peixe que vão e vêm —, mas se você conseguir sair da cama cedo, vale a pena ir. Há 450 espécies à venda: ouriço-do-mar, bagre, camarões e enguias vivos, polvo, lula — todos os tipos de peixes de mar e de rio, frescos, congelados, secos e defumados.

Os leilões de atum são o ponto alto. Os atuns prateados, três mil deles, são encaixotados pelos vendedores filiados às sete grandes empresas de pesca que abastecem Tsukiji de peixe. Os atacadistas examinam cada atum pela "janela", um pequeno corte no rabo, para avaliar se é bom para sushi e sashimi. Eles têm meia hora para examinar, e então começa o leilão. Os leiloeiros puxam os preços para cima, numa ladainha em uma espécie de gíria. Os compradores dão lances silenciosamente, com gestos de mão. Em instantes eles verificam os lances uns dos outros, e leva-se apenas alguns segundos para vender US$15 mil em atum. Os leilões terminam por volta das 7 horas. Depois de vender cerca de US$10 milhões de peixe em uma hora e meia, os leiloeiros vão para os restaurantes do outro lado da rua para um desjejum de sushi. Enquanto isso, os compradores levam o atum para seus próprios estandes, na área externa do mercado, onde são fatiados e vendidos aos pedaços para compradores de lojas de peixe, restaurantes e supermercados.[1]

O Tsukiji facilita o comércio atacadista de peixe em Tóquio. Se ele não existisse, compradores e vendedores teriam de negociar separadamente, em negociações individuais — uma maneira trabalhosa de fazer transações. Para os compradores, Tsukiji mostra toda a variedade de produtos de todas as empresas pesqueiras. Para os vendedores, os leilões rapidamente revelam quanto os compradores estão dispostos a pagar. O mercado competitivo oferece uma maneira eficiente de organizar as trocas.

Vamos comparar concorrência e barganha com um pouco mais de detalhes. O valor do peixe flutua dia a dia, dependendo das oscilações de demanda dos consumidores e do tamanho da pesca. Sem nenhuma base objetiva para estabelecer um valor, é frustrante negociar um preço. Imagine um comprador e um vendedor barganhando o preço do atum. O comprador já avaliou que o máximo que pode pagar (ou seja, calculando quanto vai ganhar ao revender os peixes) é US$8 mil. O vendedor calculou que o mínimo que deve aceitar (o custo de oferecer o produto mais um retorno pelo esforço) é US$6 mil. Fechar esse negócio cria um ganho líquido de US$2 mil. O vendedor não sabe o máximo que o comprador está disposto a pagar, e o comprador não sabe o mínimo do vendedor.

Vamos supor, primeiro, que vendedor e comprador estejam atrelados entre si. Ou fazem negócio um com o outro, ou não fazem negócio. O preço poderia alcançar o mínimo do vendedor, US$6 mil, ou o máximo do comprador, US$8 mil. Qualquer preço neste intervalo deixa o comprador e o vendedor melhor do que se não fizessem qualquer negócio. Não há um preço único que o processo de barganha deva necessariamente alcançar. Essa indeterminação leva os dois a tentarem obter uma fatia maior do bolo.

O preço que resulta desse regatear reflete o poder relativo de cada um. Vale ameaçar, blefar, mentir, para conseguir mais vantagens na barganha. O comprador finge que não precisa muito do atum, e o vendedor age como se o preço fosse baixo. Cada um corre um risco calculado, pois a intransigência pode encerrar as negociações; pode ser que o blefe leve a situações de onde não se possa recuar. Mesmo que alcancem um acordo, pode ser que isso só aconteça depois de demoradas barganhas, cada um testando a paciência do outro para conseguir uma oferta melhor. Ambos perdem se houver um atraso ou um impasse — e isto pode acontecer, em conseqüência de um regatear mais intenso.

Agora vamos mudar a história e supor que nosso comprador pode negociar com dois vendedores. O custo do atum, para um deles, é US$6 mil; para outro, US$6,5 mil. (Para simplificar a história, vamos supor que o comprador só quer um atum e que os atuns sejam idênticos.) Evitando os truques do regateio, o comprador simplesmente ouve as ofertas dos dois vendedores, colocando um contra o outro. Se um propuser US$7,5 mil, ele convida o outro a fazer uma oferta melhor. Este, por sua vez, concorda alegremente, e propõe, digamos, US$7,4 mil. As contrapropostas vão continuar até o preço cair para US$6,5 mil, quando o vendedor de custos mais altos sai da competição.

Com competição não há indeterminação de preço: ele é igual ao custo mais alto entre os dois vendedores. Tanto comprador como vendedor ficam satisfeitos: o retorno líquido do comprador (valor menos preço) é US$1,5 mil e o retorno líquido do vendedor (preço menos custo) é US$500. Quando há competição, a tática da barganha tem pouco resultado. Se um dos vendedores tentar barganhar demais, o comprador pode procurar o outro. O comprador, por sua vez, não precisa se dar ao trabalho de regatear, já que o processo competitivo está trabalhando a seu favor.

A competição é ainda mais vantajosa para o comprador quando existem mais vendedores. Se forem três, e o custo adicional de um deles for US$5,5 mil, o preço cai para US$6 mil. Em geral, o preço na concorrência é o segundo custo mais baixo, pois aí acaba a competição. À medida que aumenta o número de concorrentes, diminui a distância entre o custo mais baixo e o segundo custo mais baixo, e assim o preço se aproxima do custo do vendedor mais eficiente. Mais competição acarreta mais preços baixos.[2]

Foram utilizados procedimentos de laboratório para comparar barganha com competição. Em um desses estudos propôs-se a alunos de graduação que dividissem US$10. Na versão da barganha, os alunos foram divididos em pares. Um deles fazia a proposta de como dividir o dinheiro, e o outro podia aceitar ou rejeitar a proposta. Aceitar significava que o dinheiro seria dividido entre os dois conforme proposto; rejeitar significava que nenhum recebia. Na versão competitiva, até nove compradores faziam lances de até US$10 para um único vendedor e este aceitava o mais alto. O vendedor recebia a soma oferecida, e quem tinha feito o lance mais alto recebia a diferença para US$10. Nos experimentos de barganha, o dinheiro era dividido mais ou menos por igual, sendo que um pouco mais da metade ia para o proponente. Foi surpreendentemente comum a situação de rompimento de negociações, quando ambos nada recebiam: aconteceu em 25% das vezes. Nos experimentos de competição, o dinheiro sempre era dividido com sucesso, e os lances se reduziam a alguns centavos, significando que o vendedor recebia a maior parte do dinheiro.[3]

A concorrência, assim, tem dois efeitos. Ela muda o equilíbrio do poder de barganha. O comprador está em situação melhor com dois potenciais vendedores do que com um, e melhor ainda com dez. Não precisamos de nenhuma teoria sofisticada para nos dizer isto, mas existe um efeito menos óbvio: a concorrência reduz os custos de transação ao abolir as estratégias de regateio pesado que podem atrasar — ou impossibilitar — um acordo. O processo competitivo garante que venderá quem tiver custo mais baixo; a concorrência, portanto, dirige o comprador para o vendedor mais eficiente.

Um vendedor que não tenha as restrições da concorrência pode cobrar um preço acima do custo de produção. A concorrência entre vendedores faz com que o preço seja o segundo menor custo de produção; quando muitos vendedores estão competindo, esse custo de produção é próximo do preço do produtor mais eficiente. A concorrência acerta os preços, no sentido de que o que se paga mede o custo real de fornecer aquele bem.

Ao longo do tempo a concorrência tem outros efeitos de redução de custos. Serve para disciplinar as firmas: uma firma com custos mais baixos do que as rivais é recompensada com vendas adicionais; outra que sempre tenha custos mais altos ou se torna mais eficiente, ou sai do negócio. O processo competitivo incansavelmente leva os preços para baixo: ele obriga as firmas a inovar, para se tornarem mais eficientes, e sua lógica da sobrevivência do mais apto elimina as empresas ineficientes. Isto beneficia não apenas os compradores, mas toda a economia.

Isso não quer dizer que a concorrência elimina todos os custos de transação. No mercado de Tsukiji, por exemplo, os trezentos e tantos compradores levam meia hora examinando o atum antes de fazerem os lances. Todos os compradores avaliam exatamente a mesma coisa, o frescor e a qualidade do atum. Como alternativa, os leiloeiros poderiam desenvolver uma escala uniforme e marcar cada atum com seu grau, economizando o exame duplicado. Provavelmente tal esquema de gradação não foi desenvolvido por falta de confiança: os participantes do leilão não estão dispostos a arriscar milhares de dólares com base apenas na palavra do leiloeiro.

A concorrência entre compradores, como veremos a seguir, também revela informações sobre o quanto eles valorizam os bens.

O mundo das artes usa o mercado competitivo para medir o valor. Em 1890, um leilão em Paris de obras de Gauguin, Cézanne e outros ajudou a estabelecer a arte pós-impressionista. "Os críticos viram o leilão como uma confirmação da importância da arte", disse Michael FitzGerald, especialista em história da arte, "que suas próprias avaliações estéticas não podiam atribuir." Como dissera Renoir, algum tempo antes, "só existe um indicador para definir o valor dos quadros: o salão de vendas".

Segundo a *marchand* Maggie Fung, de Hong Kong, existem dois tipos distintos de compradores. "Um diz 'Eu gosto disso' e tem que conseguir. [O outro diz] 'Não tenho certeza se gosto disso; na verdade, nem entendo direito, mas este cara vai ser famoso.'"[4] No primeiro caso (que os teóricos da economia chamam de "valores privados"), cada comprador atribui um valor diferente, subjetivo, ao artigo à venda. Todos eles sabem exatamente quanto vale para eles mesmos, mas não sabem em quanto os outros o avaliam. No outro caso (que os teóricos chamam de "valor comum"), as avaliações dos compradores são objetivas: eles estão tentando avaliar a mesma coisa, o valor do pintor no mercado futuro. A obra de arte vale a mesma coisa, não importa quem ganhe, mas no momento em que os lances são feitos ninguém sabe qual será seu valor; cada um tem uma estimativa sujeita a erro. A concorrência funciona de modo diferente, dependendo de quais compradores estão fazendo os lances.

Leiloeiros como Sotheby's e Christie's vendem obras de arte utilizando um leilão aberto, em que os participantes elevam seus lances até que só resta um. Imagine que você está fazendo lances por um quadro num leilão desses, e que sabe exatamente quanto está preparado para pagar por ele (é o caso dos valores privados). Sua melhor estratégia é ficar no leilão até o preço alcançar sua avaliação, e então sair. Se parar antes, vai correr o risco de ver o quadro ser vendido por menos do que sua avaliação; e se ficar no leilão depois deste nível, vai correr o risco de comprá-lo pagando mais do que vale para você. Se todos os participantes seguirem esta estratégia, você só será o ganhador se sua avaliação for maior do que a dos seus rivais. O leilão acaba no preço em que o penúltimo participante se retira, de modo que o preço que você paga é igual à segunda maior avaliação.

O processo competitivo revela informações. Depois do leilão, o vendedor sabe quais participantes valorizavam mais o artigo, e o preço dá uma estimativa de seu valor. Ele é subestimado, porque o preço é a segunda maior avaliação. Mas se o número de participantes for razoavelmente grande a concorrência nos leilões aproxima bastante o preço da avaliação do ganhador.

A lógica do leilão é menos direta quando o valor do artigo é comum, e não privado. Há uma complicação adicional porque os participantes têm estimativas incertas quanto ao valor comum. Eles correm o risco de cair na armadilha da "maldição do vencedor": saber tarde demais que o preço é maior do que o valor do bem. Se fosse possível conhecer todas elas, então a melhor estimativa seria algo próximo à média das avaliações. O lance vencedor, claro, é mais alto do que o lance médio. O vencedor provavelmente será quem tiver a avaliação mais otimista; provavelmente, otimista demais.

Em *Declínio e queda do Império Romano*, Edward Gibbon descreve uma forma dramática da maldição do vencedor. No século I d.C., todo o Império Romano foi posto à venda. Após um golpe contra o imperador Pertinax, o exército "proclamou que o mundo romano deveria ser vendido pelo maior lance em um leilão público". Dois romanos ricos o disputaram. "A indigna negociação foi realizada por emissários de confiança, que iam alternadamente de um candidato para outro, e informavam a cada um as ofertas do rival."[5] O licitante que ofereceu o lance mais alto, Didius, foi proclamado imperador. No entanto, não gozou por muito tempo das gratificações do cargo, pois foi assassinado pouco depois. Sua cabeça foi levada na ponta de uma lança pelas ruas de Roma.

Em qualquer leilão, licitantes irrefletidos correm o risco de superestimar o valor da vitória (embora raramente de maneira tão grave quanto Didius). Muitas vezes os licitantes são dominados pela excitação do leilão e pagam caro demais. Mas eles não precisam ser enganados. Participantes experientes evitam a maldição do vencedor fazendo lances cuidadosos: sabem que só vão ganhar se tiverem estimativas relativamente altas e fizerem lances mais baixos. Experimentos de laboratório corroboram isto: as pessoas inicialmente fazem lances muito altos, mas, à medida que ganham experiência, tendem a se ajustar e a evitar lances altos demais. Vencedores alertas não são amaldiçoados.[6]

Em leilões literários as editoras fazem lances pelos manuscritos de autores famosos. O relato de Hillary Clinton sobre seus oito anos na Casa Branca teve uma oferta de US$8 milhões, em um leilão de que participaram oito editoras. Elas apostavam no potencial de vendas de um livro ainda não escrito, de modo que era uma situação de valor comum. O tamanho do maior lance significou que os vencedores, Simon & Schuster, acreditavam que o livro venderia mais de um milhão de exemplares.

Algumas pessoas acham que os leilões literários estão sujeitos à maldição do vencedor. "As pessoas disputam furiosamente umas com as outras," disse John Sterling, da Henry Holt, "fazem coisas malucas, compram caro demais, e no dia seguinte se arrependem: 'Por que eu comprei isto?'" É uma análise questionável. Arrepender-se no dia seguinte, leilão após leilão, indicaria uma curiosa incapacidade de aprender com os próprios erros. Uma análise alternativa afirma que as editoras sabem exatamente o que estão fazendo, e que as acirradas disputas são bastante racionais. Cientes de que suas estimativas quanto ao valor do livro são muito incertas, as editoras começam cautelosamente. À medida que o leilão avança, elas descobrem quanto os outros estão dispostos a pagar, e assim ganham confiança em suas próprias avaliações. Como disse a agente Elyse Cheney, "você vai juntando forças, e várias editoras tomam coragem e começam a gastar". Depois de vencer o leilão do livro de Hillary Clinton, David Rosenthal, da Simon & Schuster, disse que estava satisfeito com o negócio. "Nós não teríamos feito isto se não houvesse uma excelente chance de ser muito lucrativo."

Molly Friedrich, uma agente literária, "adora leilões". Como ela disse, "não existe nada mais divertido do que um bom leilão, saber que vendeu bem o livro, sem qualquer desonestidade e com todo o mundo feliz. Nessa noite você vai para a cama sentindo-se perfeitamente bem como agente." A despeito destes pontos de vista, o método tradicional de promover as vendas, com os participantes se informando dos lances dos outros e podendo subir seus próprios lances enquanto assim o desejarem, começou a ser suplantado pelo método do "maior lance", que é igual ao leilão de lance fechado, usado nas transações governamentais: o agente do autor pede a algumas editoras que façam um único lance, e o mais alto imediatamente leva o livro.

Alguns agentes preferem o método do maior lance pela rapidez: leva poucas horas, ao passo que o leilão pode durar uma semana ou mais, enquanto os preços sobem. "O maior lance está se tornando uma opção mais popular do que antigamente," disse Carolyn Reidy, da Simon & Schuster, "porque alguns agentes têm a expectativa de conseguir o preço mais alto da editora logo de cara, sem ter de esperar que ele vá subindo aos poucos, lance após lance, o que nem sempre é vantagem para eles." Esses agentes estão enganados. Ao usar o método do maior lance eles estão indo contra os interesses de seus autores, pois normalmente ele resulta num preço menor do que o leilão tradicional.[7]

Com um único lance, as editoras na verdade não oferecem o maior preço a que estariam dispostas — por causa da maldição do vencedor. Elas têm medo de descobrir, tarde demais, que ofereceram centenas de milhares de dólares a mais do que qualquer um dos outros, o que indicaria que provavelmente exageraram o potencial de vendas do livro. Para evitar o desgosto de pagar demais, reduzem o lance — que é o que deveriam mesmo fazer. Já com um leilão aberto o vencedor sabe que há outra pessoa disposta a pagar quase o mesmo. O preço alcançado pelo leilão aberto, segundo pessoas com experiência, é uma medida mais verdadeira do valor do livro do que o preço excessivamente cauteloso do método do melhor lance.

A expressão "maldição do vencedor" nasceu na indústria do petróleo, onde são oferecidas centenas de milhões de dólares pelos direitos de perfuração. No momento do leilão as companhias petrolíferas têm estimativas geológicas do tamanho do depósito de petróleo, mas que estão sujeitas a erros, e o poço pode muito bem estar seco: é uma situação de valor comum. Tradicionalmente, os lances costumavam ser mais baixos do que o valor do petróleo. No entanto, com milhões de dólares em jogo, pode-se duvidar que executivos bem pagos continuem repetindo o mesmo erro. A evidência estatística corrobora esse ceticismo: em média as áreas petrolíferas leiloadas dão um rendimento significativo ao investimento feito.[8]

A explosão dos preços das transmissões esportivas mostra a força da concorrência. Em 1964 Pete Rozelle, da comissão da NFL, a liga norte-americana de futebol, propôs aos proprietários dos times que, ao invés de negociarem isoladamente com as emissoras de televisão, autorizassem a Liga a negociar um acordo conjunto em nome deles. O primeiro contrato nacional de televisão, um acerto de dois anos com a CBS, no valor de US$28 milhões, foi o mais alto até então. Antes as emissoras punham um time contra o outro, mas a partir daí a liga obteve poder de monopólio, ao negociar como bloco. Seguiram-se enormes aumentos de preços. A entrada de novos participantes, ESPN e Fox, rompeu o confortável acerto entre as três cadeias e trouxe uma competição genuína nos leilões. Em 1998 as emissoras pagavam à Liga mais de US$2 bilhões anuais. O futebol inglês passou por uma mudança semelhante. No final da década de 1980, os direitos de televisão para todos os jogos foram negociados por £2,5 milhões. E então a BSkyB, uma emissora sem tradição, injetou alguma concorrência nos leilões, de tal modo que em 1992 uma única liga, a Premier League, fez um contrato de £45 milhões anuais; em 2000 a proposta para um acerto de três anos voou para £537 milhões anuais.[9]

Esses preços podem parecer absurdos. No frenesi do leilão, dizem os críticos, os executivos de televisão fazem ofertas muito acima do valor real. Se isto fosse verdade, poderíamos questionar sua competência (como fariam os acionistas). Mas não é provável que essa interpretação esteja correta. Na verdade, esses preços mostram para todos nós o que os executivos de televisão já sabiam: as transmissões esportivas são imensamente lucrativas. Quando não havia concorrência, esse conhecimento ficava confinado às emissoras — que, sem dúvida alguma, estavam satisfeitas em guardá-lo para si mesmas. Com a chegada da concorrência, elas tiveram de revelar o valor dos direitos para televisão, e de passar grande parte desse valor para as ligas esportivas.

"Paguei demais por ele," observou certa vez o diretor Sam Goldwyn, "mas vale." Quando os compradores são avaros, os preços medem o valor. A estimativa de cada um pode ser muito imperfeita, mas o preço final é uma boa estimativa do valor. O processo competitivo serve para agregar e revelar informações dispersas.[10]

Para um mercado competitivo, o caminho mais seguro é a chegada de novas firmas. Caso exista um monopólio, ele cobra preços altos e tem lucros anormalmente altos — maiores do que no resto da economia. Tais lucros atraem novas firmas para essa atividade, o que significa que o antigo monopolista agora passa a enfrentar concorrência, e o preço cai. O monopólio traz em si as sementes de sua própria destruição.

No entanto, algumas vezes a concorrência não acontece devido a barreiras à criação de novas empresas. Em alguns setores, as grandes firmas têm uma vantagem tão grande que bloqueiam as forças de mercado responsáveis pela concorrência. Uma firma detentora de patentes está protegida; pode haver bloqueio na oferta de matérias-primas ou nos canais de distribuição. É raro, mas não inédito, firmas terem o benefício de persistentes barreiras à entrada. Em tais setores poderá prevalecer o monopólio com seus preços altos e baixa qualidade.

Os governos têm um comportamento variado no que diz respeito a tais barreiras. Muitas vezes o próprio Estado é o culpado, impedindo o estabelecimento de novas empresas. Os empresários têm de solicitar licenças de negócios para definir que são detentores dos direitos sobre o nome; têm de dar provas de seu capital inicial; e têm de estar quites com as autoridades fiscais e trabalhistas. Na Áustria, iniciar um negócio novo leva meio ano e custa cerca de US$12 mil em taxas. No México leva quatro meses e custa cerca de US$2,5 mil.[11] No Egito e na Bolívia, o custo dos procedimentos de licenciamento é mais do que o dobro da renda *per capita*.

Restrições governamentais dessa magnitude provocam uma grande fricção nos mercados nacionais. Elas reduzem a concorrência. Algumas regulamentações são necessárias, por princípio, para se obter uma licença. As firmas precisam ser registradas por questões de impostos, e pode ser necessário verificar que vão operar com segurança e sem poluir o meio-ambiente. O Canadá mostra que é possível alcançar tais fins sem prejudicar a economia: leva apenas dois dias e menos do que US$300 para um empresário obter a aprovação oficial. Embora a razão ostensiva da regulamentação da atividade empresarial seja proteger os consumidores contra as empresas inescrupulosas e os produtos falsificados, o efeito real de exigências onerosas para o registro é reduzir a concorrência e aumentar o preço pago pelos consumidores. As empresas protegidas normalmente têm mais recursos à disposição do que seus possíveis concorrentes, de modo que lutam por regulamentações que as protejam da concorrência.

Mas não é só o governo que cria barreiras para novas firmas. Em algumas indústrias existem impedimentos naturais. Onde existirem economias de escala, e o custo unitário de produção cair à medida que crescer o volume de produção, às vezes é difícil para um concorrente conseguir uma base para começar. O simples tamanho das empresas existentes é uma barreira. Em indústrias como essas, às vezes é preciso intervenção governamental para manter a concorrência viva. A maior parte das economias de mercado de sucesso tem leis antitruste e uma autoridade reguladora para implementá-las. Leis contra a fixação de preços servem de salvaguarda para os compradores, contra conspirações entre as firmas para elevar os preços a níveis de monopólio. Leis que governam as fusões e absorções impedem que uma firma possa incorporar as outras "comprando" seu caminho para uma posição dominante, e usar sua força financeira para assustar os potenciais concorrentes.

Em abril de 2000, a Microsoft foi condenada por violação das leis antitruste dos Estados Unidos (decisão reafirmada numa apelação em julho de 2001). Ela construiu um monopólio no mercado de sistemas operacionais, impedindo que Netscape, Java e outros pudessem se estabelecer como plataformas alternativas. O juiz Thomas Penfield Jackson afirmou que a "Microsoft realizou um ataque deliberado a esforços empresariais que, se deixados a seus próprios méritos, poderiam muito bem ter permitido a introdução da concorrência no mercado" de sistemas operacionais.[12] Ele concluiu que a Microsoft pôs "uma mão pesada na balança da fortuna competitiva".

Um equivalente da década de 1980 para o caso da Microsoft foi a decisão judicial que acabou com o monopólio da American Telephone & Telegraph Company. Em seus primeiros dias, a indústria de telefone era monopolista por uma boa razão: o alto custo de montar uma rede significava que a concorrência duplicaria os custos. No entanto, no início da década de 1980, em decorrência das novas tecnologias, os serviços telefônicos de longa distância deixaram de exigir uma operadora única. Mas a AT&T era tão forte que, sozinhas, as forças de mercado não trariam novos concorrentes. Para acabar com o monopólio da telefonia era preciso a ação do governo. Na época era uma questão controversa: "Se não está quebrado, não conserte", diziam os defensores da AT&T. Olhando para trás, vemos que as autoridades antitruste estavam certas em intervir, pois isto aumentou a inovação e reduziu os preços das chamadas de longa distância.

A concorrência pode ser liberadora. Em *O jardim das cerejeiras*, Anton Tchecov nos narra a alegria de vencer. A propriedade de aristocratas empobrecidos (o jardim das cerejeiras do título) foi a leilão. Lopakhin, um negociante de origem humilde, descreve os lances: "Ofereci 40. Ele, 45. Eu, 55. Ele ia de cinco em cinco, e eu, de dez em dez... Bem, foi isso. Fiz um lance da hipoteca mais 90, e ali ficou. De modo que agora o jardim das cerejeiras é meu! Meu! Deus do Céu — o jardim das cerejeiras é meu! Diga-me que não estou bêbado — que eu não estou louco —, diga-me que tudo isto não é uma ilusão."[13] Lopakhin estava excitado porque havia comprado a propriedade onde o pai havia trabalhado como servo. O mercado competitivo significava tempos de mudança.

A concorrência acerta os preços ao levar os recursos a fluir para os maiores valores de uso. Obriga os concorrentes a operar com eficiência. Gera informações sobre a oferta e a demanda. Resulta em custos de transação mais baixos do que o processo alternativo de barganhar caso a caso. Criar as condições para uma concorrência ativa é uma das principais tarefas do desenho de mercado.

7

Façam seus lances!

"Façam seus lances... Venham comprar!", grita Sellem, o leiloeiro da ópera *The Rake's Progress*, levando uma multidão a um frenesi de lances.[1] Leiloando um busto de mármore, ele entoa:

> Quinze... e meio...
> E três quartos. Dezesseis. Dezessete.
> Vou vender por dezessete.
> Vou vender. Vou vender.
> Vendido!

Todos os dias milhares de cenas como esta se repetem nos sites de leilão da Internet — com a diferença de que um programa de computador faz o papel do leiloeiro.

Na breve história dos leilões eletrônicos, a partir de 1994, vimos mercados serem criados, conforme empreendedores pensavam em novas maneiras de fazer transações. O setor público também passou a usar os leilões para alocar recursos públicos, como o espectro eletromagnético. Esses novos leilões criam alguns problemas de desenho bastante complicados. A teoria econômica ajuda a entender como funcionam, e é usada para desenhar novos mecanismos de venda.

Muitas transações, como nos supermercados e nas lojas de departamentos, têm os preços fixados pelo vendedor. O leilão, ao contrário, é interativo: o vendedor atribui a tarefa de dizer os preços aos potenciais compradores, acreditando que a concorrência entre eles vai resultar em um preço aceitável. Por que alguns artigos são leiloados enquanto outros são vendidos por preços anunciados? A diferença está no grau de incerteza quanto ao valor do artigo à venda. Os preços anunciados são usados para artigos negociados com freqüência e que, portanto, têm um valor de mercado bem estabelecido. Os leilões são usados para artigos únicos. Quanto você cobraria se estivesse vendendo, digamos, os manuscritos de *Orgulho e preconceito*, de Jane Austen, ou as roupas que os Beatles usaram na capa de *Sergeant Pepper's Lonely Hearts Club Band*? Para bens padronizados, mas cujo valor flutua, os leilões servem como ponto primário de venda, para definir um preço básico. Os lances por bens futuros na Bolsa de Mercadorias de Chicago servem para estabelecer seu preço corrente, baseados nas suposições dos negociantes a respeito da oferta e demanda futuras. No leilão de Tsukiji, os pescados variam de qualidade e quantidade todos os dias. No leilão de flores de Aalsmeer, os preços muitas vezes sobem ou descem 20% ou mais, de semana para semana, refletindo as oscilações de oferta e de demanda de uma mercadoria perecível. Assim, a essência de qualquer leilão é que os participantes atribuem valores diferentes ao bem, e ninguém sabe exatamente em quanto os outros o avaliam. O vendedor não estabelece um preço porque não sabe que preço estabelecer.

Os leilões têm uma história longa, colorida, e por vezes triste. Os gregos antigos vendiam mulheres e escravos em leilões. O crescimento do comércio pela Internet trouxe-lhes um novo vigor. Com sua definição interativa de preços, os leilões são feitos sob medida para a Internet, cuja principal característica é justamente a interatividade.

Os criadores do eBay, um leilão online, definiram um desenho simples e eficiente para seus leilões. Fizeram tudo do jeito deles. "Nós começamos, instalamos e desenvolvemos nosso site sem qualquer ajuda de pesquisas acadêmicas", disse Jeffrey Skoll, um dos fundadores. "Íamos torcendo para dar certo."[2] Vamos imaginar que fomos encarregados de desenhar o eBay desde o primeiro esboço, e vamos pensar como faríamos um desenho sistemático do mecanismo de lance.

Sob que forma os lances devem ser aceitos? A maioria dos leilões é aberta, como se faz tradicionalmente no caso de arte e de antigüidades, em que os lances são cada vez maiores até que apenas um candidato continua. Uma maneira alternativa é o leilão holandês, usado no mercado de flores de Aalsmeer, em que o preço começa lá em cima e vai caindo até que alguém se dispõe a pagar. Outro é o leilão de lances cobertos, em que há uma única rodada de lances fechados; o mais alto ganha. Às vezes vendem-se imóveis comerciais dessa maneira. Uma variante é o leilão pelo segundo maior preço, em que há uma única rodada de lances e ganha quem oferece o maior lance, mas, diferente dos leilões de maior preço, ele paga o segundo maior preço oferecido; são usados na venda de selos.

O eBay escolheu os leilões abertos. A teoria econômica endossa essa decisão: na média os leilões abertos resultam em um preço mais próximo do valor verdadeiro do artigo do que as outras formas de leilão.[3] Isto acontece porque em um leilão aberto os participantes têm mais informações. Quando você ganha, o nível do seu lance reflete tanto os lances dos outros como sua própria estimativa anterior do valor do artigo. Os mais argutos e que temem a maldição do vencedor — a tendência de que o lance mais alto superestime o valor da vitória — fazem lances cautelosos, para evitar pagar demais. A informação sobre os outros lances, revelados num leilão aberto, faz com que você fique menos preocupado com a maldição do vencedor do que quando os lances são fechados, e assim você tende a oferecer mais. Na maior parte das vezes os vendedores conseguem um preço melhor com os leilões abertos.

Como o eBay economiza o tempo e a atenção dos participantes? Um leilão aberto comum obrigaria os participantes a ficar observando. Quem tiver mais o que fazer não vai conseguir se concentrar nisto. O eBay resolve esse problema deixando o vendedor especificar um momento para o leilão terminar — normalmente sete dias depois do minuto em que ele começa. Ganha quem tiver o lance mais alto naquele momento. Os participantes com tempo escasso só precisam prestar atenção ao leilão quando estiver próximo da hora de fechar.

A solução de um problema — o tempo exato para acabar — trouxe um outro, ao criar um incentivo perverso para os participantes. Alguns esperam até os últimos segundos antes da hora de fechar, e então fazem um lance um pouco acima do lance corrente, tentando deixar o outro sem tempo para responder. Essa prática é tão comum que até já ganhou um nome, *sniping*, tocaiar. (Você até pode comprar um *software* que faz isto automaticamente, de empresas como a iSnipeit.com, que afirma que com o *software* dela "você pode descansar, sabendo que seus concorrentes não terão tempo de reagir a seu lance".) É uma prática desvantajosa para o vendedor: resulta em preços menores do que um leilão sem hora para acabar, pois pode acontecer de o leilão fechar com outros participantes querendo fazer lances, mas sem poderem fazê-lo.

Como evitar a tocaia? A solução do eBay é fazer lances por procuração. Confidencialmente, os participantes informam ao programa de lances do eBay o máximo que estão dispostos a pagar. Se o lance corrente for menor do que o por procuração, o computador do eBay automaticamente faz um lance em nome daquele participante, um pequeno aumento em relação ao preço corrente, até o nível do preço por procuração. Assim, o participante que faz a procuração pode ganhar, dependendo da competição, com um preço menor do que o lance que ele determinou. O preço que o participante por procuração paga é igual à soma do segundo maior lance mais um pequeno incremento.

Mas os lances por procuração do eBay nem sempre conseguem eliminar as tocaias. Participantes sensatos guardam seus lances para o último segundo, na esperança de evitar uma guerra. Se fizerem o lance cedo demais, podem elevar os lances dos outros. Se fizerem tarde, pode ser que nem haja concorrência, e o preço permaneça baixo.

O Amazon.com, principal rival do eBay, escolheu um desenho diferente. Seus leilões não têm hora fixa para acabar. Se acontecerem lances de última hora, adia-se a hora final e o leilão continua até se passarem dez minutos sem nenhum lance novo. O objetivo é evitar a tocaia: não faz sentido tentar fazer um lance logo antes do fim, pois isto automaticamente estenderia o leilão. Sob esse aspecto, o desenho do leilão do Amazon é superior ao do eBay, pois está mais defendido contra participantes matreiros. Um estudo que examinou uma amostra dos leilões do eBay e do Amazon descobriu que em 37% dos leilões do eBay foram feitos lances no último minuto, contra apenas 1% dos leilões do Amazon. Com dez ou 20 participantes competindo, a tocaia não entra em questão. Mas quando há apenas dois ou três participantes experientes, um leilão do Amazon algumas vezes vai resultar em um preço mais alto do que um do eBay.

Deve-se estabelecer um preço mínimo, abaixo do qual o vendedor não faz negócio? O eBay deixa isto por conta do vendedor. A teoria diz que um preço mínimo é de interesse do vendedor quando a concorrência é baixa. Se definido no nível correto, ele pode levar o preço a um nível mais alto do que a concorrência levaria.[4]

Como o eBay defende seus compradores contra fraudes dos vendedores? Os compradores não podem examinar a qualidade das mercadorias. O vendedor, talvez sabendo, talvez inadvertidamente, pode apresentar uma pintura sem valor como se fosse obra de um artista conhecido. Às vezes acontece de um cúmplice fazer lances elevando o preço, criando uma falsa idéia do valor do artigo. Às vezes acontece de os compradores não receberem os bens pelo qual pagaram. A solução inteligente da eBay para esses problemas é permitir que os vendedores habituais estabeleçam uma reputação de confiabilidade e qualidade. Depois dos leilões, o eBay solicita que os compradores dêem uma nota para o vendedor e então publica as notas e comentários para todos verem. Cada vendedor tem uma nota que reflete o número de comentários positivos e negativos que recebeu. Esse artifício simples funciona; o eBay afirma que menos de 1% de seus leilões são afetados por problemas de fraudes. A reputação de negociante honesto é valiosa: os lances são significativamente maiores quando o vendedor tem uma nota alta.[5]

No entanto, à medida que o eBay foi crescendo, teve de suplementar o mecanismo de reputação com métodos mais formais de prevenção à fraude. Meg Whitman, principal executiva do site, disse: "Todos tínhamos a intuição de que, quando a comunidade de usuários do eBay se aproximasse mais da cidade de Nova York do que de Los Gatos, teríamos de enfrentar problemas de fraude."[6] O eBay contratou um ex-promotor público para rastrear os ladrões e falsários que usassem o site. Além disso, surgiram empresas oferecendo soluções para os problemas de confiança online. Companhias de avaliação, como a eApraisals.com, oferece aos compradores serviços especializados de avaliação de moedas, selos, antigüidades e coisas assim. Empresas como a Tradenable ficam com o pagamento do comprador até ele receber o artigo.

O eBay tem uma vantagem competitiva em relação a outros sites rivais, qualquer que seja o seu desenho de leilão, devido ao que é chamado de externalidade da rede. Um site de leilão é mais valioso para um vendedor se ele já atrai mais compradores. Por sua vez, os compradores vão onde estão os vendedores, o que torna o site ainda mais atrativo para estes. Como o eBay foi o primeiro, a externalidade da rede ajuda a fazer com que o sucesso se autoperpetue.

É fácil achar uma infinidade de mecanismos de leilão nos vários sites especializados. Leilões holandeses são usados para vender espaço para contêineres em transatlânticos. Leilões fechados são usados para vender dias de férias em hotéis. Alguns sites fazem lances por pacote. Uma página de leilões de vinhos, por exemplo, arruma garrafas em conjuntos (normalmente diferentes safras de uma dada vinícola). Ela tanto aceita lances por garrafas em separado como lances pelo pacote, do tipo tudo ou nada. Se este for maior do que o total dos lances pelas garrafas em separado, quem fez o lance pelo pacote ganha.

Mecanismos híbridos de preços — estabelecer preços e ao mesmo tempo permitir alguns elementos de geração de informação como os leilões — são usados por vendedores online de bilhetes aéreos e entradas para eventos esportivos. Antes da Internet, fixar de antemão o preço dos bilhetes significava que, quando a demanda fosse inesperadamente baixa, sobravam lugares nos aviões e nos estádios. Vendedores pela Internet podem oferecer grandes descontos imediatamente antes do vôo ou do jogo, ganhando com os assentos que de outra maneira ficariam vazios. Sem a comunicação bilateral instantânea que a Internet proporciona, seria difícil implementar essa flexibilidade na definição de preços. O rápido fluxo de informação sobre as preferências dos consumidores, decorrência das vendas de bilhetes online, também funciona na outra direção, possibilitando que os vendedores estabeleçam preços maiores do que o normal para jogos e vôos especialmente populares. Técnicas conhecidas como "administração de resultados" separam os consumidores sensíveis a preços dos consumidores insensíveis, permitindo que o vendedor cobre um preço mais alto destes últimos. Definição de preços em função do consumidor não é novidade: antes da Internet as companhias aéreas cobravam preços mais baixos de quem fazia reserva com uma semana de antecedência ou de quem se dispunha a viajar no sábado à noite, e preços mais altos de quem desejava a flexibilidade de comprar na última hora. A Internet, no entanto, trouxe uma maior adaptação dos preços às demandas individuais.

Muitas vezes os compradores querem mais do que preço. O economista Paul Milgrom projetou para a Perfect Commerce um leilão em que os vendedores concorrem em outros pontos além do preço.[7] Se você quiser comprar uma fotocopiadora, por exemplo, é possível que você tenha diversas exigências: velocidade, capacidade, variação no tamanho do papel, cópia frente e verso, e assim por diante. Ao mesmo tempo, você leva em consideração o preço, a data de entrega, e as condições de financiamento. Você é flexível em seus desejos: aceita abrir mão de alguma coisa em um ponto para obter melhores termos em outro. Você faz uma lista de exigências, indicando a importância que atribui aos diferentes itens. Da mesma forma, vendedores em potencial também apresentam ofertas em que todas as dimensões são especificadas. O programa de leilão rapidamente identifica a oferta mais adequada à sua lista (que não é necessariamente a de menor preço). Ao aproximar os compradores de vendedores com capacidade de satisfazer suas necessidades individuais, e ao ajudá-los a fazer negócio, o mecanismo cria valor, que é partilhado por compradores e vendedores.

Mais ou menos um ano antes de os primeiros sites de leilão pela Internet começarem a funcionar, já havia tido início uma série de leilões eletrônicos, com os lances feitos em computadores pessoais, através de uma rede segura, e publicados na Internet para que todos vissem. O comércio eletrônico não começou com o eBay e seus semelhantes, mas sim, como veremos a seguir, no setor público.

Os líderes das telecomunicações dos Estados Unidos reuniram-se em julho de 1994 no salão do Hotel Omni Shoreham, em Washington, para participar de um leilão sem precedentes: o governo estava vendendo licenças de uso do espectro eletromagnético para serviços de recados. (Cada licença representava uma banda da onda eletromagnética em uma região do país.) Imensas telas de computador mostravam o andamento do leilão. Em uma parede havia cabines indevassáveis. Quem quisesse fazer um lance tinha de provar a identidade antes de entrar em uma delas. Sem serem vistos por ninguém, eles digitavam seu código secreto e então o lance. A cada rodada os novos lances eram anunciados, sendo saudados por alguns com vivas e por outros com resmungos de descrença.

Vizinha ao salão era a "sala de guerra", de onde a FCC, a Comissão Federal de Comunicações, administrava o leilão. Guardas nas portas só deixavam entrar pessoas credenciadas. Na sala de guerra, os computadores registravam cada lance no momento em que era feito. Um comitê (eu era um dos três membros) fazia o papel de leiloeiro e implementava as regras. Havia muita tensão e medo de que algo desse errado: um leilão como aquele nunca havia sido feito antes.

À medida que os lances subiram, milhões de dólares por hora, na sala de guerra a tensão reduziu-se um pouco, enquanto elevou-se no salão principal. Wayne Perry, da McCaw Cellular Communications, disse: "Dessa vez o governo está fazendo um trabalho bem-feito tirando o dinheiro das pessoas." Para David Brock, da Metrocall, uma companhia de recados, "foi uma pancadaria." Os lances eram feitos doze horas por dia. "Todas as empresas pegavam o telefone à noite e ligavam para a sede, dizendo 'Precisamos de mais dinheiro, precisamos de mais dinheiro'", disse Kathleen Abernathy, da Airtouch Paging. "Na sede, as pessoas trabalhavam os dados."

O leilão durou uma semana, levantando US$617 milhões por dez licenças cobrindo uma pequena fatia do espectro. Depois disso foram realizados vários outros leilões, de partes maiores do espectro para serem usadas por telefones celulares, aparelhos de fax portáteis e redes de computadores sem fio. Depois da tentativa inicial no hotel de Washington, a FCC realizou os leilões eletronicamente. No início de 2001 havia conseguido um total de US$42 bilhões.

Um novo mercado foi criado com os leilões do espectro. Anteriormente o governo já havia passado os direitos sobre o espectro para empresas de telefone e de rádio. Inicialmente as licenças eram concedidas através de decisões administrativas. Os candidatos preenchiam formulários e a FCC fazia audiências comparativas para decidir o ganhador. Esse método complicado resultou no acúmulo de licenças não dadas. O Congresso substituiu-o por loterias, dando as licenças para alguns solicitantes de sorte. As loterias conseguiram distribuir as licenças rapidamente, mas a perspectiva de ganhos ao acaso atraiu solicitantes aos bandos. Havia quase 400 mil solicitações de licenças para celulares. Em um caso, um grupo de dentistas ganhou o direito de organizar um serviço de telefonia celular em Cape Cod; venderam imediatamente a licença para uma companhia telefônica, a Southwestern Bell, por US$41 milhões. O valor das licenças que o governo concedeu na década de 1980 chegou a US$46 bilhões, segundo o Departamento de Comércio.

O Congresso não podia ignorar tais dados, e em 1993 foi promulgada uma lei que autorizava a FCC a realizar leilões das licenças. Ele deveria "propor e testar múltiplas metodologias alternativas" de leilões. A lei especificava um conjunto de objetivos para o leilão: obter um "uso eficiente e intenso do espectro eletromagnético", promover o rápido desenvolvimento de novas tecnologias, impedir monopólios e garantir que algumas licenças fossem compradas por minorias, mulheres, pequenos negócios e companhias de telefonia rural.

Os leilões do espectro eram grandes e complexos. De início ninguém sabia quanto valiam as licenças. Foram oferecidas milhares de licenças, variando tanto a cobertura geográfica quanto o volume do espectro coberto. A maioria das empresas de telecomunicações dos Estados Unidos participou deles: companhias de telefone de longa distância, local e celular, e empresas de televisão a cabo.

As empresas de telecomunicações, buscando orientação quanto aos princípios do leilão, descobriram a teoria dos leilões em revistas como *Econometrica* e *Journal of Economic Theory*. Elas então contrataram os autores de alguns desses artigos, e a FCC me contratou.

A teoria econômica ajudou a responder questões básicas de desenho de leilão. Entre as formas básicas, qual deveria ser usada pelo governo, o leilão aberto ou o lance fechado? As licenças deveriam ser leiloadas em seqüência, ou todas ao mesmo tempo, em um grande leilão simultâneo? O governo deveria permitir lances do tipo tudo ou nada, por pacotes de licença, ou apenas por licenças individuais? Como o leilão deveria ser estruturado de modo a promover os interesses das firmas de propriedade de minorias, e os de outras empresas especificadas? Como impedir a monopolização das licenças? O governo deveria solicitar pagamentos de royalties? Seria necessário impor preços de reserva (ou mínimos)? Que informações sobre a competição deveriam ser transmitidas aos participantes? Escolhas erradas sobre temas como esses poderiam resultar em um descompasso entre licenças e empresas, ou em o governo deixar de ter receitas que poderia ter ganhado, ou em o leilão não funcionar, por alguma razão. Como disse o vice-presidente Al Gore na cerimônia de abertura de um dos leilões, "eles não poderiam simplesmente procurar isso em um livro"[8].

O leilão proposto coletivamente pelos teóricos era uma novidade. Nós argumentamos que, dada a complexidade da venda, ele resultaria em lances mais competitivos e em um melhor casamento entre licenças e empresas do que as alternativas tradicionais. A despeito de uma hesitação inicial — "Não quero que a FCC seja um site ainda em testes", disse Robert Pepper, sua principal autoridade —, a FCC implementou um leilão inovador.

Qualquer tipo de leilão resultaria em uma concessão de licenças a empresas melhor do que a alocação ao acaso, como o governo dos Estados Unidos vinha fazendo antes. Mas alguns tipos de leilão funcionam melhor do que outros — por isso dedicou-se tanto esforço ao desenho dos leilões do espectro. O tipo de leilão que a FCC adotou passou a ser conhecido como "leilão ascendente simultâneo".[9] São oferecidas múltiplas licenças ao mesmo tempo, que ficam em aberto enquanto houver lances por qualquer uma delas. Os lances são feitos em rodadas, e os resultados de cada rodada são anunciados antes de começar a seguinte.

São necessárias muitas regras detalhadas para sustentar os princípios amplos do leilão ascendente simultâneo. Foram gastos meses de trabalho dos funcionários da FCC e dos teóricos-consultores na elaboração de regras que não pudessem ser exploradas por participantes espertos; elas ocupam mais de 130 páginas.

Entre estes detalhes estão as regras de atividade. Alguns participantes preferem esperar cautelosamente para ver como os outros fazem seus lances, sem revelar suas próprias intenções. Se todo o mundo se comportar desta maneira, o leilão leva tempo demais para ser concluído. As regras de atividade fazem o leilão andar. Cada participante especifica de antemão quantas licenças espera comprar. Um participante é definido como "ativo" em uma licença específica se tem o lance mais alto na rodada anterior ou se apresenta um lance mais alto na rodada corrente. O leilão tem três estágios, sem um número especificado de rodadas para cada um deles. No primeiro estágio um participante pode estar ativo quanto a licenças que somem até um terço de seu total pré-especificado; no segundo estágio, dois terços; e no estágio final, a totalidade do total especificado. Se um participante não alcançar o nível de atividade exigido, o número de licenças que ele pode comprar se reduz proporcionalmente. Outras regras definem o tamanho dos incrementos dos lances, as penalidades por retirar as propostas, providências a se tomar quando os participantes deixarem de cumprir as regras de atividade e assim por diante. Como disse o *Wall Street Journal*, fazer lances nesse leilão era como "jogar ao mesmo tempo uma dúzia de mãos num jogo de pôquer de um bilhão de dólares".

Por que um leilão ascendente simultâneo? Por que não usar o método já testado, um leilão seqüencial, em que as licenças são oferecidas uma depois da outra?

Ou por que não usar o método mais rápido, oferecendo todas as licenças simultaneamente numa única rodada de lances fechados? A principal razão é que as licenças são interdependentes. Para a maioria das licenças existe um substituto próximo: uma licença gêmea cobrindo a mesma região e o mesmo volume de espectro. Elas são ainda complementares: uma licença pode ser mais valiosa se seu dono também possuir a licença para uma região contígua.

Alguns participantes precisavam conseguir licenças múltiplas. Ao definir as licenças, a FCC dividiu os Estados Unidos geograficamente, e o espectro em bandas de onda, criando milhares de licenças. A FCC imaginava que alguns participantes desejavam licenças agregadas, seja geograficamente (um participante poderia querer, por exemplo, não apenas o norte ou o sul da Califórnia, mas um pacote com os dois), seja por bandas (reunindo duas ou mais licenças para gerar uma parte maior do espectro). A FCC não sabia, antes do leilão, como as licenças iriam ser agregadas. Firmas diferentes queriam pacotes diferentes. O mecanismo de leilão tinha de ser flexível o suficiente para possibilitar que os participantes construíssem seus próprios pacotes de licenças.

Ambas as características do leilão — os lances simultâneos e os ascendentes — reforçavam a tendência a que as licenças fossem para as empresas mais bem capacitadas a usá-las. Os lances ascendentes, com os níveis se elevando à medida que os lances rivais se contrapunham, permitia que os participantes soubessem que valor os rivais atribuíam a cada licença e que pacotes desejavam. À medida que se aproximava o fechamento, cada participante sabia se seria possível ganhar o pacote preferido e quanto, aproximadamente, ele custaria. Com todas as licenças simultaneamente em aberto, o participante tinha flexibilidade para tentar qualquer pacote de licenças que desejasse e mudar para uma outra alternativa, caso o pacote preferido ficasse caro demais.

Além de facilitar a formação de pacotes de licenças, o leilão ascendente permitia que os participantes respondessem aos lances dos outros, diminuindo a maldição do vencedor (a tendência a fazer lances acima do valor real). No entanto, com bilhões de dólares em jogo (e, por isso mesmo, aconselhados por economistas), os participantes provavelmente anteciparam a maldição do vencedor descontando suas próprias estimativas de valor. Conhecer os lances dos outros reduzia o temor e elevava seus lances.

Os US$42 bilhões obtidos em uma série de leilões excederam em muito quaisquer previsões anteriores do valor do espectro. Antes que o leilão começasse, o Departamento de Administração e Orçamento calculou que seriam obtidos US$10 bilhões. A indústria reagiu com ceticismo. O presidente da BellSouth, John Clendenin, disse: "Não há nenhuma metodologia racional no cálculo desses US$10 bilhões." Para ele a estimativa governamental fora "tirada do nada". O presidente da MCI, Bert Roberts, afirmou: "O governo deve estar fumando alguma coisa, para achar que vai conseguir US$10 bilhões com essas licenças." Para um cínico, essas respostas podem parecer cheias de segundas intenções; afinal de contas, era do interesse da empresa puxar para baixo o valor do espectro. Mas, como se viu depois, a estimativa do governo estava na verdade baixa demais. Em termos do dinheiro que levantou e da informação que revelou sobre o verdadeiro valor do espectro, o leilão foi um sucesso.

Qual é o papel do governo na alocação do espectro, agora que os leilões são usados? Ele ainda tem uma grande função reguladora, fatiando o espectro e coordenando seu uso. Sem uma clara definição dos direitos de propriedade, o espectro, como qualquer outra coisa, não seria usado eficientemente. O que ficou a cargo do mercado foi a decisão — difícil de ser tomada por um funcionário do governo — de quem teria o direito de usar cada pedaço do espectro.

Os principais beneficiários dos leilões do espectro foram os consumidores, com a introdução rápida dos novos serviços de telecomunicações a preços competitivos, e os contribuintes, através da renda gerada. "Quando os leiloeiros do governo precisam de conselhos, quem devem procurar?" perguntou a revista *Economist*, respondendo a seguir: "Os economistas matemáticos, é claro." William Safire disse no *New York Times* que foi o "maior leilão da história"[10].

Os leilões de espectro se espalharam; países como México, Canadá, Itália, Brasil e Holanda começaram a usá-los, e isso se transformou no que o *Financial Times* chamou de "a maior transferência de dinheiro do setor empresarial para os cofres do governo"[11]. Um dos leilões nos Estados Unidos levantou cerca de US$7 bilhões em 1995 e entrou para o *Guiness* como o maior leilão da história. Em 2000 esse recorde foi quebrado: um leilão de licenças do espectro no Reino Unido gerou US$34 bilhões, e depois outro na Alemanha rendeu US$46 bilhões. No entanto, na Espanha, na França e em outros lugares o espectro continuou sendo alocado pelo que é chamado de "concurso de beleza", ou seja, os licenciados são simplesmente escolhidos por funcionários governamentais seguindo alguns critérios vagos — um processo aberto ao favoritismo.

De volta aos Estados Unidos: o sucesso dos leilões não foi suficiente para acabar com a tendência governamental de abrir mão do que pertence ao público, pois o Congresso votou por dar o espectro de transmissão de alta definição às redes de televisão. A indústria de televisão tem muito mais influência sobre os políticos do que a indústria de telecomunicações, é evidente, pois as companhias telefônicas pagam bilhões pelo espectro, enquanto as emissoras recebem-no de graça. Isto está relacionado — será que é preciso dizer? — ao controle que as redes têm sobre a cobertura das notícias durante as campanhas eleitorais. (Ainda circula uma história em Washington — uma fofoca, sem dúvida, mas nem por isso menos significativa — de um executivo de televisão que telefonou para a Casa Branca, no governo de Gerald Ford, para fazer lobby sobre alguma questão política. Se as coisas não caminhassem conforme a proposta da rede de televisão, avisou ele, haveria uma divulgação muito maior de cenas do presidente Ford tropeçando.)

Segundo o senador John McCain, a doação do espectro foi "uma das maiores mamatas da história americana". O espectro que as emissoras ganharam foi avaliado em US$70 bilhões pela FCC. Enquanto isso, as emissoras se queixavam da burocracia. "A burocracia é terrível, aqui em Washington", disse Edward O. Fritts, presidente da Associação Nacional de Emissoras. "Temos uma FCC que tenta impor mais regulamentação. Temos orgulho do que conseguimos fazer, e gostaríamos de continuar fazendo, sem sermos perturbados pelos burocratas."[12] E, pode-se dizer, sem serem perturbados pelo fato de terem de pagar por seu principal insumo.

Desde então o leilão ascendente simultâneo vem encontrando outras aplicações. A Universidade de Stanford usou-o em 1996, com a ajuda de alguns economistas de sua Faculdade, para vender oito lotes residenciais de propriedade da Universidade, no valor de US$3,6 milhões. (A quantia obtida foi empregada nas reformas de alojamentos estudantis danificados por um terremoto.) A Universidade não teve de fazer um prejulgamento do valor da terra, porque o mercado deu o preço. O leilão simultâneo garantiu que os lotes (que eram adjacentes e do mesmo tamanho) obtivessem preços semelhantes. Os vencedores se sentiram bem, porque o lance aberto reduziu seus temores de pagar demais. Carolyn Sargent, uma das diretoras da Universidade, afirmou que o leilão "foi considerado um imenso sucesso. Todo mundo achou justo, o que foi extremamente importante."

Nos últimos tempos os economistas desenharam novos mercados. Preston McAfee e eu ajudamos o governo mexicano a desenhar um leilão dos direitos de mineração sobre alguns depósitos de ouro, prata e fosfato. O governo achava que poucas firmas iriam comparecer, de modo que desejava ter preços mínimos. (O número de empresas que realmente fizeram lances variou entre três e seis.) Sem esse preço de reserva, e com uma concorrência pequena, o leilão poderia terminar muito abaixo do valor da propriedade. Mas, se o preço de reserva fosse alto demais, ninguém faria lances. Ademais, o governo desejava não apenas pagamento à vista, mas também sob a forma de royalties sobre o valor dos minérios extraídos. Como não se conhecia o tamanho dos depósitos, os participantes corriam um risco substancial. Ao transferir parte dos riscos das empresas para o governo, os royalties faziam com que as firmas não rebaixassem demais as ofertas, por excesso de cautela. No entanto, se fossem altos demais, os royalties reduziriam os incentivos da extração de minérios, já que muito do valor iria para o governo.[13] Usando dados geológicos e financeiros, tentamos acompanhar os procedimentos que as companhias usariam para avaliar uma mina. Fizemos então um modelo de como fariam os lances quando enfrentassem várias combinações de preços de reserva e royalties, e usamos os resultados dessas simulações para estabelecer tanto um quanto o outro, preço de reserva e royalties. Quando os leilões aconteceram, em

1998, com os royalties estabelecidos em 2%, 2,5% e 3,5% (dependendo da propriedade), seis depósitos alcançaram um total de US$21 milhões.

No mercado de trabalho para médicos recém-formados dos Estados Unidos, os médicos residentes concorrem uns com os outros por empregos nos hospitais, e os hospitais concorrem uns com os outros pelos residentes. Antigamente esse mercado não tinha regras. Os hospitais simplesmente entravam em contato com os que julgavam promissores e tratavam diretamente com eles. Os contratos entre residentes e hospitais eram confusos; um observador chamou-os de "procedimentos caóticos"[14]. Cada hospital tentava fechar com os melhores alunos antes dos concorrentes, e com isso induziam a respostas defensivas do resto, entrando em uma corrida cujo resultado foi assinarem com os alunos mais promissores até dois anos antes da formatura, com poucas informações reais sobre suas capacidades. E os alunos começaram a se candidatar a empregos antes mesmo de saberem quais eram seus verdadeiros interesses e habilidades. Como conseqüência, houve muitos contratos insatisfatórios.

Os hospitais e os médicos residentes teriam preferido que a transação fosse mais próxima da data da formatura, com mais conhecimento mútuo e, portanto, com maior possibilidade de melhores contratos; mas esse esquema de mercado aberto para todos resultava em contratos precoces. Ao fazerem um trato muito cedo, os hospitais e os residentes não consideravam os custos impostos aos outros. Um hospital que decidisse esperar para ver como os candidatos se desenvolviam corria o risco de perdê-los para os outros hospitais.

Os hospitais acabaram definindo algumas regras para o mercado, com a ajuda do economista Alvin Roth.[15] Desde então, cada estudante recebe uma lista de hospitais e indica sua ordem de preferência. Da mesma forma, cada hospital lista os estudantes. Essas ordenações alimentam um programa de computador que mostra as coincidências entre estudantes e hospitais, casando, até onde for possível, as preferências entre eles. As regras do mercado são sujeitas a um teste de realidade. Estudantes e hospitais têm liberdade de ignorar os "casamentos" feitos por computador e podem fazer contratos independentes. Mas, na prática, poucas das alocações são derrubadas por acordos colaterais.

Como descreveu um estudante, esse processo de combinação mútua é "o infortúnio na existência da maioria dos alunos de quarto ano de Medicina. Na verdade, pode ser definido como o período mais tenso da carreira do médico." A tensão cresce "até o muito esperado momento em que seu destino se apresenta e a eles se dirige no dia da combinação mútua"[16]. Não existe maneira de desenhar o mercado de modo a abrandar a ansiedade dos estudantes acerca do primeiro emprego de suas carreiras. No entanto, o mercado de combinação mútua reduziu as incertezas. Sem regras, o mercado de residentes funcionava mal, devido às externalidades decorrentes de assinar cedo demais os contratos. Com regras bem desenhadas, o mercado faz o que se espera dele: identifica combinações produtivas entre residentes e hospitais, pareando eficientemente, a cada ano, mais de 18 mil alunos com seus hospitais.

Em outro exercício de desenho, uma grande fábrica perguntou ao economista Charles Plott como fazer para prever suas vendas. A melhor fonte de informação a respeito das vendas futuras são os vendedores que se encontram diariamente com os fregueses. Como a empresa poderia aproveitar sua intuição, seus palpites e suas crenças? Para aproveitar a capacidade do mercado de combinar informações dispersas, Plott desenhou um mercado eletrônico de ativos. Foram criados certificados negociáveis onde estava escrito algo como "setembro, 1501-1600", querendo dizer que se as vendas de setembro ficassem entre 1501 e 1600 unidades, seria pago US$1 ao portador. Há certificados de todos os possíveis valores totais de vendas. Com alguns meses de antecedência, cada vendedor ou vendedora recebe da empresa 20 certificados para cada intervalo de vendas, que eles negociam entre si. Os que acham que as vendas vão ser altas compram os certificados de vendas altas, aumentando seu preço, e vendem os certificados de vendas baixas, reduzindo seus preços. O preço de qualquer certificado, quando o mercado se equilibra, reflete as crenças coletivas dos vendedores acerca da probabilidade do correspondente nível de venda. Esses preços prevêem o nível de vendas, relatou Plott, melhor do que quaisquer das técnicas padronizadas de previsão usadas pela empresa.[17]

Em mercados com qualquer grau de complexidade a concorrência não é uma conseqüência evidente. Os mecanismos que apóiam a competição muitas vezes são desenhados pelos empresários — e algumas vezes por economistas. Um teste rigoroso para uma teoria econômica é usá-la para desenhar uma nova maneira de fazer negócios. Quando desenham novos mecanismos competitivos, os economistas fazem um uso bastante prático da teoria.

8

Trabalhando para você mesmo

Segundo Le Dang Doanh, chefe do Instituto Central de Administração Econômica, um instituto de estudos e pesquisas de Hanói, no começo da década de 1990 a maioria dos caminhões do Vietnã estava quebrada. Importados da União Soviética, construídos com tecnologias e métodos de produção soviéticos, ninguém confiava neles. Para piorar as coisas, o colapso da União Soviética tornou impossível conseguir peças sobressalentes. Sem caminhões, a nação estava diante de uma crise nos transportes. Em desespero, o governo transferiu para cada motorista os direitos de propriedade sobre seu caminhão. "Foi um milagre", observou Le Doanh com ironia. "De repente, todos os caminhões passaram a funcionar."

Propriedade significa exatamente o quê? A definição formulada pelos economistas Oliver Hart e Oliver Williamson identifica dois aspectos.[1] O proprietário de um ativo, como uma máquina ou um pedaço de terra, tem o direito a qualquer retorno residual que ele gere (residual refere-se aqui a qualquer coisa além do que o proprietário se comprometeu com seus empregados ou credores). O proprietário retém quaisquer ganhos adicionais sobre o ativo, e dessa forma é motivado a utilizá-lo produtivamente. Se o retorno for inesperadamente alto, é para o proprietário que sopram os bons ventos. Assim como ele tem ganhos residuais, tem também direitos residuais de controle, ou seja, o poder final de decidir como o ativo será usado.

Os caminhões do Vietnã eram de propriedade do Estado. Ou melhor, talvez seja mais exato e mais consistente com nossa definição de propriedade dizer que não eram propriedade de ninguém. Os direitos residuais de controle eram confusos — não era claro quem tinha o controle final sobre os caminhões — e ninguém tinha o direito sobre qualquer renda residual que gerassem. Passar a propriedade para os motoristas significou dar-lhes o controle residual. Sem as peias das velhas regras e procedimentos burocráticos, eles consertaram os caminhões lançando mão de quaisquer métodos e improvisações, e garimparam as peças necessárias. Como a propriedade também lhes deu uma parcela da renda residual, eles tiveram motivação para pôr os caminhões rodando e encontrar novos e lucrativos usos.

A história dos caminhões vietnamitas ilustra a proposição de que o proprietário de um ativo deve ser, sempre que factível, a pessoa cujas decisões mais crucialmente afetam seu uso. A propriedade é a maior fonte de incentivo; é um estímulo a exercer esforços, planejar, correr riscos. Ter a propriedade de um ativo produtivo significa ter o poder de controlar como ele é usado, além da segurança de saber que os retornos que ele gerar serão seus. Muitas vezes as coisas que são de propriedade comum não são adequadamente mantidas. A propriedade leva a conhecer os melhores usos de um ativo, a mantê-lo, a não estragá-lo e a combiná-lo com ativos complementares de modo a utilizá-lo plenamente.

"Todo mundo tem o direito de ter propriedade, sozinho ou em associação com outros", diz o Artigo 17 da Declaração Universal de Direitos dos Homens. "Ninguém pode ser privado de sua propriedade." Além de ser um direito fundamental, a propriedade é crucial para o mercado. Direitos de propriedade seguros são a maior motivação para se realizar um esforço produtivo e correr riscos. Embora banal, essa proposição é da maior importância.

O profeta Maomé foi um precoce preconizador dos direitos de propriedade. Quando, certa vez, uma situação de crise em Medina provocou fortes aumentos de preços, as pessoas imploraram para que ele diminuísse suas privações fixando os preços. Ele recusou, porque, tendo sido mercador, acreditava que as livres escolhas de compradores e vendedores não podiam ser atropeladas. "Somente Alá é que estabelece os preços e dá prosperidade e pobreza", disse ele. "Não quero que alguém cuja propriedade ou vida tenha sido violada se queixe de mim diante de Alá."[2]

Só pode haver mercado onde houver propriedade. Para os mercados operarem com sucesso é preciso garantia contra expropriação. As pessoas só investem se tiverem certeza de que ficarão com o retorno de seus investimentos. O que define o mercado, como foi observado anteriormente, é a autonomia do participante. As pessoas têm liberdade de tomar as decisões de comprar ou vender que melhor reflitam suas preferências, limitadas pelas regras do mercado e pela extensão de suas posses. A liberdade de ação que é a essência dos mercados exige direitos de propriedade, de modo que as pessoas controlem seus próprios recursos.

Mas a propriedade não é a única fonte possível de incentivos. Pode-se incentivar os empregados por meio de um contrato. Os esquemas de pagamento por desempenho têm um pouco da força da propriedade. O bônus que um executivo ganha por atingir certas metas, a comissão do vendedor, o operário que ganha por peça, todos eles têm uma participação sobre sua própria produção — como se fossem proprietários, e não empregados. Qual a diferença entre trabalhar para alguém mediante contrato e trabalhar para você mesmo? Por que a propriedade é o mais forte dos motivos?

"Sempre antecipe o inesperado", aconselhou o inspetor Clouseau a seu criado Kato no filme *Um tiro no escuro*. Mas é claro que não podemos antecipar tudo. Como disse Alfred Hitchcock, "é inútil se preparar para o inesperado — por definição." Podemos nos planejar para eventos improváveis, mas não para eventos improváveis e difíceis de visualizar antecipadamente. Isto põe um limite ao que os contratos podem fazer.

A propriedade é importante exatamente porque o inesperado algumas vezes acontece. Se todas as contingências pudessem ser antecipadas na hora em que o contrato fosse escrito, não haveria qualquer diferença prática entre ser proprietário e ser empregado. Como empregado, seu contrato de pagamento por peça seria escrito de maneira inequívoca, dando-lhe uma garantia inquebrantável de que vai ganhar o que os seus esforços gerarem. Mas, na verdade, quem escreve um contrato é incapaz de antecipar todas as coisas que poderiam ocorrer no futuro. Os contratos, portanto, são necessariamente incompletos.

Quando acontece alguma coisa que não estava no contrato, o proprietário, como detentor do direito residual, toma as decisões unilateralmente. Se você trabalha por contrato e acontece algo inesperado, seus direitos não são especificados. Em contraste, os direitos propiciados pela propriedade se mantêm, mesmo quando acontece o inesperado. Incapaz de prever as inúmeras contingências, um contrato não é tão efetivo quanto a propriedade. Com o contrato não podemos antecipar o inesperado; com a propriedade, num certo sentido, podemos. A propriedade é a maneira que a sociedade tem de tratar do inesperado.

Isto explica por que firmas pequenas tendem a ser mais dinâmicas e empreendedoras. Enquanto as grandes firmas necessariamente dominam indústrias onde existem economias de escala, como as indústrias de aço, automobilística e de programas de computadores, em outras indústrias a pequena empresa tem uma vantagem. Por quê? Elas são mais flexíveis internamente e menos limitadas por regras e procedimentos burocráticos. Respondem com mais agilidade ao ambiente que as cerca, e são mais rápidas em se adaptar a mudanças nas circunstâncias do mercado.

Mas por que as firmas pequenas têm tais vantagens e as grandes não? Uma grande empresa pode se dividir em unidades responsáveis por seus próprios custos e rendimentos, aumentando assim os incentivos. Muitas firmas grandes reorganizaram-se dessa maneira, tentando imitar as vantagens das empresas pequenas e independentes. Por que uma divisão de uma empresa grande não consegue operar tão produtivamente quanto uma empresa pequena? Como o todo pode ser menor do que a soma de suas partes?

Quando a Microsoft era uma pequena empresa, a IBM teve a oportunidade de comprá-la. Se isto tivesse ocorrido, teria a Microsoft, como divisão da IBM, crescido até chegar a ser a multibilionária potência que hoje conhecemos? É claro que não. Por que foi importante para Bill Gates ser o administrador-proprietário da Microsoft Corporation e não o gerente contratado de uma divisão da IBM? Por que uma empresa não pode criar incentivos para seus empregados imitando a propriedade?

Na verdade, até certo ponto ela pode. Geralmente os gerentes são pagos de acordo com o desempenho de sua divisão. Os termos do contrato formatam as ações do gerente. Um contrato que ofereça uma porção significativa dos retornos líquidos da divisão pode ser um incentivo bem forte. Um contrato desse poderia gerar a maior parte da motivação advinda da propriedade. No entanto, em um aspecto vital, por mais potentes que sejam os termos do pagamento por desempenho, qualquer contrato de empregado está muito longe da propriedade.

Um gerente de divisão não tem controle residual, de modo que suas decisões podem ser atropeladas de cima. A firma-mãe não pode se comprometer, através de um contrato necessariamente incompleto, a não intervir se acontecer alguma coisa inesperada. Se a divisão passar a ser muitíssimo mais lucrativa do que qualquer um tivesse previsto quando o contrato foi escrito, a firma-mãe provavelmente vai encontrar um jeito de colher os lucros. Os donos da empresa, e não os seus empregados, têm os direitos residuais. Para um empregado, os retornos máximos são efetivamente limitados, enquanto para o proprietário eles não têm limite. Se Bill Gates fosse gerente de divisão na IBM é implausível — não importa o que dissessem as letras miúdas de seu contrato de pagamento por desempenho — que lhe pagassem bônus na casa das centenas de milhões de dólares.

Não ser o proprietário, ou seja, não ter os direitos a retornos residuais amortece a motivação de investir criativamente e assumir grandes riscos. O mercado, diferentemente da empresa, pode se comprometer a recompensar ricamente um empreendedor no caso de sucesso estrondoso e inesperado. A alocação da propriedade afeta o investimento e o desempenho. Em situações que demandem esforço excepcional e em que os resultados respondam fortemente a tal esforço, as decisões não podem ser delegadas efetivamente; o proprietário tem de se envolver diretamente.

No que diz respeito à inovação, particularmente, a questão da propriedade é muito importante. O gênio solitário que é levado a inventar — Thomas Alva Edison sonhando com a lâmpada elétrica ou Alexander Graham Bell imaginando o telefone — transformou-se em lenda. Mas não é óbvio que essa seja a melhor maneira de organizar a pesquisa hoje em dia. Os inovadores devem ter direitos sobre suas idéias? Ou se alcança a inovação mais eficientemente numa grande organização?

Há economias de escala nas pesquisas. Grandes laboratórios com recursos aparentemente ilimitados podem conseguir os melhores pesquisadores, os melhores equipamentos e exércitos de assistentes. Eles seguem múltiplas linhas de pesquisa, e muitas vezes o que se aprende em uma alimenta outras. A companhia farmacêutica GlaxoSmithKline, por exemplo, gasta US$3,7 bilhões por ano e emprega 15 mil cientistas na procura de novas drogas, enquanto a Pfizer gasta US$5 bilhões por ano e emprega 12 mil pesquisadores.[3] Pode-se imaginar que, no que se refere à pesquisa, uma grande empresa tenha mais vantagens do que uma pequena que se concentra em uma única linha de investigação e opera com pouco capital. Quais são as mais eficientes na inovação, as grandes ou as pequenas? Depende.

A indústria de biotecnologia mostra os benefícios de ser grande e de ser pequena. Um novo medicamento passa por três estágios: dois de pesquisa e depois um de desenvolvimento. O primeiro é de ciência aplicada: investigar se um conhecimento científico puro pode levar a um medicamento funcional. O segundo é o teste clínico, em animais e depois em humanos, para provar que ele funciona sem efeitos colaterais perigosos, condição para que o governo possa licenciá-lo. O terceiro é o desenvolvimento em um produto manufaturável, seguido por um esforço de comercialização dirigido aos médicos, e depois a produção em larga escala. O estágio final normalmente é feito por uma das companhias farmacêuticas estabelecidas. As grandes empresas têm óbvias vantagens no desenvolvimento do produto. O tamanho de suas fábricas e de suas redes de comercialização significa que elas podem dominar rivais menores. Os dois primeiros estágios, focalizados na pesquisa, são mais interessantes.

Um padrão comum — especialmente quando o medicamento é verdadeiramente novo e não apenas uma variação sobre um mesmo tema — é a pesquisa ser realizada por uma firma iniciante. Sentindo o potencial de uma nova idéia, um cientista com espírito empresarial cria uma empresa, convence alguns capitalistas a financiá-la e passa alguns anos em intensa investigação científica. Quando termina o estágio de pesquisa, antes, durante ou pouco depois dos testes clínicos, um dos grandes fabricantes de medicamentos compra a empresa.

Por que as empresas iniciantes são mais inventivas do que os grandes fabricantes de medicamentos? E se um grande fabricante contratasse os melhores e mais brilhantes bioquímicos e os afogasse com recursos? Isto não geraria mais inovação do que se esses mesmos cientistas trabalhassem separadamente em suas próprias empresas pequenas e relativamente pobres? Não necessariamente. A propriedade faz uma diferença.

Romper limites exige obsessão. Para se ter êxito na solução de um problema difícil é preciso pensar nele durante o banho, dirigindo para o trabalho, nos intervalos para o café, no jantar, diante da televisão. Quando perguntaram a Isaac Newton como ele chegava a suas conclusões, respondeu: "Não tirando o problema da minha cabeça." Se Newton, provavelmente o maior gênio científico de todos os tempos, tinha de estar sempre com os problemas na cabeça para poder resolvê-los, então os simples mortais têm, no mínimo, de fazer o mesmo. Uma grande organização, necessariamente burocrática, está em desvantagem quando tenta cultivar em seus empregados uma fixação semelhante. Obsessão com o problema vem com a propriedade, definida de maneira ampla, o que quer dizer não apenas um prêmio financeiro, mas também um prêmio pessoal com o êxito da idéia.

Empresários inovadores que alcançam o sucesso algumas vezes ficam inimaginavelmente ricos. Os empregados inovadores típicos recebem pouco mais que o salário; quando recebem um bônus, normalmente é uma soma pequena em relação ao valor da inovação. O mercado, garantindo ao inovador o direito a quaisquer retornos residuais, é um poderoso estímulo ao esforço de inovação.[4] Mas, como discutirei a seguir, os incentivos da propriedade não são importantes apenas na inovação de alta tecnologia.

No final da década de 1970 a agricultura chinesa passou da produção coletiva para a individual. Essa mudança nos mostra um experimento razoavelmente claro sobre a força dos direitos de propriedade. A produção de alimentos explodiu com os novos incentivos individuais dos agricultores. A comercialização da agricultura tirou centenas de milhões de chineses de uma pobreza avassaladora. Foi o maior programa contra a pobreza que o mundo já viu.

Um começo tímido disparou essa reforma maciça: um encontro clandestino dos moradores de uma pequena aldeia rural. Em 1978, os agricultores da aldeia de Xiaogang, na província chinesa de Anhui, estavam desesperados. A comuna em que trabalhavam coletivamente não funcionava. Conhecida como o celeiro da China, Anhui possui algumas das terras mais férteis do país, mas as 20 famílias de Xiaogang não estavam conseguindo produzir arroz suficiente para elas próprias, e eram obrigadas a pedir em outras regiões. Em anos de tempo ruim, elas passavam fome.

Com medo de serem presos, os aldeões encontraram-se secretamente e combinaram dividir entre si a terra comunal. Fizeram um contrato em três partes. Primeiro, como se tratava de um desrespeito à política governamental, a divisão da terra entre famílias individuais tinha de ser mantida em completo segredo; não podia ser divulgada para ninguém de fora. Segundo, eles continuariam a entregar o arroz estipulado para o Estado. Terceiro, se qualquer um deles fosse preso, os outros criariam seus filhos até os 18 anos. Assinaram o pacto com suas impressões digitais.

Seguiu-se uma rápida transformação. Os fazendeiros de Xiaogang imediatamente tornaram-se mais produtivos. "Agora é diferente do passado", disse um deles. "Trabalhamos para nós mesmos." Cultivando seus próprios pedaços de terra, eles podiam ver uma ligação direta entre esforço e recompensas. Tudo o que produziam além do que tinham de entregar ao Estado era deles, para consumir ou para vender. Em um ano a extensão de terra plantada quase dobrou, e a aldeia passou a produzir excedente de arroz. Como disse um agricultor, "você não pode ter preguiça quando trabalha para sua família e para você mesmo."

As informações correram, apesar do juramento de segredo. Os agricultores conheciam as deficiências da agricultura comunal melhor do que ninguém. Em toda a China eles estavam prontos para a mudança. O movimento rapidamente proliferou e em outras aldeias as comunas surgiam desordenadamente. A agricultura individual se espalhou "como peste de galinha", segundo um agricultor: "quando uma aldeia tem, todo o país fica infectado."[5]

As reformas de base inicialmente enfrentaram resistências de cima. Prevendo uma perda de poder e de privilégios, os burocratas locais puniram Xiaogang, cortando seus fornecimentos de sementes, fertilizantes e pesticidas. Mas os aldeões tiveram sorte: o levante coincidiu com uma mudança de humor em Pequim. Uma nova leva de políticos decidiu aproveitar as mudanças agrícolas como parte de seu movimento de expulsão dos maoístas, após a morte de Mao Tsé Tung.

Funcionários provinciais do Partido Comunista visitaram a aldeia e deram sua bênção. Então, um funcionário de alto nível viajou para Xiaogang e para as aldeias vizinhas para estudar os efeitos da agricultura familiar. Seu relatório, que concluía que a agricultura familiar aumentava a produção e melhorava os padrões de vida, foi muito bem recebido e circulou entre os líderes nacionais. Em uma conferência do Partido Comunista em 1982, quatro anos após a reunião dos aldeões de Xiaogang, o principal líder chinês, Deng Chiao Ping, endossou as reformas. Em 1983 o governo central proclamou formalmente que a agricultura individual era coerente com a economia socialista e, portanto, permitida. Em 1984, seis anos depois de Xiaogang começar o movimento, não havia mais comunas.

As comunas dependiam mais de apelos ao trabalho pelo bem comum do que dos incentivos individuais. Houve tentativas de criar incentivos pessoais, mas em geral não funcionavam. Os agricultores trabalhavam em equipes de produção. Cada membro da equipe recebia uma pontuação, que supostamente media a eficiência do trabalho, e seu pagamento dependia do número de pontos acumulados. Mas era tênue o vínculo entre esforço individual e recompensa, não só porque era impossível avaliar quanto cada um havia trabalhado, como porque havia a ideologia de dividir igualmente os ganhos da comuna. Além disso, como as pessoas pertenciam vitaliciamente a uma comuna, não existia o incentivo fundamental — trabalhe ou será despedido. Além da falta de responsabilidade pessoal inerente ao coletivo, havia o hábito dos funcionários da comuna de se apropriar de quantidades imprevisíveis de arroz. Além de o pagamento dos membros da comuna não estar relacionado a seu próprio desempenho, para piorar as coisas, ele era cruelmente inadequado. Deliberadamente, o Estado estabelecia o preço do arroz artificialmente baixo. O velho lamento do Leste Europeu também se aplicava na China: "Nós fingimos que trabalhamos, eles fingem que nos pagam."

A conclusão é que os agricultores nas comunas tinham poucos incentivos para se esforçar. Não fazia muita diferença se um agricultor trabalhava até cair ou se cochilava o dia inteiro debaixo de uma árvore. O que ele levava para casa para alimentar a família era muito semelhante em uma situação ou outra. "O entusiasmo dos agricultores era frustrado", disse Yan Junchang, um chefe de aldeia de Xiaogang. "Por mais alto que eu soprasse o apito ou tocasse o sino, não conseguia colocar ninguém no campo." A falta de incentivos traduzia-se em baixa produção. A produtividade agrícola, na verdade, foi mais baixa em 1978 do que fora em 1949, quando os comunistas tomaram o poder.

Algumas pessoas no Ocidente tinham uma visão romântica das comunas. Num jantar na Casa Branca em 1979, em honra de Deng Chiao Ping durante sua visita aos Estados Unidos, pouco depois de as reformas começarem, ele se sentou perto de Shirley MacLaine. A atriz aproveitou a oportunidade para descrever a viagem que fizera à China em 1973, durante a Revolução Cultural, uma época de paranóia nacional em que muitos que caíam no desagrado do governo de Mao Tsé Tung eram obrigados a sair das cidades e a trabalhar em comunas. "Aprenda com os camponeses", diziam as autoridades para esses urbanóides deslocados. Ao visitar uma aldeia remota, MacLaine encontrou um professor de barbas brancas que lhe disse sentir-se muito mais feliz trabalhando nos campos do alvorecer ao anoitecer plantando tomates do que dando aulas na universidade. A afirmação do professor deixara-a muito comovida, contou MacLaine orgulhosamente. Deng, ele próprio obrigado a trabalhar numa comuna por algum tempo, pacientemente esperou que ela terminasse a história. E então observou secamente: "Ele mentiu."[6]

No sistema reformado, cada agricultor faz um arrendamento a longo prazo de um pedaço de terra. Ele deve entregar ao Estado uma cota anual da produção (o que pode ser visto como pagamento pelo uso da terra) e pode vender nos mercados tudo o que ultrapassar essa cota. Como resultado, ele tem os incentivos plenos do mercado, no sentido de que qualquer esforço adicional traduz-se diretamente em aumento de renda. Enquanto no sistema de comunas as decisões eram tomadas pela liderança coletiva, no novo sistema os agricultores tinham liberdade para decidir o que plantariam e que animais criariam. Eles começaram a experimentar novas variedades de sementes e a plantar frutas e vegetais diferentes. Como disse um agricultor, agora "todo mundo usa a cabeça".

Além disso, à medida que as comunas iam sendo fechadas, o governo aumentou o preço do arroz. Entre 1978 e 1980 os preços para os agricultores subiram 30%. A produção de alimentos cresceu mais de 60% entre 1978 e 1984. A renda dos agricultores aumentou 20% ao ano nesse período. Tal crescimento foi resultado direto da introdução dos incentivos de mercado.

A produção agrícola explodiu, os mercados rurais rapidamente se desenvolveram. Os agricultores que viviam próximo às estradas montaram barracas para vender suas frutas e verduras. Nas vilas e cidades foram criados mercados de produtores. Em seu romance *Esperando*, Ha Jin descreve uma vila rural no começo da década de 1980: um dia de feira, de modo que as calçadas da rua principal estavam tomadas por vendedores. Negociavam aves, vegetais, frutas, ovos, peixes vivos, leitões, roupas. Por todos os lugares havia cestas de galinhas, jarras de óleo, baldes com peixes. Um homem careca soprava num apito de latão, um de seus produtos, e o barulho cortava o ar e feria os ouvidos das pessoas.[7]

A abundância de comida à venda era um contraste gritante com sua falta alguns anos antes. O campo se revitalizou. As reformas agrícolas provocaram uma transformação no resto da economia chinesa. O aumento de produtividade liberou trabalho e capital, que se deslocaram para a produção industrial. Rapidamente estabeleceram-se fábricas rurais, criando emprego para pessoas que, não fosse isso, estariam subempregadas na agricultura. Em 1989, uma década depois do começo da agricultura individual, quase um quarto da força de trabalho rural estava trabalhando na indústria. As fábricas rurais, junto com os aumentos na produção de alimentos, foram responsáveis pelo sensacional crescimento econômico chinês. A Renda Nacional *per capita* elevou-se a uma taxa de 8% ao ano por mais de 20 anos, significando que a renda média por pessoa quadruplicou.

A maioria dos agricultores chineses era terrivelmente pobre no início das reformas. O número de pobres no campo, segundo dados do Banco Mundial, diminuiu em 170 milhões no breve período de seis anos entre 1978 e 1984 (esse cálculo considera a linha de pobreza em US$0,70 por dia, em dólares de 1985, quantia necessária para adquirir 2.100 calorias, nível nutricional mínimo). A pobreza rural não foi eliminada: em 1995 cerca de 180 milhões de pessoas, em sua maioria de regiões remotas, com solo fraco e clima adverso, ainda ganhavam menos do que US$1 por dia.[8]

É uma triste ironia o fato de que foram precisos mercados para corrigir as falhas da agricultura coletiva. Os admiradores ocidentais do presidente Mao Tsé Tung na década de 1960 e 1970 achavam que as comunas chinesas era uma nova e melhor maneira de organizar a vida. Elas eram, supostamente, locais de trabalho mais humanos, em que a preocupação com o vizinho substituía a rapacidade do mercado. Os visitantes voltavam da China proclamando o triunfo das comunas. Joan Robinson, famosa economista da Universidade de Cambridge, afirmou que, como resultado do "apelo de combater o egoísmo e banir o privilégio", a China era economicamente bem-sucedida. "Ensina-se aos camponeses a sentir que estão trabalhando para a Nação, para a Revolução e para todos os povos oprimidos do mundo, mas ao mesmo tempo eles estão, clara e obviamente, fazendo o bem para si mesmos."[9] Robinson escreveu sua piegas avaliação das comunas em 1976, apenas dois anos antes de os camponeses de Xiaogang, que realmente sabiam o que era viver em uma comuna, discordarem dela, arriscando-se a serem presos.

Um sistema baseado em exortações ao trabalho pelo bem comum pode parecer mais admirável do que um sistema que se baseia no interesse próprio, mas a romantização das comunas mascara os fatos. O imenso crescimento na produção de alimentos que se seguiu às reformas mostrou como era ruim o desempenho das comunas. Nelas, milhões de pessoas estavam à beira da fome. Com os mercados, por mais prosaicos que pareçam, o povo chinês tem o suficiente para comer.

A reforma agrária chinesa mostra a força dos direitos de propriedade. A lição elementar é que os incentivos têm muita força. Mas há uma outra, menos convencional. Os ganhos de produtividade foram obtidos sem o reconhecimento legal formal dos direitos de propriedade dos agricultores. A China obteve os benefícios da propriedade privada sem, na verdade, ter propriedade privada.

As reformas não mudaram a propriedade da terra, que, essencialmente, continuou sendo do Estado. Pedaços de terra individuais eram atribuídos aos agricultores, mas estes não tinham qualquer direito legal à terra além de um contrato (com um prazo inicial de três anos, mas posteriormente estendido para 15 anos). Os agricultores não podiam vender a terra que cultivavam, nem tinham o direito de usá-la por um período indefinido.

A realocação de terras provocou alguma insegurança. Os chefes de aldeia periodicamente redistribuíam a terra entre os aldeões. À medida que as pessoas envelheciam e os jovens formavam novas famílias, os chefes faziam novas definições dos limites. E também acontecia de os chefes às vezes desonrarem seus contratos, prejudicando outros aldeões em benefício próprio. Um exemplo: um certo sr. Chen arrendou em 1985 um pomar de longans, uma espécie de lichia, na aldeia de Zengcuo, na província de Fujian. Depois que Chen, trabalhando duro, produziu uma colheita muito farta, alguns aldeões cercaram o pomar e roubaram todas as frutas. Sua justificativa era que os aluguéis pagos por Chen eram muito menores do que os ganhos com o pomar. Como este era de propriedade coletiva, argumentaram, todos os moradores da aldeia tinham direito a uma parte dele. Ao invés de punir os assaltantes, o governo da aldeia desfez seu contrato com Chen. E então alugou o pomar para outro agricultor por mais do que o dobro.[10] Um governo que obedece às leis não se comporta dessa maneira.

O governo assumiu a posição de que os fazendeiros não têm direito de serem recompensados por qualquer terra que lhes seja tirada, pois toda a terra pertence ao Estado e os agricultores têm o direito apenas de usá-la temporariamente. A insegurança da propriedade teve efeitos perceptíveis. Um estudo mostrou que os agricultores aplicavam menos fertilizantes e trabalho em terras com um risco mais alto de realocação. Um outro verificou que os fazendeiros tendem a fazer menos investimentos de longo prazo, como poços e drenagens, em terras com maior risco de confisco.[11] O mais notável, no entanto, não é o fato de que a insegurança da propriedade tem conseqüências, mas sim quão pequenas essas conseqüências parecem ser. A despeito da ausência de propriedade, a produtividade é alta. Os agricultores agem como se seus direitos à terra fossem razoavelmente seguros.

Os casos de pessoas expulsas de suas terras são exceção, não regra. Embora as autoridades possam romper os contratos, têm evitado fazê-lo com suficiente previsibilidade, de modo que os agricultores são motivados a serem produtivos. Como os contratos de arrendamento são respeitados de maneira razoavelmente confiável, com eles os agricultores trabalham quase tão assiduamente quanto se possuíssem a terra. Eles se dispõem a fazer investimentos de longo prazo em "suas" terras: investimentos em irrigação, drenagem, nivelamento, fertilidade do solo, que só se pagam em vários anos.

Por não ter a instituição da propriedade privada, a China criou um mecanismo alternativo, baseado na administração burocrática, que vem permitindo que os mercados funcionem razoavelmente bem. Aparentemente, a ausência de propriedade legalmente definida não significa necessariamente a ausência de direitos de propriedade — pelo menos para os negócios simples da agricultura camponesa.

Falta completar uma parte importante do quebra-cabeça. Como, exatamente, os burocratas chineses resistiram à tentação de abusar de seu poder sobre os agricultores — ou como a hierarquia manteve tais tentações em xeque? A resposta provavelmente está em especificidades espaciais e temporais (e portanto não quer dizer que outros países possam adotar a solução chinesa). A situação política chinesa nas décadas de 1980 e 1990 era estável mas não inexpugnável. Embora o governo comunista não enfrentasse nenhum desafio, havia perdido toda e qualquer legitimidade, e a China da época da reforma é comunista apenas no nome. Sua legitimidade enquanto governo e sua capacidade de impedir qualquer oposição política futura apoiavam-se em sua capacidade de gerar crescimento econômico. Os altos funcionários do governo de Deng Chiao Ping conheciam economia o suficiente para reconhecer que o crescimento exige mercados e que os mercados exigem direitos de propriedade. O Partido Comunista havia mantido sua organização altamente disciplinada e assim estava capacitado a impedir comportamentos em benefício próprio pelos funcionários inferiores. O Estado incentivava os funcionários locais a manterem o crescimento da produção agrícola recompensando-os com pagamentos extras e promoções e despedindo-os se as metas não fossem atingidas. As sanções por desvios graves de comportamento eram severas: os funcionários condenados por corrupção podiam ser executados. Como resultado dessa disciplina partidária, o controle burocrático dava uma plataforma de direitos de propriedade que era *ad hoc*, mas segura o bastante para fazer com que as forças de mercado funcionassem razoavelmente bem.

Na década de 1990 o sistema mostrava sinais de fadiga, quando os agricultores, sem poder vender ou alugar suas terras, eram obrigados a continuar cultivando-as apesar de pequenas e cada vez mais antieconômicas. Ocorreram choques, algumas vezes violentos, quando os camponeses protestavam contra os altos tributos e as taxas impostos pelas autoridades locais. Um agricultor afirmou: "Existem funcionários corruptos em todos os níveis — aldeia, município, cidade — e eles trabalham juntos para conseguir mais para si mesmos."[12] No entanto, o notável aqui não é que os funcionários abusassem do poder, mas o fato de que tais abusos eram, na maior parte dos casos, contidos.

A sabedoria convencional diz que só podem existir mercados com propriedade privada sustentada pelo sistema legal. A visão convencional subestima a robustez dos mercados e o fato de que o apoio de que precisam pode vir de maneiras pouco convencionais. Embora os mercados normalmente exijam mais garantias de direitos de propriedade do que a capacidade burocrática pode dar, há exceções, como na China. Direito de propriedade não é sinônimo de propriedade definida. Um pouco de garantia de direito de propriedade pode significar muito. Mas a China é atípica: a maioria das burocracias não pode dar a segurança de que os investidores precisam. Elas não podem se comprometer a não mudar as regras, e por isso os investidores temem serem expropriados e são dissuadidos de investir. Um compromisso de respeito à propriedade exigiria que o governo se sentisse suficientemente seguro de sua aposta no crescimento de longo prazo da economia. A China satisfez essas condições por algum tempo, mas a maior parte dos governos autoritários não consegue.

São precisos direitos formais de propriedade. Mas não é fácil atribuí-los a partir do nada. São necessárias instituições para definir e manter direitos de propriedade. Na Europa Ocidental e na América do Norte, essas instituições foram sendo construídas gradualmente através dos séculos. Como disse Thomas Jefferson, "propriedade estável é o dom da lei social, e é dado tarde, no progresso da sociedade".

Mesmo no caso da terra, um ativo em que é mais fácil definir os direitos do que na maioria dos casos, a instituição da propriedade privada é sutil. Os direitos de propriedade não aparecem num passe de mágica. Eles exigem ação do Estado e podem ser difíceis de estabelecer. O Estado tem de construir um conjunto de instituições. É preciso definir procedimentos para atribuir a propriedade inicial. É preciso registro público para que os títulos de propriedade sejam registrados com precisão e facilmente verificáveis. Os limites da propriedade devem ser fisicamente demarcados. São necessários mercados de créditos, serviços de investigação e coisas assim para que as pessoas com poucas poupanças possam comprar terras com base em ganhos futuros. É preciso escrever as leis que governarão a propriedade da terra e treinar juízes e advogados para adjudicar as disputas.[13] Para se ter uma idéia, no final do século XIX o governo japonês começou o movimento de formalização da propriedade de terra dos agricultores, e só foi completá-lo em meados do século XX.

Dessa forma, a propriedade é a maneira que a sociedade tem de lidar com o inesperado. Tanto para os empresários de alta tecnologia como para os motoristas de caminhão do Vietnã, a propriedade traz a liberdade de procurar soluções criativas, bem como as recompensas por implementá-las. Detentor dos direitos do controle residual e da renda residual, o proprietário está capacitado e motivado a usar o ativo da maneira que achar melhor. A propriedade serve para motivar o esforço e o risco quando os retornos têm uma possibilidade imprevisivelmente grande.

Propriedade privada não é sinônimo de direito de propriedade. Ela é a melhor maneira de garantir os direitos de propriedade, mas não é a única. Nas circunstâncias corretas, meios não padronizados para garantir a segurança da propriedade, como a administração burocrática, podem ser efetivos. Para transações simples, por vezes alguma garantia do direito de propriedade é o suficiente para fazer os mercados funcionarem.

Assim, definir direitos de propriedade e construir mecanismos para mantê-los e impô-los são elementos fundamentais no desenho de um mercado. Mas os direitos de propriedade não resolvem todos os problemas. Nem tudo deve ser possuído. A seguir, pergunto: onde a propriedade deve terminar? A propriedade tem custos, bem como benefícios, de modo que os direitos de propriedade algumas vezes devem ser circunscritos.

9

O embaraço da patente

Uma escocesa chamada Mary Blair abriu uma loja de sanduíches na aldeia inglesa de Fenny Stratford, e numa irreverente alusão à sua nacionalidade chamou-a de McMunchies. Logo recebeu uma carta da McDonald's, a rede de hambúrgueres, informando-lhe que "Mc" era propriedade deles: "McDonald's Restaurants Ltd. é o usuário registrado do prefixo 'Mc', sua marca registrada." Deram a Blair uma semana para retirar a placa ou seria processada. "Eu não tinha a menor condição de brigar com as finanças do McDonald's", disse ela.

O gigante dos hambúrgueres guarda zelosamente os direitos de propriedade sobre seu nome. McSmile, um restaurante em Vilnius, Lituânia, teve de enfrentar uma nada sorridente ação legal pela McDonald's, assim como McBagel, uma padaria de Nova York, McCoffee, um bar de café expresso em Half Moon Bay, Califórnia, e McAllan's, uma barraca de cachorro quente em Silkeborg, Dinamarca. Os advogados da McDonald's, sempre alertas, não se limitam ao negócio de comida. Eles investiram contra uma empresa suíça de serviços médicos pela Internet chamada McWellness, uma cadeia canadense de hotéis chamada McSleep, e um salão de cabeleireiro austríaco chamado McHair.[1] (Talvez na capa deste livro, para ficar bem seguro, o nome do autor devesse aparecer como "Millan".)

"Como eles podem ser donos de 'Mc'?" perguntou Mary Blair. "Isto quer dizer que eles são donos de metade dos nomes na Escócia." A despeito da história e das tradições escocesas — "Mc" quer dizer simplesmente "filho de", em gaélico —, McDonald's insiste que sim.

Pierre-Joseph Proudhon afirmou: "A propriedade é roubo." De todas as palavras de ordem que mobilizaram as pessoas à ação política através dos séculos, estas são as mais tolas de todas. No entanto, pelo menos apontam que a propriedade privada não é algo indiscutivelmente bom. É o que acontece especialmente com nomes e idéias.

Sem as proteções da propriedade intelectual, uma economia moderna não poderia funcionar. Uma empresa que tenha investido em construir sua marca merece tê-la protegida contra assaltantes. Autores e compositores devem possuir os direitos sobre o que criam. Para que os inventores possam ter um retorno pelo esforço que fazem, a sociedade deve reconhecer seus direitos de propriedade sobre suas idéias, caso contrário haverá pouco incentivo para a inovação.

Através das marcas registradas, direitos autorais e patentes a lei reconhece a propriedade intelectual, tal como deve ser. Mas tais salvaguardas correm o risco de se tornarem muito onerosas. O mecanismo desenhado para manter a propriedade intelectual tem uma contrapartida inevitável: restringe o uso. Algumas vezes o custo de atribuir propriedade às idéias é maior do que os benefícios.

Idéias novas movimentam a economia. O avanço tecnológico é uma fonte básica do crescimento a longo prazo, o que é confirmado pela teoria econômica e pelos estudos estatísticos.[2] Um mercado funcional de idéias é essencial para a saúde econômica da nação. Para funcionar bem, a propriedade intelectual não deve ser protegida demais, nem de menos.

Para haver um mercado de idéias, as regras devem ser especialmente desenhadas, pois uma idéia é um tipo especial de mercadoria. Você a usa, e ela continua ali para outros usarem. Você a passa para outra pessoa, mas você continua tendo posse dela. Você não esquece de como uma coisa funciona se der uma explicação para isso. O caráter peculiar de uma idéia é que, como disse Thomas Jefferson, "no momento em que é divulgada ela passa a ser de todos, e quem a recebe não pode se livrar dela". Além disso, "ninguém possui menos porque todos os outros possuem sua totalidade". Como o ar que respiramos, as idéias são "incapazes de confinamento ou de apropriação exclusiva".

Colocando em jargão econômico o que Jefferson disse, o conhecimento é um bem público: qualquer um pode usá-lo e ele não desaparece com o uso. Isso coloca os inventores em apuros. É difícil para eles obter um retorno, porque os usuários podem se beneficiar de suas idéias sem pagar por elas. Para um mercado de idéias funcionar, é preciso haver tipos especiais de direitos de propriedade. As leis de propriedade intelectual devem reconhecer que as idéias podem ser amplamente transmitidas; tudo o que os direitos de propriedade sobre idéias podem fazer é controlar a maneira pela qual elas são usadas.

Se não existissem direitos de propriedade para idéias, os inovadores não seriam capazes de cobrir seus custos de invenção. Os inovadores precisam poder se apropriar de uma parcela do valor que criam. A solução da sociedade para o problema de que as idéias são inerentemente não-exclusivas foi fazer leis que as tornam exclusivas, e dar a quem as tem o direito de extrair uma taxa de quem as usa. Os governos projetam e administram as regras da propriedade intelectual: patentes protegem as invenções; direitos autorais cobrem as obras de arte; marcas registradas cobrem os nomes.

Os inovadores são estimulados por um conjunto de motivações, das quais a recompensa pecuniária é apenas uma; existem a curiosidade intelectual, o orgulho pessoal, o prestígio profissional. Dinheiro não é o único motivo, mas é um deles — e poderoso. George Washington, ao solicitar ao Congresso que votasse uma legislação de direitos autorais, argumentou que ela iria aumentar o estoque nacional de conhecimento, e que o conhecimento sem dúvida "era a base mais segura para a felicidade pública". Abraham Lincoln disse: "O sistema de patentes adicionou o combustível do interesse ao fogo do gênio".

Uma patente pode ser dada a qualquer processo, máquina, manufatura, composição de matéria ou desenho para artigo de manufatura que seja novo e útil. Leis da natureza, como E = mc2, não são patenteáveis. Para ser patenteada, a invenção tem de ser nova, útil e não-óbvia. Uma patente dá a seu dono o direito, por 20 anos, de impedir qualquer pessoa de usar a invenção patenteada. O cumprimento do direito de patente se faz após o fato, com o detentor da patente movendo um processo contra supostas violações. As defesas possíveis contra uma acusação de violação de patentes são de quatro tipos: a patente não deveria ter sido concedida, porque não era nova ou não era não-óbvia; a aplicação da patente deturpa a tecnologia existente; a invenção já havia sido patenteada ou era de uso público; e a patente foi estendida além de seu escopo próprio.

O direito autoral é outra forma de propriedade intelectual. Aplica-se a qualquer "trabalho de autoria original" que seja "estabelecido em qualquer meio tangível de expressão" (original significa que não foi copiada, e autoria implica pelo menos "alguma atividade intelectual"). Dessa forma, ele se aplica a obras literárias, obras musicais, quadros, programas de computador e assim por diante. O direito autoral garante a seu detentor o direito exclusivo de reproduzir a obra em questão, distribuir cópias, expô-la publicamente e preparar trabalhos dela derivados. Ele se estende pela vida do criador mais 70 anos. Não há um processo: tal direito se aplica automaticamente a uma obra de autoria. Se houver uma disputa quanto à autoria, o dono do direito deve provar que a obra de fato se originou com o autor requerente.[3]

A proteção do direito autoral não é absoluta. A doutrina do "uso justo" afirma que as pessoas podem usar, sem pagamento, um certo volume de material protegido com propósitos escolares ou criativos. Assim, um professor pode usar trechos de um filme para demonstrar uma questão em aula, e um romancista pode fazer citações de outro romancista. A lei reconhece, em outras palavras, que é desejável algum "vazamento" do direito de autor.

O registro de marcas é mais outra forma de propriedade intelectual. As marcas registradas existem para permitir que as empresas identifiquem seus produtos. Ao registrar uma marca, a empresa obtém direitos legais sobre o nome, e assim outras empresas não podem vender seus produtos como se fossem do detentor. Os direitos da marca registrada não impedem que outros vendam os mesmos bens com uma marca claramente distinta. Provar a infração de uma marca registrada exige provar que o suposto infrator está tentando confundir os consumidores.

O detentor de uma patente ou de um direito autoral pode pedir aos usuários royalties ou outras formas de pagamento baseadas na intensidade do uso. Como vimos, os novos fármacos, por exemplo, têm um preço muito acima de seus custos de produção, sendo o prêmio uma recompensa para o detentor da patente. A perspectiva de ganhar um prêmio por deter uma patente estimula os esforços inovadores. As patentes promovem a criatividade.

No entanto, elas têm um inconveniente. Uma patente é uma restrição ao comércio sancionada legalmente. Uma vez que uma idéia já exista, é desperdício restringir seu uso. Algum valor social potencial deixa de ser realizado quando se permite que o proprietário da idéia cobre um preço de monopólio por um artigo que a incorpore (porque, com o preço maior do que o custo de produzir unidades adicionais, alguns consumidores que lhe atribuem valor maior do que o custo de produção não vão usufruir dele). Garantir os direitos de monopólio à idéia recompensa seu criador, mas apenas ao custo de tornar a idéia indevidamente inacessível. Uma patente é, literalmente, uma licença para cobrar demais.

Era isto o que Thomas Jefferson tinha em mente quando escreveu sobre "o embaraço de uma patente exclusiva". Num mundo perfeito, disse ele, "as idéias deveriam espalhar-se livremente de um para outro". Repetindo Jefferson, a Suprema Corte dos Estados Unidos disse, no final do século XIX, que uma patente "impunha um pesado tributo sobre a indústria do país. Ela atrapalha a busca honesta do negócio."

Assim, a propriedade intelectual representa um compromisso entre o encorajamento a novas idéias e a permissão de uso geral das idéias existentes.[4] Idealmente, os inovadores seriam recompensados sem impedir o uso produtivo de suas idéias. No entanto, é difícil encontrar uma maneira de fazê-lo. A maior parte dos países busca um equilíbrio aproximado entre os custos e os benefícios das patentes estabelecendo uma data fixa para o fim do direito de propriedade. Depois que a patente expira, ninguém é dono da idéia, e qualquer um pode usá-la livremente. O vasto volume de inovações tecnológicas que ocorre na América do Norte, Europa Ocidental e Japão mostra que, no geral, as leis de patentes conseguem fazer com que as coisas funcionem mais ou menos bem. Elas têm êxito no estímulo à pesquisa e ao desenvolvimento. Mas são também uma restrição ao comércio.

A questão da propriedade intelectual desperta debates acalorados. Não apenas estão em jogo vastas somas de dinheiro, mas, como vimos no caso das patentes de medicamentos contra a aids, pode ser literalmente uma questão de vida ou morte. Será que o McDonald's deveria ser dono do "Mc"? Esta é uma das questões de propriedade intelectual; há outras menos triviais. Os países pobres deveriam ser liberados das obrigações das patentes, para que sua população tenha acesso a medicamentos contra a aids e outras doenças? Os programas de computador devem ser livres? Devem-se conceder patentes a novas maneiras de fazer negócios? Os amantes da música devem ter permissão de garimpar livremente gravações musicais na Internet, ou as gravadoras e os músicos têm direito a uma remuneração?

Debates como esses parecem não acabar nunca. Há uma razão para isto. Qualquer que seja o curso de ação escolhido, ele tem deficiências. "Enfraquecer a propriedade intelectual significa diminuir a inovação", dizem os favoráveis a maiores proteções. Eles estão certos. "Fortalecer a propriedade intelectual excluindo alguns usuários reduz o valor total das idéias", dizem os que defendem uma proteção menor. Eles também estão certos.

Afirmações incondicionais acerca de propriedade intelectual raramente são válidas. O truque é encontrar o equilíbrio correto. Ao critério legal para julgar a concessão de uma patente — a invenção deve ser nova, útil e não-óbvia — os economistas acrescentam mais um critério: os benefícios de conceder a patente devem ser maiores do que os custos.

Avaliar qualquer política sobre propriedade intelectual significa sujar as mãos. Não se pode fazer isso sem esforço. Para pesar custos e benefícios são necessárias estimativas quantitativas. Em quanto as atividades inovadoras vão se reduzir se as proteções à propriedade intelectual ficarem mais fracas? Em quanto o uso das idéias se reduziriam se elas ficassem mais fortes? Por mais difícil que seja quantificar essas hipóteses, para fazer uma avaliação racional é preciso tentar.

Devemos perguntar: a inovação teria sido desenvolvida sem proteção à propriedade intelectual? Se a resposta for sim, não existem benefícios com a proteção, e assim, pelo critério custo-benefício, ela não deve ser concedida.

Uma situação como essa surgiu em 1968, quando o Congresso americano estendeu o prazo do direito autoral de 50 para 70 anos, 20 anos mais antes de os livros entrarem em domínio público. Os compradores de livros são prejudicados com isto. O preço dos livros é maior do que se não tivessem direito autoral, porque a editora continua a dever royaltics aos herdeiros do autor e não concorre com outras editoras publicando o mesmo livro. Para livros ainda com direito autoral, como *As vinhas da ira* e *Por quem os sinos dobram*, o preço da brochura americana é US$12 ou mais. Para livros em domínio público, como *Tom Sawyer* e *Orgulho e preconceito*, o preço é de US$5 por edições populares e cerca de US$8 por brochuras de melhor qualidade. Um estudante que queira comprar a edição mais barata vai pagar o dobro pelo livro com direito autoral. Para essa desvantagem do direito autoral mais longo não há qualquer benefício compensatório. Dificilmente os autores encontrarão motivação na perspectiva de ganhos que ocorrerão 50 anos depois de sua morte. Ademais, os legisladores aplicaram a extensão retrospectivamente para direitos autorais já existentes. Isto é impossível de avaliar. Os autores não precisam de incentivos para escrever livros que já escreveram.

À medida que a economia da informação cresceu, cresceram também os debates sobre a propriedade da informação. Para alguns, a propriedade intelectual é uma relíquia de uma era passada. Eles vêem uma luta pelo ciberespaço, já que as patentes e direitos autorais cercam o que deveria ser livre. Uma manchete da revista satírica *The Onion* resumiu as preocupações: "Microsoft patentia uns, zeros".

Tim Berners-Lee, o inventor da rede mundial, world wide web (que ele não patenteou), convocou os desenvolvedores de *softwares* a lutar contra o sistema de patentes. Ele e outros engenheiros de computação acreditam que os programas não devem ter proprietários, para que as pessoas possam passá-los para outros e construir a partir do trabalho de outros, como realmente aconteceu nos primeiros dias dos computadores. John Perry Barlow, fundador da Electronic Frontier Foundation, um grupo que luta contra a propriedade intelectual no ciberespaço, disse: "O direito autoral não é sobre a criação, que vai acontecer de qualquer forma: é sobre a distribuição." Essa é a questão fundamental: se os *softwares* fossem livres, a criação aconteceria de qualquer modo?

Alguns programas são escritos sem qualquer expectativa de patente. O Linux, programa de fonte aberta, é um exemplo; ele se desenvolveu porque os usuários, sem os entraves das patentes, partilharam suas idéias e trabalharam com as dos outros. Mas escrever códigos não é o mesmo que escrever poesia. Alguns programadores querem mudar o mundo; muitos querem apenas ganhar a vida. Muitos dos programas que usamos todos os dias foram escritos com o objetivo de lucro. Se os programas fossem livres, seriam produzidos em menor quantidade.

As provas sobre os efeitos da concessão de patentes para *softwares* não são conclusivas. Há exemplos de programas patenteados que provavelmente não teriam sido escritos se não fosse a perspectiva da patente. Após as várias decisões judiciais do começo da década de 1980, concordando com o estabelecimento de patentes (e não apenas do direito autoral) de *softwares*, os gastos com pesquisa e desenvolvimento por empresas ligadas à criação de programas cresceu bastante, mas de forma nada espetacular. As patentes não levaram a qualquer aumento significativo na produção de *softwares*, nem a qualquer queda importante.[5]

O crescimento do comércio eletrônico, disparando a invenção de novas maneiras de comerciar, pressionou por mais uma extensão das proteções de patentes, que culminou, em 1998, numa decisão judicial da Corte dos Estados Unidos definindo que se podem patentear métodos de negócios. A Corte definiu que uma invenção não pode deixar de ser patenteada apenas por ser uma idéia abstrata; ela pode ser patenteada se produzir um resultado útil e tangível. Essa regra tornou possível, em particular, patentear um novo desenho de mercado.

Seguiu-se um fluxo de pedidos de patente. Na pressa, alguns solicitantes receberam patentes de métodos de negócios que, por serem fáceis de conceber ou por se assemelharem a práticas existentes, dificilmente mereciam a descrição de "novos e não-óbvios". A Priceline.com recebeu uma patente pelo chamado leilão reverso, em que o comprador define um preço que o vendedor pode aceitar ou não. A Amazon.com recebeu uma patente por um sistema de compras pela Internet com apenas um clique. A DoubleClick recebeu uma patente por um método de endereçar e enviar anúncios em redes. A CyberGold recebeu outra por recompensar os consumidores por prestar atenção a anúncios na Internet. Algumas das patentes de métodos de negócios mais questionáveis foram desafiadas nos tribunais, com base em que o método de negócio já era prática comum antes de ser patenteado. Uma "onda de patentes de métodos de negócios absurdamente óbvios", observou o *New Scientist* em 2000, "tomou conta dos Estados Unidos".

As patentes de métodos de negócios têm seu lugar, mesmo que muitas vezes tenham sido concedidas por inovações que não mereciam ser patenteadas. Alguns desenhos de mercado realmente são novos e não-óbvios. Na categoria "Comércio, Troca e Lances", por exemplo, o Departamento de Patentes dos Estados Unidos já tinha, no começo de 2001, mais de 200 patentes.[6] Anos de esforços podem ser gastos na invenção de uma forma complexa de leilão de transações entre empresas: imaginar a lógica das respostas dos participantes de maneira a escolher o desenho mais efetivo; garantir que não haja, nas regras, falhas de que os participantes possam se aproveitar; e escrever programas capazes de dar conta de uma extensa computação e ser fácil de usar pelos participantes. A possibilidade de patentear é socialmente benéfica no caso de métodos de negócios como tais leilões, que precisam de um grande esforço para serem desenvolvidos e que não seriam criados sem um retorno.

Para julgar quanto valem as patentes de métodos de negócios, precisamos quantificar custos e benefícios. Uma pesquisa na literatura (usando o motor de pesquisa do Google, para o qual foi pedida patente) não apresenta resultados. A despeito de muitas falhas de implementação, o patenteamento de métodos e programas de negócios provavelmente pode estimular a inovação útil.

Vamos agora examinar um caso no qual, em contraste, os tribunais estabeleceram salvaguardas à propriedade intelectual que, pode-se dizer, são muito restritivas.

Na música, a propriedade intelectual provoca ainda mais controvérsia do que nos métodos de negócios ou nos *softwares*. A professora de direito Pamela Samuelson, por exemplo, acredita na cópia livre. A indústria de entretenimento acredita que "deve controlar cada cópia, quando e onde for tocada, e ter um sistema de pagamento por uso tal que ninguém possa partilhar mais nada outra vez", diz ela. "Isto é um mundo fascista, eu acho. Eu não gostaria de viver nele."[7] A questão chegou ao clímax em 2000, quando um consórcio das cinco maiores gravadoras travaram uma batalha legal contra o Napster, serviço de música grátis, cobrando uma infração aos direitos autorais.

O Napster possibilitava que seus membros trocassem pela Internet cópias de gravações de músicas. Eles instalavam arquivos de músicas em seus computadores, normalmente copiando-as de CDs comerciais. Outros membros, quando localizavam as músicas que desejavam através de um servidor Napster, baixavam os arquivos em seus próprios computadores. Com os membros do Napster na casa dos milhões, os arquivos de música voavam pelo ciberespaço.

Um tribunal federal decidiu contra o Napster e ordenou que retirasse de seu serviço as músicas com direitos autorais. Será que essa desmontagem do Napster era justificada? Parte do debate versava sobre o que os elaboradores da Constituição tinham em mente quando introduziram o direito autoral. A "sacralidade" da propriedade também entrou no debate, e os adversários do Napster afirmavam que baixar um arquivo de música era equivalente ao furto em uma loja. Seria mais frutífero focalizar a análise não na semântica e na história, mas simplesmente em custos e benefícios.

Fechar o Napster equivalia a privar os fãs do prazer da música, pois transmiti-la era essencialmente grátis. Não fechar significava uma possível redução na atividade criativa, caso as gravadoras, os compositores e os músicos não fossem completamente remunerados. (Para completar o cálculo custo-benefício, há um terceiro efeito: uma possível redução nos lucros da indústria de discos. Mas isto se anula quando pensamos em custos e benefícios sociais, pois é compensado exatamente pelo aumento de dinheiro no bolso dos fãs de música.)

Se o Napster tivesse continuado, teria provocado uma queda significativa na atividade criativa? Um caso anterior de cópia gratuita de música permite uma comparação. A banda de rock Grateful Dead deu permissão aos fãs para gravar seus concertos e circular essas fitas, desde que não as vendessem. "Eu acho certo", disse Jerry Garcia, líder da banda, em 1975. "Se as pessoas gostarem, certamente podem continuar a fazer isto. Não tenho nenhum desejo de controlar o que as pessoas fazem ou o que elas têm." A despeito da pirataria — ou por causa dela — o Grateful Dead ganhou mais em suas turnês do que a maioria das outras bandas. John Perry Barlow, que escrevia letras para o Grateful Dead antes de se tornar um ativista da Internet, disse que permitir a cópia "foi a coisa mais esperta que poderíamos ter feito. Aumentamos consideravelmente nossas vendas graças a isto."[8]

O tribunal ouviu o testemunho de especialistas sobre o efeito do Napster na venda de CDs. Do lado do Napster havia pesquisas de consumidores sugerindo que ele na verdade promovia as vendas: as pessoas que usavam o Napster para conhecer a música antes de comprá-la tendiam a comprar mais, não menos discos. Do lado das gravadoras, havia um estudo mostrando que o giro dos estoques das lojas de discos perto de colégios havia diminuído depois que o Napster entrara em operação. Tal declínio de vendas foi interpretado como conseqüência do Napster (embora pudesse ser decorrência de os alunos terem passado a comprar em lojas online.) A juíza, Marilyn Hall Patel, considerou que todos os estudos "tinham falhas", mas que as gravadoras haviam "mostrado indícios significativos" de que o Napster havia reduzido suas vendas.

Mas, se as cópias pelo Napster reduziram o estoque total de música gravada, não foi em muito. As queixas da indústria de discos não tinham base. Em 2000, no auge da utilização do Napster, os rendimentos das vendas de CDs foram mais altos do que nunca.[9] Portanto, é provável que o efeito líquido do Napster tenha sido positivo; os benefícios para seus membros provavelmente foram maiores do que qualquer mal que tenham causado à indústria de discos. Caso tenha sido assim, o critério custo-benefício exige uma interpretação mais flexível do direito autoral do que o prevalecente nos tribunais.

Para reforçar o ponto de que uma menor proteção de propriedade intelectual algumas vezes funciona melhor do que uma proteção mais forte, vamos passar para a história do Homebrew Club e o Vale do Silício.

Em junho de 1975, um entusiasta por computadores roubou uma cópia do Basic, o primeiro programa comercial produzido pela jovem empresa Microsoft (ou Micro Soft, como era chamada então). O programa, que consistia em um rolo de fita de papel perfurado com uma série de orifícios, havia sido escrito pelos fundadores da Microsoft, Paul G. Allen e William H. Gates. Embora os detalhes não sejam muito claros, segundo uma versão o rolo foi roubado durante uma demonstração do novo programa no Rickeys Hyatt House, um hotel em Palo Alto, Califórnia. Segundo o pioneiro em computação Steve Dompier, "alguém, e não acho que alguém saiba quem foi, tomou emprestado um dos rolos de papel que estavam no chão".

Cinqüenta cópias do programa "emprestado" foram feitas e distribuídas gratuitamente no encontro seguinte do Homebrew Club, um grupo de fanáticos por computadores de Bay Area que usavam o clube para trocar idéias sobre como construir e programar computadores. O trato era que qualquer membro do clube que levasse um dos rolos deveria voltar no encontro seguinte com dois rolos para dar. As cópias piratas proliferaram.

Isto enfureceu Bill Gates, então com 20 anos, que mandou uma carta aberta para todas as principais publicações sobre computadores queixando-se do fato. A posição dos entusiastas por computadores, escreveu Gates sarcasticamente, era de que "deve-se pagar pelo *hardware*, mas o *software* é para se partilhar. Quem se importa se os que trabalharam nele não forem pagos?" E concluiu: "O que vocês fazem é roubo."

Pouco depois do furto do programa da Microsoft, o Vale do Silício assistiu a um surto de criação de novas empresas, muitas delas fundadas por membros do

Homebrew Club. "Bill Gates deve sua fortuna a nós", disse Dan Sokol, o membro do clube que fez as 50 cópias da fita roubada. "Se nós não tivéssemos copiado a fita, jamais haveria uma explosão de pessoas usando o programa dele."[10]

O confronto entre o Homebrew Club e a Microsoft exemplifica as duas forças conflitantes que iriam moldar o Vale do Silício e toda a indústria de computadores. De um lado estavam os interesses de empresas individuais; como disse Bill Gates, empresas que produzem programas necessitam de alguma proteção a seus direitos de propriedade para poderem ter um retorno por seu esforço. Do outro lado estavam os interesses da indústria como um todo; como quis dizer Dan Sokol, uma indústria passando por uma fase de rápidos avanços tecnológicos precisa que as idéias circulem livremente para que as melhores práticas possam ser divulgadas imediatamente.

É preciso um certo equilíbrio entre difundir as inovações e recompensar os inovadores. É difícil conseguir o equilíbrio correto, mas através de uma fortuita confluência de circunstâncias o Vale do Silício conseguiu isso fazendo evoluir uma nova estrutura para o mercado de engenheiros de computação.

Por que o Vale do Silício? O que o tornou um mercado de idéias tão fértil? A maioria dos especialistas da indústria na década de 1970 teria previsto que o centro da indústria de computadores seria não no Vale do Silício, mas na Rota 128, perto de Boston, Massachusetts. A Rota 128 já abrigava uma incipiente indústria de computadores. Suas empresas eram as mais dinâmicas do mundo. Próxima ao Massachusetts Institute of Technology, ela era íntima de muitos dos melhores cérebros da ciência da computação. Mas desapareceu de cena à medida que o Vale do Silício avançava à toda. Qual era a diferença?

O sucesso do Vale do Silício remonta a diversos fatores. A proximidade e o suporte da escola de engenharia da Universidade de Stanford ajudaram a dar início ao Vale, e Stanford continuou a abastecê-lo com um fluxo de engenheiros e administradores altamente qualificados. O estilo de vida da Califórnia levou jovens de bom nível escolar a se mudarem para lá ou por lá ficarem. A propensão das principais empresas do Vale do Silício a subcontratar a maioria das tarefas de fabricação aumentou a flexibilidade. A pronta disponibilidade de capital de risco facilitou o começo de novas empresas, embora isto possa ser tanto um sintoma do sucesso do Vale do Silício como causa do mesmo. E, sem dúvida, a sorte também teve seu papel.

A principal razão para o sucesso do Vale do Silício, argumentou Analee Saxenian em *Regional Advantage*, um importante livro sobre as características do Vale do Silício, é sua cultura de mobilidade e de partilha. O mercado de trabalho para engenheiros funcionava no Vale do Silício de maneira diferente do que na Rota 128. Sem o peso da tradição, lá desenvolveu-se uma cultura de relações abertas entre os empregados de empresas concorrentes. As idéias eram compartilhadas livremente. Os engenheiros trocavam de emprego com muita freqüência, e ninguém os censurava quando levavam para a nova empresa o que tinham aprendido na antiga. Massachusetts era mais tacanho; a lealdade à empresa e o emprego de longo prazo eram valorizados; as idéias estavam fortemente ligadas às empresas.

A troca de emprego no Vale do Silício é frenética. A média de permanência dos engenheiros em qualquer emprego é de apenas 11 meses (contrastando com os três anos do americano médio). "A mobilidade entre as pessoas me impressionou, era radicalmente diferente do mundo de onde eu vinha, no Leste", observou um administrador no Vale do Silício. "Existe muito mais mobilidade e muito menos risco real na carreira das pessoas."

A mobilidade de emprego tem duas conseqüências, uma direta, outra indireta. Os engenheiros que mudam para novos empregos levam consigo o que aprenderam nos antigos. Dessa forma, novas idéias se espalham pela indústria. "Aqui no Vale do Silício há muito mais lealdade ao ofício de cada um, do que à empresa," disse um administrador. "Se você é um desenhista de circuitos, o importante é fazer um trabalho excelente. Se você não consegue fazer em uma empresa, passa para outra." Além disso, quando os engenheiros de firmas diferentes se encontram casualmente, nos bares e restaurantes do vale, eles se ajudam, fazendo circular idéias sobre como solucionar os problemas técnicos de cada um. É esse incentivo a trocar e debater com engenheiros de empresas rivais que pode eventualmente impulsionar suas próprias carreiras. Cada um deseja provar como é esperto, de modo que quando a outra empresa tiver uma vaga — que pode ser no futuro próximo — ele terá o nome lembrado. "A rede no Vale do Silício transcende lealdades às empresas", disse outro administrador. "Eu tenho engenheiros antigos que estão constantemente ao telefone trocando informações com nossos concorrentes."[11] Dessa forma, tanto a troca de emprego como a perspectiva de isso acontecer fazem com que as idéias passem de empresa para empresa. Os especialistas em computação do Vale do Silício seguem a máxima que Sêneca promulgou há dois mil anos: "As melhores idéias são de propriedade comum."

Por que o mercado de trabalho do Vale do Silício desenvolveu uma cultura de partilha enquanto na Rota 128 havia uma cultura mais reservada? A explicação, argumenta o jurista Ronald Gilson, está na diferença entre as leis. A lei algumas vezes protege os investimentos que as empresas fizeram em idéias, proibindo os empregados de usar em um novo emprego aquilo que aprenderam no anterior. Um compromisso de não-concorrência estipula que, num dado período, tipicamente um ou dois anos, um antigo empregado não pode trabalhar em uma empresa concorrente. A lei de Massachusetts reforça tais pactos, enquanto a lei da Califórnia os proíbe. Um empregado de uma empresa na Rota 128 se arriscaria a um processo se fosse para uma empresa rival. Um empregado no Vale do Silício não tem este medo. Pode-se argumentar, assim, que a frenética troca de empregos que levou ao sucesso do Vale do Silício deve-se a uma menor proteção à propriedade intelectual.

Um compromisso de não-concorrência, como uma patente, é uma restrição legal ao comércio. A lei de Massachusetts, ao impô-lo, encoraja a inovação nas empresas, garantindo direitos de propriedade sobre as inovações de seus empregados, ao impedi-los de buscar melhores colocações e ao inibir o uso de idéias existentes. A não-imposição, como na Califórnia, tem o efeito oposto. A difusão de idéias através da troca de emprego não é do interesse da firma que faz a inovação, pois dilui seus retornos. Mas a indústria como um todo avança com a força das idéias de cada empresa. As idéias são usadas mais extensivamente do que se permanecessem no interior de uma única firma. O compromisso pós-emprego está na raiz das diferenças entre o Vale do Silício e a Rota 128. Em outras palavras, um aspecto sutil do desenho do mercado foi um elemento crucial no sucesso do Vale do Silício.

Um baixo nível de proteção intelectual pode ser, ou não, uma coisa boa. Como disse Bill Gates a respeito do programa roubado, a desvantagem é que menores recompensas para a empresa inovadora podem significar que ninguém se preocupe em inovar. Aqui a natureza especial da indústria de programação para computadores conta muito, porque o ciclo de vida de uma nova idéia é muito curto. Pode ser suficiente para a firma inovadora ter a idéia para si mesma por algumas semanas. Dado o ritmo rápido de mudança, um breve período de uso exclusivo pode dar à empresa vantagens competitivas suficientes para pagar a inovação. O comportamento do Vale do Silício provavelmente não funcionaria tão bem em outras indústrias. Mesmo na indústria de computadores, ele provavelmente não funcionaria bem em outros estágios de desenvolvimento. As idéias fluíram livremente quando a indústria era nova, mas à medida que foram amadurecendo as empresas do Vale do Silício começaram a apelar para a lei em busca de proteção para seus direitos às idéias. A especificidade da situação é que vai determinar o grau de liberdade com que idéias proprietárias podem circular.

Se na Califórnia as leis de propriedade intelectual fossem mais estritas, o crescimento do Vale do Silício poderia ter sido travado. Os direitos de propriedade influem na maneira como um mercado funciona. Embora deixar a propriedade intelectual completamente desprotegida possa significar pouco incentivo à inovação, por outro lado, às vezes, os direitos de propriedade vão longe demais. Há limites para o que deve ser possuído.

Embora as proteções da propriedade intelectual possam ser excessivas, em algumas linhas de atividade sua necessidade é inegável. Na indústria farmacêutica, em que o desenvolvimento de um medicamento novo custa centenas de milhões de dólares, é essencial garantir a propriedade intelectual. No entanto, como vimos no caso das drogas contra a aids, o lado negativo das patentes pode ser cruel.

As patentes não são a única maneira de definir a propriedade sobre idéias. Uma alternativa às patentes é a compra. O governo compra os direitos à inovação e coloca a patente em domínio público, permitindo que todos a usem. O inovador recebe o pagamento de uma só vez e isto motiva a inovação, no lugar dos lucros monopolistas da patente. Os medicamentos patenteados não têm mais um preço excedente. Com o acesso à tecnologia livre para todos, o mercado é competitivo e seu preço é reduzido ao custo de fabricação.

Um precedente de uma compra destas foi o prêmio que o Parlamento Britânico ofereceu no século XVIII por um método para determinar a longitude, como relatado por Dava Sobel em seu interessantíssimo livro *Longitude*. Perdeu-se um número incontável de vidas em naufrágios causados por erros de navegação, de modo que o prêmio oferecido eram vultosas £20 mil. Um grande número de inventores apresentou suas idéias, a maioria delas malucas. O problema de medir a longitude com precisão foi resolvido por um humilde relojoeiro, John Harrison, com sua invenção do cronômetro. Seu desenho foi disponibilizado "para uso do público" e passou a ser produzido em massa e usado universalmente nos navios, tornando as viagens marítimas muito menos arriscadas.

Poderia um mecanismo de compra ter tanto sucesso em gerar inovações na indústria farmacêutica quanto o foi no caso do cronômetro? Como sempre, com o desenho do mercado, o inferno está nos detalhes. É preciso resolver duas dificuldades.

A promessa de pagar deve ter credibilidade. Após a invenção do cronômetro, segundo Dava Sobel, o governo britânico recusou-se a pagar as £20 mil, levantando objeções espúrias. Harrison lutou pelo reconhecimento o resto da vida, recebendo a quantia total que lhe era devida apenas 40 anos depois. Comprar uma droga recém-desenvolvida significaria pagar muitos milhões de dólares a uma companhia farmacêutica já bastante lucrativa. Um governo que se preste a fazer um pagamento desses está sujeito às pressões políticas dos que consideram que se trata de um uso inadequado dos recursos do contribuinte. Os críticos poderiam argumentar que seria melhor gastar o dinheiro com os doentes, e não dá-lo para uma companhia farmacêutica. Seria difícil resistir a uma pressão dessas. Se as empresas acharem que o governo vai se negar a pagar, não se disporão a investir antecipadamente os milhões necessários para a pesquisa. Sem alguma forma convincente de compromisso, de garantir de alguma maneira que os pagamentos prometidos serão feitos, o mecanismo de compra antecipada vai falhar.

A outra dificuldade é estabelecer o preço antecipado. Para gerar o volume ideal de esforço de pesquisa, o preço deveria ser igual ao valor social da nova droga. A dificuldade, como sempre, está na questão da informação. É impossível estimar de antemão o valor de uma inovação. Nem os governos, nem ninguém, têm o conhecimento necessário para estabelecer de maneira ótima o preço antecipado. Se for muito baixo, não conseguirá gerar nenhuma droga nova. Se for muito alto, por outro lado, o dinheiro dos contribuintes será desperdiçado. No caso do prêmio pela medida de longitude, por exemplo, a azáfama despertada pelo anúncio do prêmio e as próprias ações de John Harrison sugerem que um prêmio mais modesto poderia ter funcionado muito bem.[12]

Um torneio de pesquisas é uma maneira alternativa de gerar inovação. Aqui também é oferecido um prêmio em dinheiro, como no caso do mecanismo da compra antecipada, mas ele é concedido de forma diferente: é pago em uma data especificada e não espera até que a inovação tenha se completado com sucesso. Ele vai para a empresa que mais tenha avançado no desenvolvimento de um medicamento com as características pré-especificadas, mesmo que ainda não tenha sido finalizado. O Departamento de Defesa dos Estados Unidos, por exemplo, usa torneios de pesquisa. Em 1991 ele organizou uma disputa entre o YF-22 da Lockheed e o YF-23 da Northrop, protótipos de um novo caça tático. O prêmio, conquistado pelo avião da Lockheed, era um contrato de produção no valor de US$90 bilhões. Similarmente, algumas produtoras de energia elétrica americanas patrocinaram, em 1993, um concurso para escolher o refrigerador mais econômico; Whirlpool ganhou o prêmio de US$30 milhões.

Um torneio de pesquisa tem um lado positivo e um lado negativo, como ocorre com qualquer tipo de incentivo à inovação, de modo que seu bom funcionamento depende de aspectos específicos.[13] A dificuldade, mais uma vez, é estabelecer o preço no nível correto. Outra é que o governo deve, de alguma maneira, definir qual pesquisa está mais avançada. Uma vantagem é que não é difícil fazer os pesquisadores acreditarem que o prêmio vai ser pago, já que ele está se obrigando incondicionalmente a pagar a alguém uma quantia certa, em uma data certa. Se as firmas tiverem medo de que o governo não faça o pagamento antecipado pela patente, um torneio teria mais sucesso na geração de pesquisa.

Nem a compra antecipada nem o torneio de pesquisa são uma maneira perfeita de motivar a inovação; mas o sistema convencional de patentes tampouco o é. É uma questão em aberto saber se eles, ou outras alternativas ou suplementos ao sistema de patentes, conseguem fazer com que novas drogas sejam desenvolvidas e as já existentes sejam colocadas ao alcance das pessoas. O mercado de idéias ainda precisa de desenhos novos e criativos.

Os Irmãos Marx viram-se diante de uma questão a respeito de propriedade intelectual quando fizeram o filme *Uma noite em Casablanca*. Cinco anos antes, o estúdio Warner Bros. havia feito *Casablanca*, com Humphrey Bogart e Ingrid Bergman. Os estúdios da Warner mandaram uma carta para os Irmãos Marx ameaçando processá-los por causa do título do filme.

"Eu não tinha a menor idéia de que a cidade de Casablanca pertencesse exclusivamente aos Irmãos Warner", escreveu Groucho Marx em resposta. "E 'Irmãos Warner'? Também é de vocês? Provavelmente vocês têm direito de usar o nome Warner, mas, e quanto a Irmãos? Profissionalmente, nós somos 'Irmãos' há muito mais tempo que vocês." E assim por diante, por três páginas. Os advogados da Warner escreveram de volta solicitando o roteiro. Depois de mais outra resposta surrealista, exigiram muito categoricamente detalhes adicionais do enredo. A correspondência chegou ao fim depois de os advogados ficarem atordoados por uma terceira missiva cheia de "grouchismos".

Fazendo eco aos Irmãos Warner, no ano 2000, o *St. Petersburg Times* da Flórida escreveu para o *St. Petersburg Times* da Rússia exigindo que abrisse mão de seu endereço na Internet, www.sptimes.ru, pois se tratava de uma infração aos direitos do jornal da Flórida. O jornal russo respondeu que São Petersburgo, Rússia, havia sido fundada muito antes de St. Petersburg, Flórida, de modo que o jornal da Flórida teria de trocar o nome da cidade. Nunca mais ouviram falar da Flórida.[14]

Por mais ridículas que sejam essas contendas, elas ilustram, mais uma vez, que os direitos de propriedade devem ter limites. Groucho Marx argumentou, em seu estilo inimitável, que algumas coisas simplesmente não devem ser propriedade privada. Do ponto de vista da sociedade como um todo, nada se ganha e algo se perde ao se atribuir direitos de propriedade ao nome "Casablanca" ou "St. Petersburg".

O que nos leva de volta ao McDonald's. Sua reivindicação de possuir "Mc" na verdade não é tão frívola quanto a do *St. Petersburg Times* ou a dos Irmãos Warner. A marca registrada é uma das maneiras que o mercado tem de fornecer informação confiável. Quando você está num lugar desconhecido é possível que pare em um McDonald's, e não em qualquer restaurante sem nome, porque os arcos dourados lhe dizem exatamente o que você vai comer. O nome "McDonald's" é uma garantia de higiene e de dinheiro bem gasto. McDonald's investiu pesadamente na construção de sua marca e tem razão em defendê-la.

Quando um certo Ronald Goldspink abriu um café em Withernsea, Reino Unido, e chamou-o McRonald's, ele foi processado, provavelmente com razão, porque estava pegando uma carona na marca McDonald's. Onde se deve estabelecer os limites? Quando a McDonald's reclamou com Mary Blair por ter chamado sua loja de McMunchies, ela disse: "É uma pequena loja de bairro. Vendemos sanduíches frios, pratos frios e o velho rolinho de salsicha. Como alguém em seu juízo perfeito pode nos confundir com McDonald's?" A questão é exatamente esta. Um dado restaurante, ao se chamar Mc-qualquer coisa, está fazendo algum mal ao nome McDonald's? Algumas vezes está, outras, não.

O bom senso diz que há limites. O McDonald's ganhou o processo contra a McWellness, empresa de serviços de saúde pela Internet. Persuadindo os tribunais a ordenar que a McWellness mudasse o nome, os advogados da companhia de hambúrgueres argumentaram: "É possível que o McDonald's deseje expandir o uso de sua marca formativa 'Mc' de modo a incluir os mesmos serviços em que a marca da McWellness pretende ser usada"[15]. Em outras palavras, como em algum momento não especificado a companhia pode entrar no negócio de cuidados à saúde, ela tem direito à proteção por investimentos que ainda não fez. Um argumento desses não convence ninguém, a não ser um advogado.

Resumindo, no desenho do mercado de idéias, o direito à propriedade desempenha o papel crucial. Os direitos à propriedade intelectual devem ser definidos, porque sem eles os incentivos à inovação seriam limitados. E também devem ser restringidos. Deve-se buscar um equilíbrio entre motivar novas idéias e permitir o uso pleno das que já existem.

A propriedade intelectual desperta opiniões apaixonadas: uns dizem que é um oximoro; outros dizem que as regras correntes são imutáveis. Nenhum dos dois pontos de vista está correto. Como a propriedade intelectual envolve objetivos mutuamente incompatíveis — recompensar o inovador e permitir o uso pleno das idéias —, não existe um grau universalmente ideal de proteção à propriedade intelectual. Ele pode ser forte ou fraco, dependendo das circunstâncias.

10

Nenhum homem é uma ilha

Eu prejudico os outros quando simplesmente saio de carro. Ao contribuir para os congestionamentos de trânsito, aumento um pouco os atrasos dos outros motoristas, para não falar de sua pressão arterial. A presença de meu carro nas estradas aumenta um pouco, mesmo que eu dirija com cuidado, as possibilidades de os outros se envolverem em um acidente. A fumaça de meu carro polui o ar que os outros respiram.

Os economistas chamam esses efeitos colaterais não-desejados de "externalidades", referindo-se com isto aos custos (ou benefícios) externos a uma transação ou atividade. Uma ação traz uma externalidade se ela afeta, sem compensação, outras pessoas além da que tomou a decisão. Em qualquer mercado podem acontecer externalidades. Como, caso não sejam corrigidas, elas pioram o funcionamento dos mercados, pode ser necessário cuidar delas no desenho do mercado.

As várias externalidades advindas de dirigir um carro são limitadas por mecanismos que induzem os motoristas a levar em conta seus efeitos sobre os outros: as regras de trânsito ajudam a frear os motoristas descuidados, assim como a possibilidade de processá-los; as regulamentações sobre as emissões de um motor põem um limite à poluição; e os impostos sobre a gasolina elevam o custo de dirigir.

No entanto, uma das mais importantes externalidades, o congestionamento de trânsito, em grande parte não é corrigido. Estima-se que os americanos perderam 4,5 milhões de horas presos no tráfego no ano de 1999. Em Los Angeles, Atlanta e Seattle o motorista médio gastou mais de uma hora semanal em congestionamentos. Ao dirigir numa estrada superlotada, ao invés de ir no carro dos outros ou de adiar minha viagem, eu acrescento um pouco de tempo à viagem de todos. O atraso que eu causo a um motorista é pequeno, mas quando somamos todos os motoristas afetados por minha presença o acréscimo de tempo no trânsito provocado por mim pode muito bem exceder qualquer inconveniência por que eu teria passado se não tivesse pegado meu carro. Minha decisão não leva em conta todos os custos sociais de minhas ações.

O Departamento de Estradas de Rodagem dos Estados Unidos calculou que, em 2000, as desvantagens decorrentes de dirigir — os custos dos congestionamentos, da poluição e dos acidentes — totalizaram US$446 bilhões. Alguns desses custos sociais foram cobertos pelos motoristas: combustível, taxas sobre os veículos e seguros chegaram a US$108 bilhões.[1] O restante é de externalidades decorrentes de dirigir. Em média, são US$0,06 por quilômetro percorrido.

Embora as decisões tomadas por interesses pessoais sejam a principal força dos mercados, às vezes elas são contraproducentes. "Nenhum homem é uma ilha, isolado em si mesmo", disse John Donne em 1624, antecipando o conceito de externalidade. Uma externalidade pode fazer com que um mercado funcione mal. No caso de uma externalidade negativa, como a poluição, quem toma a decisão não paga todos os custos da atividade, já que outros arcam com parte dos mesmos. E por isso acontecem muitas das atividades poluidoras. As externalidades não são apenas negativas; elas também podem ser positivas, como acontece quando a pesquisa e o desenvolvimento de uma firma são revelados, beneficiando outras firmas. Há muito poucas atividades com externalidade positiva, já que muitos dos que se beneficiam não pagam sua parte. Para o mercado alcançar seu pleno potencial as regras devem levar em conta as externalidades, induzindo, de alguma maneira, a considerar seus efeitos sobre os outros quando a decisão for tomada.

Algumas vezes as comunidades resolvem sozinhas os problemas de externalidades. Se o número de pessoas afetadas é baixo, é possível alguma solução amigável. Nas cidades pequenas, longe dos grandes centros, os moradores dirigem de maneira muito mais cordial. Algumas vezes a solução da auto-ajuda funciona, outras não. Para muitas externalidades não existem soluções de baixo para cima. Dificilmente se solucionarão os congestionamentos urbanos com todo mundo se dispondo voluntariamente a usar menos o carro. Resolver esse problema exige uma decisão de base ampla. Algumas vezes as únicas soluções funcionais são as de cima para baixo.

As externalidades podem ser tratadas com regras definidas pelo governo obrigando as pessoas a se comportarem de maneira a mitigar seus efeitos sobre os outros. Os limites de velocidade e outras regras de segurança reduzem as externalidades de dirigir, assim como as leis que proíbem dirigir bêbado. Da mesma forma, as conseqüências sobre a poluição são enfrentadas com controles. Em Los Angeles, a metrópole das auto-estradas, as descargas dos veículos eram uma das grandes fontes da sufocante poluição do ar na cidade. Leis proibindo gasolina com chumbo e limitando as emissões dos carros enfrentaram o problema.

Para externalidades mais extensas e mais prejudiciais (a neblina de Los Angeles provoca problemas de saúde), banir a atividade pode ser a única solução. Mas é uma maneira rude de tratar a questão, e a cura pode ser pior do que o problema. O imposto é um remédio mais refinado. Ao atribuir um preço à externalidade, o imposto obriga quem toma a decisão a levá-la em consideração.

Um imposto sobre a gasolina, fazendo com que dirigir fique mais caro, ajuda a conter a poluição e os congestionamentos (embora as estimativas dos custos das externalidades provocadas pelos carros sejam muito mais altas do que os impostos sobre a gasolina nos Estados Unidos). Um imposto sobre o álcool ajuda a conter as externalidades de dirigir bêbado. Os dados mostram que aumentar os impostos sobre o álcool reduz significativamente as mortes nas estradas.[2]

"Se você dirigir um carro, eu vou tributar a rua", diz um verso de "Taxman", música dos Beatles. Até os engarrafamentos podem ser tributados. Em 1963, William Vickrey, que mais tarde receberia o Prêmio Nobel em economia por seu trabalho sobre leilões, propôs um plano para tributar as viagens de carro em Washington, D.C. Receptores ao lado da estrada verificariam cada carro que passasse e enviariam os dados para um computador central, que calcularia a conta do congestionamento e cobraria do motorista.[3] O imposto aumentaria com o congestionamento e seria zero quando o trânsito estivesse livre.

Por mais futurista que a proposta pudesse parecer na época, a tecnologia se equiparou à imaginação de Vickrey. Cingapura pôs em prática a sua idéia, cobrando pelo uso de certas estradas em horários de pico. Todos os carros têm um aparelho onde o motorista insere um cartão pré-pago. Sempre que ele passa por um posto de pedágio (montado em um arco acima da estrada) uma certa quantia é extraída eletronicamente do cartão. O valor depende do tipo de veículo e da hora do dia. Se o carro não possuir cartão, é feita uma fotografia infra-vermelha da placa e o motorista é automaticamente multado. A intenção era "fazer as pessoas planejarem melhor suas viagens", disse Zainal Abidan, uma autoridade de trânsito. "Se elas não precisarem usar a estrada, não vão usar."[4] O tráfego no distrito central de negócios caiu 13% nas horas de pico.

Quando recebe um preço adequado, a externalidade decorrente do congestionamento desaparece. Mas para isto é preciso mais do que uma tecnologia de medição. É preciso também estabelecer os preços corretamente. Não se trata de gerar receita para o governo; trata-se de fazer as pessoas pagarem o custo verdadeiro de dirigir. A taxa deve ser apenas o bastante para dissuadir os que atribuem à viagem na hora do pico um valor menor do que os custos de congestionamento. É difícil estabelecer uma taxa no nível correto, pois isso significa estimar as perdas dos outros motoristas com o congestionamento. Como reconheceu o primeiro proponente de tais taxas, A.C. Pigou, essa dificuldade aparece com qualquer imposto que vise corrigir externalidades: a dificuldade prática de determinar os impostos adequados é "extremamente grande. Os dados necessários para uma decisão científica praticamente inexistem."[5] Se forem estabelecidos em um nível errado, os impostos não vão solucionar a externalidade, e podem até piorar as coisas.

Se o preço estabelecido for correto, tributar a externalidade pode deixar todo mundo melhor. De uma maneira ou outra você paga um imposto sobre o congestionamento: se não em dinheiro, em tempo desperdiçado e em frustração por ficar preso no tráfego. Tributar o uso das estradas reduz os congestionamentos. Para os que continuarem a dirigir na hora do pico, a viagem mais rápida compensa o valor pago.

Tributação e regulação são soluções de cima para baixo para as externalidades. Outra solução é parcialmente de baixo para cima, e parcialmente de cima para baixo. Trata-se de definir os direitos de propriedade (de cima para baixo) e então deixar que as pessoas resolvam suas externalidades barganhando em uma estrutura definida pela lei (de baixo para cima). Qualquer externalidade pode ser vista como decorrência de direitos de propriedade incompletos. Se o ar fosse propriedade privada, o proprietário poderia cobrar dos poluidores o seu "uso", e então não haveria externalidade. Ninguém pode ser dono do ar, é claro, mas em alguns outros casos ampliar os direitos de propriedade pode ser uma solução efetiva.

Se eles forem claramente definidos, os indivíduos podem negociar uma solução mutuamente benéfica para uma externalidade, como apontou Ronald Coase, vencedor do Prêmio Nobel. Vamos imaginar um fazendeiro de gado que prejudica o vizinho, plantador de milho, porque não mantém sua cerca, de modo que o gado passa para o milharal e estraga a colheita. Vamos supor que consertar a cerca cria valor (já que o custo do conserto é menor do que o prejuízo causado pelo gado). Se o plantador de milho pudesse recorrer aos tribunais, o criador de gado consertaria a cerca, com a ameaça de ser processado. Alternativamente, dependendo de como a lei atribui responsabilidades, o plantador de milho pagaria o conserto da cerca. De uma maneira ou outra, seria alcançado um resultado melhor para ambos. Como corrigir uma externalidade resulta na criação de um valor extra, os próprios participantes do mercado têm um incentivo para fazê-lo, e algumas vezes, se os direitos à propriedade forem bem definidos, eles podem fazê-lo.

Do mesmo modo, a ameaça de ser processado faz com que os custos de dirigir sem cuidado recaiam sobre você. Se provocar um acidente, os prejudicados podem pedir uma compensação, e o mais provável é que os tribunais exijam que você pague. A lei civil cria um incentivo à direção cuidadosa.

A decisão livre à sombra da lei não resolve todas as externalidades. A poluição do ar é um exemplo. Muitos motoristas contribuem para ela, de modo que os prejudicados não podem identificar quem devem processar. Como ninguém pode ser processado, os tribunais não dão nenhum incentivo para limitar o mal que se pode provocar. Impostos ou regulação são as únicas soluções funcionais quando a origem do prejuízo não pode ser identificada.

As externalidades são onipresentes, de modo que não se pode levar em conta cada uma delas, mas quando são passíveis de mensuração elas devem ser enfrentadas — se quisermos que o mercado funcione como é preciso. A melhor solução para a externalidade depende das circunstâncias. A história da pesca oceânica, de que vou tratar agora, é um estudo de caso em externalidades. Quase todas as soluções possíveis foram tentadas — geralmente sem qualquer sucesso.

Em *Boêmios errantes*, John Steinbeck retrata a vida de trabalhadores na indústria de sardinha em conserva de Monterey, Califórnia, nas décadas de 1930 e 1940. No menos conhecido *Doce quinta-feira*, ele volta para Monterey, no começo da década de 1950. Então as fábricas já haviam fechado. A indústria entrara em colapso, após a extinção do peixe. Havia ocorrido um declínio natural na população de sardinhas, como resultado da queda na temperatura do mar. Mas em parte a decadência da indústria pesqueira, para tristeza de Steinbeck, foi causada pelo homem. "As indústrias pesqueiras lutaram na guerra ultrapassando o limite de pesca e capturaram todos os peixes. Isto foi feito por razões patrióticas, mas não trouxe os peixes de volta. Como no caso das ostras em Alice, 'foram comidas uma a uma...' Cannery Row ficou triste quando todas as sardinhas foram capturadas, enlatadas e comidas."[6]

Hoje em dia os pesqueiros estão em crise. A administração dos ecossistemas marinhos "não conseguiu alcançar seu objetivo principal, a sustentabilidade", segundo escreveram na revista *Science* os biólogos marinhos Louis W. Botsford, Juan Carlos Castilla e Charles H. Peterson. "Quase a metade dos estoques de peixes está plenamente explorada, e outros 22% são superexplorados." Como resultado, "a captura global de peixes marinhos está se aproximando de seu limite máximo". Um estudo que apareceu posteriormente na mesma *Science*, escrito por 19 dos mais importantes biólogos marinhos do mundo, concluiu que a pesca excessiva vem ocorrendo há muitos séculos, deixando inúmeras populações de peixes desastrosamente vulneráveis, e conclui: "Até mesmo as estatísticas aparentemente pessimistas sobre a percentagem global de estoques de peixes que estão sendo explorados em excesso quase certamente estão baixas demais."[7] Só nos Estados Unidos espécies como o vermelho cioba, o bacalhau da Nova Inglaterra, o caranguejo azul da baía de Chesapeake, o peixe-espada, o bicudo, o camarão, o atum e o tubarão estão sofrendo com a pesca excessiva. O que provoca o excesso crônico de pesca?

Os governos são parte do problema. Países como Espanha e Taiwan subsidiam suas frotas pesqueiras, em nome da preservação de empregos, o que resulta numa capacidade excedente que pressiona por um excesso de pesca. Como resultado do financiamento dos governos americano e canadense a barcos cada vez maiores, esgotou-se o pesqueiro de Georges Bank, ao largo da Nova Inglaterra, outrora muito produtivo. Distribuir subsídios é uma maneira de evitar que a indústria se ajuste a novas realidades, o que acelera o esgotamento dos estoques de peixe. Christopher Newton, estatístico da FAO, organização das Nações Unidas que trata de alimentos e agricultura, disse: "A história da pesca é adiar os problemas até que os peixes se extingam." Os subsídios são tão fortes que, segundo a FAO, são gastos US$90 bilhões por ano em todo o mundo para capturar US$70 bilhões em peixes[8].

No entanto, a principal razão para o excesso de pesca não são os subsídios, mas uma externalidade. A pesca excessiva acontece principalmente porque os pescadores respondem aos incentivos que recebem.

Os peixes nadam livremente, de modo que a pesca é diferente da agricultura. O oceano e seus conteúdos não podem ser divididos, como acontece com a terra. Os direitos de propriedade são difíceis de monitorar e de impor. Ninguém é dono do peixe antes de ele ser capturado. Com direitos de propriedade mal especificados, o mercado funciona mal. A biologia estabelece uma taxa máxima de extração. Se for capturado um número excessivo, não sobra no oceano uma quantidade suficiente para se reproduzirem a uma taxa que mantenha sua população a um nível sustentável. No entanto, os incentivos do mercado livre levaram ao excesso de captura.

"Nesse momento, meu único incentivo é sair e matar o máximo de peixes que puder", disse John Sorlien, um lagosteiro de Rhode Island. "Não tenho nenhum incentivo para conservar a área de pesca, porque qualquer peixe que eu deixe vai ser capturado por quem vier depois." Trata-se de uma lógica impecável. O peixe vai ser capturado e não vai reproduzir, mesmo que o pescador tenha um comportamento responsável e deixe de capturá-lo. Sozinho ele não pode garantir que os estoques de peixe sejam mantidos. Sua escolha é capturar um grande número hoje e poucos amanhã, ou um número menor hoje mas nenhum extra amanhã. O comportamento responsável é punido. Há uma corrida para a pesca. A lógica da situação obriga cada pescador a capturar o máximo de peixes que puder. Existe uma externalidade no fato de que os outros arcam com os custos do excesso de pesca de cada um.

A indústria pesqueira captura anualmente entre 80 e 84 milhões de toneladas de peixe nos oceanos do mundo. Segundo a WWF [Fundo para a Vida Selvagem Mundial], pescar a uma taxa que permita os peixes se regenerarem significaria capturar apenas 60 milhões de toneladas por ano. Jim Leape, da WWF, disse: "Os oceanos já não conseguem absorver os abusos que cometemos com eles."[9] Como evitar a pesca excedente? As várias soluções tentadas cobrem toda a gama de remédios para as externalidades.

Se o oceano fosse controlado por um único proprietário que contasse possuí-lo no futuro, o problema estaria resolvido. O interesse do proprietário estaria na conservação. Um pescador proprietário se beneficiaria amanhã por deixar hoje os peixes no oceano.

Os idílicos atóis cobertos de coqueiros das Ilhas Marshall pontilham o Oceano Pacífico a cinco horas de vôo a oeste do Havaí. A população e a área de terra são minúsculas: 60 mil pessoas vivem em uma área total de 112 quilômetros quadrados. Mas como existem mais de 1.200 ilhas muito espalhadas, e como todo o oceano a 320 quilômetros da terra está em sua zona territorial, o governo das Ilhas Marshall controla uma vasta extensão de oceano aberto. Ele é seu principal recurso. Por mais remotas e despretensiosas que sejam, as Ilhas Marshall talvez sejam únicas no mundo na administração de suas áreas de pesca. O governo implementou a solução do proprietário único para o problema da pesca excedente. Ele fez um acordo exclusivo com uma empresa privada americana, a Ocean Farming Inc., única a ter direito de pescar nos quase 1,5 milhão de quilômetros quadrados de oceano. Em troca, a Ocean Farming paga ao governo um royalty de 7% do valor do peixe capturado.[10]

Mas, geralmente, transferir o controle dos oceanos para uma única empresa pesqueira não é prático nem politicamente desejável. As Ilhas Marshall não têm nenhuma indústria pesqueira nacional, de modo que houve pouca oposição a um contrato de todo o oceano. (Os pescadores locais têm permissão de pescar em pequena escala para suas próprias necessidades.) A maioria das áreas de pesca em todo o mundo são exploradas por muitos barcos de pesca independentes, cujos proprietários e tripulações seriam capazes de mobilizar uma oposição política contra a monopolização. Por esta e por outras razões, a solução do proprietário único geralmente não é uma boa opção. Já se tentaram muitas outras soluções para o problema do excesso de pesca, tanto formais como informais, com graus variados de sucesso.

Algumas vezes comunidades de pescadores concebem soluções informais: mecanismos coletivos para impedir a pesca excessiva. Na região da Bahia, no nordeste do Brasil, os pescadores trabalham com um intricado código de conduta que governa tanto o volume total de peixe que pode ser capturado como a quantidade que cada um pode pescar. Os membros da comunidade punem os que violam o código, recusando-se a falar com eles em situações sociais ou sabotando seus barcos e redes. Em Tonga, os pescadores obedecem a normas sociais que exigem que partilhem o peixe. Qualquer um que capture mais peixe do que a família pode comer deve dá-lo, de acordo com regras que favorecem os mais velhos e os mais necessitados. As comunidades pesqueiras do Japão também administram seus recursos de maneira sustentável. Como elas têm limites geográficos específicos e as mesmas famílias se empregam na pesca de geração em geração, todos entendem o código de conduta, eficientemente apoiado por sanções sociais. No estado americano do Maine, algumas comunidades regulam a pesca de lagosta em águas locais, determinando quem pode pescar, quando e onde. Elas garantem suas medidas conservacionistas à força. Infringir as regras da comunidade significa correr o risco de ter as armadilhas destruídas ou o barco afundado.[11]

As soluções informais só funcionam em comunidades muito coesas, como as pequenas comunidades de pescadores. Com grupos grandes e anônimos de pescadores, onde qualquer um pode entrar, as sanções sociais têm pouco impacto e geralmente é preciso alguma intervenção governamental para impedir a pesca excessiva.

Ao regular as áreas de pesca, os governos impuseram controles sobre o número ou o tamanho dos barcos. Especificaram que só poderia haver pesca em uma estação do ano. Trata-se de formas grosseiras de controle, e cada uma delas provoca distorções previsíveis. Os controles regulatórios sobre insumos induzem os pescadores a buscar compensações usando em excesso quaisquer insumos que não sejam regulados.[12] Restrições ao número de barcos resultaram em barcos maiores com mais equipamentos e tripulações. Restrições ao comprimento dos barcos induziram as companhias a construir barcos mais largos e mais pesados. Restrições ao tamanho da tripulação resultaram em investimentos em aparatos de pesca de alta tecnologia, e os aparelhos eletrônicos de localização de peixes aumentam dramaticamente a capacidade de captura de cada barco. Restrições ao equipamento, por outro lado, significam tripulações maiores. Uma estação de pesca curta induz as firmas a investir em barcos com alta capacidade, capazes de capturar o máximo possível no tempo permitido; os investimentos ficam ociosos pelo resto do ano. Uma estação curta também significa que em grande parte do ano o consumidor só obtém peixe congelado, com menos valor do que se fosse fresco.

Reconhecendo essas distorções da regulação, alguns governos passaram a adotar um novo método de conservação, baseado no mercado. Ao invés de controlar os insumos, os reguladores designam uma cota para cada barco de pesca, definindo quanto ele pode pescar. As cotas enfrentam diretamente a questão básica — o excesso de pesca é conseqüência do fato de que ninguém é dono do peixe — estabelecendo direitos de propriedade. Ao eliminar a externalidade que a decisão de cada pescador impõe aos outros, as cotas eliminam a corrida ao peixe.

As cotas significam que os peixes são capazes de se reproduzir, tornando a pesca futura mais fácil. Para Rick Garvey, um biólogo que trabalha para o governo australiano monitorando o cumprimento das cotas, "a pescaria talvez seja a única atividade econômica em que você pode ganhar mais dinheiro trabalhando menos"[13].

Os países que foram mais longe no estabelecimento de direitos de propriedade sobre as áreas de pesca — como Nova Zelândia, Canadá e Islândia — permitem a compra e venda das cotas, como qualquer propriedade privada. Quem quiser entrar ou expandir precisa comprar cotas. Isto significa que as cotas acabam nas mãos dos produtores mais eficientes. Diferentemente do caso da regulação, os pescadores têm razões para investir em técnicas e equipamentos que aumentem a produtividade.

Quem tiver uma cota tem muito a ganhar na preservação das áreas de pesca, para manter o valor de suas cotas. Na Nova Zelândia os pescadores formaram associações para financiar pesquisas destinadas a conservar os estoques de vieiras e de ciobas.

Na década de 1980 a pesca do halibute ao largo da Colúmbia Britânica, Canadá, estava em plena crise[14]. As pescas desabaram. Os regulamentos reduziram cada vez mais a estação de pesca, numa vã tentativa de impedir o excesso de captura, de tal maneira que em 1990 só se podia pescar seis dias no ano. A estação extremamente curta significava que a pesca era intensa. Explodiam lutas entre os pescadores pelas melhores regiões. A segurança ficou comprometida, pois mesmo com tempo ruim os barcos saíam para pescar. Depois do sistema de cotas, introduzido em 1991, a eficiência econômica da indústria do halibute melhorou significativamente. Não foi mais necessário reduzir a estação, de modo que o peixe era capturado quando necessário, e era negociado fresco. O número de barcos ativos caiu. A pescaria passou a ser uma atividade mais lucrativa e menos agressiva. A conservação foi alcançada.

A pescaria ilustra a força dos direitos de propriedade. A pesca excessiva acontece porque ninguém é dono dos peixes antes que sejam capturados. A criação de direitos de propriedade através de cotas remove o incentivo a pescar demais. Mas é uma solução imperfeita, porque o monitoramento dos direitos de propriedade é caro e frágil.

Direitos funcionais de propriedade sobre peixes não são criados com uma penada. As cotas não eliminam a necessidade de supervisão regulatória. O regulador deve conceber regras para quem recebe as cotas iniciais. A divisão dos direitos de captura é inevitavelmente uma fonte de disputa entre os pescadores. É necessária uma monitoração governamental extensa e permanente para verificar se as capturas não excedem as cotas. É uma ação intrusiva e custosa, pois as atividades marítimas são mais difíceis de monitorar do que a maioria das atividades terrestres. Inspetores oficiais inspecionam as capturas no desembarque, e há multas rígidas caso excedam as cotas. Na pescaria do halibute da Colúmbia Britânica, cada peixe, ao desembarcar, recebe uma etiqueta com o código do barco, de modo que pode ser acompanhado até seu uso final. Certos reguladores exigem que os barcos levem observadores ou câmeras de vídeo. Alguns países, como a Austrália, usam aviões militares para patrulhar suas águas, procurando barcos que não deveriam estar ali. Mesmo a mais abrangente solução para o problema do excesso de pesca, os direitos de monopólio como no caso das Ilhas Marshall, não elimina a necessidade de verificação, pois ele precisa monitorar as capturas da companhia pesqueira, para ter certeza de que está recebendo os royalties corretos. Só existem direitos de propriedade na pesca oceânica se o governo gastar recursos significativos na burocracia, na investigação, na imposição.

Além do mais, nenhum sistema de monitoramento é infalível. A Nova Zelândia se esforça mais do que a maioria dos países para evitar que a pesca exceda as cotas. Ela insiste em uma documentação completa, com registros de cada ponto do trajeto dos peixes, desde o porto de desembarque até o consumo final ou exportação. Os pescadores podem ser obrigados a vender apenas a um comprador licenciado. Relatórios de captura, recibos dos compradores licenciados, registros de armazenamento e a papelada de exportação são reunidos e comparados em busca de discrepâncias. A pesca excessiva e a falsificação de relatórios são crimes. Os fiscais de pesca policiam o comércio ilícito de peixe com um zelo que lembra a cruzada de Elliott Ness contra as vendas de álcool nos Estados Unidos do tempo da proibição. Num incidente típico, uma pessoa foi presa porque tentou vender um saco de lagostins em um bar. Mesmo assim, a fraude continua. Estima-se que cerca de 450 toneladas de lagostins são vendidas a cada ano no mercado negro.[15] Isto significa 1/7 da captura legal. É quase impossível impor com perfeição direitos de propriedade sobre os peixes.

As cotas ficam ainda mais difíceis de implementar quando há mais de um país envolvido. Os peixes nadam entre as jurisdições. Os peixes-espada, por exemplo, realizam grandes migrações, indo e vindo entre áreas equatoriais e águas mais frias, de modo que para conservar seus estoques é preciso cooperação internacional. Mais de 30 países pescam peixe-espada, e uma conservação genuína exige que todos concordem a respeito de limites e de como as restrições serão divididas. Quando grandes somas de dinheiro estão envolvidas é difícil chegar a acordos internacionais, e muitas vezes as negociações fracassam.

Periodicamente os confrontos internacionais a respeito de pesca chegam às manchetes. Certa vez um navio de guerra russo disparou contra um barco japonês no mar de Bering. Funcionários sul-africanos detiveram um barco espanhol por usar redes com 20km de comprimento, que são ilegais. Barcos pesqueiros da Islândia e da Noruega já trocaram tiros no mar do Norte. A pesca no Pacífico Sul por barcos do Japão e de Taiwan leva a disputas constantes com várias ilhas, e algumas vezes barcos são capturados. A diminuição nos estoques de peixes provocou uma guerra do atum na baía de Biscaia, entre Espanha e Reino Unido, uma guerra do linguado no Atlântico Norte entre Canadá e Espanha, e uma guerra do bacalhau no mar do Norte entre o Reino Unido e a Islândia.

Já foram negociados alguns acordos internacionais. Estados Unidos e Canadá chegaram a um entendimento a respeito do salmão do Pacífico. Japão, Austrália e Nova Zelândia têm um pacto que define as cotas de atum para cada país. Em ambos os casos só se chegou a um acordo depois de uma grande animosidade ter solapado as relações entre os países oponentes.

As queixas a respeito de cotas internacionais são ainda mais incertas do que de cotas nacionais, porque a imposição é mais problemática. Em 1999, cinco anos após o acordo sobre o atum, Austrália e Nova Zelândia queixaram-se a um tribunal marítimo internacional de que o Japão estava pescando em excesso, violando o acordo. "O Japão está pondo em risco um estoque muito importante e altamente migratório que já se encontra em estado muito precário," disse Tim Caughley, advogado do governo da Nova Zelândia. Os funcionários japoneses defendem sua pesca como sendo "experimental". As 1.600 toneladas de atum acima da cota que os barcos japoneses capturaram em um ano eram "essenciais" para seus esforços de avaliar a população de atum. (O atum capturado "experimentalmente" acabou sendo leiloado nos mercados de peixe japoneses para ser usado como *sashimi*, alcançando US$100 por quilo.) O tribunal decidiu contra o Japão. "É lamentável que os pontos de vista do Japão não sejam plenamente compreendidos", disse Masahiko Komura, ministro das Relações Exteriores, depois do julgamento. A pesca "experimental" além das cotas continuou.[16]

Em resumo, a pesca é impermeável a uma administração perfeita. Numa comunidade de pescadores fixa e estável, códigos de comportamento apoiados em sanções sociais podem limitar a pesca a uma taxa sustentável. Mas na maior parte das áreas de pesca podem entrar novos pescadores, de modo que não existe tal comunidade estável, e a falta de supervisão governamental provoca um desastroso excesso de pesca. Por outro lado, a regulamentação governamental causa distorções e geralmente não é possível em qualquer caso evitar a pesca excedente. A solução mais factível são as cotas. Ao criar direitos de propriedade, as cotas enfrentam diretamente a externalidade das decisões dos pescadores sobre quanto peixe capturar. Embora essa seja a solução mais orientada para o mercado, ela só pode ser implementada com extenso monitoramento do governo.

Vamos passar agora a um mercado que enfrenta uma externalidade difícil de solucionar: o mercado de trabalho das estrelas esportivas.

Um ruidoso protesto aconteceu em Kansas City, em maio de 1999, por causa de uma curiosa espécie de injustiça. "Divida a riqueza", exigiam os cartazes dos manifestantes. Sua ira não havia sido despertada pela fome, pela globalização, por infrações aos direitos civis nem por agressões ao ambiente — tratava-se de uma desigualdade no beisebol. O protesto aconteceu em um jogo entre o Kansas City Royals e o New York Yankees e cerca de cinco mil fãs no estádio participaram dele. Alguns usavam bonés dos ianques com notas de US$1, simbolizando que o dinheiro mandava no beisebol.

Por mais estranho que fosse o incidente, os manifestantes tinham alguma razão. O mercado de jogadores de beisebol é arrevesado. Os Yankees fazem alarde de seus jogadores. A prodigalidade nos gastos se traduz em sucesso no campo. Os Florida Marlins são uma boa ilustração do fato de que o sucesso pode ser comprado. Gastando à larga, o recém-fundado clube venceu a World Series em 1997. No ano seguinte vendeu os melhores jogadores e cortou a folha de pagamento para menos de 1/5 do que era antes, e se transformou no pior time do ano. Entre 1996 e 2000, o único outro time a ganhar a World Series foi o Yankees, o clube de maior folha salarial. Dos 189 jogos pós-temporada ocorridos entre 1995 e 2000, apenas três foram ganhos por times situados na metade inferior da distribuição salarial. Em 1989 a diferença entre a menor e a maior folha de pagamento era de US$30 milhões; em 1999 havia passado para US$160 milhões. O comentarista Bob Costas afirma que as disparidades de pagamento são a causa dos males do beisebol, ameaçando criar um "monopólio de sucesso sustentado"[17].

"Não há como sermos competitivos", queixava-se um dos manifestantes de Kansas City, um fã dos Royals. "Eles são muito mais um número de circo do que um time de beisebol. Você vai ao estádio pela atmosfera de carnaval. Não vai lá para assistir um jogo competitivo." Ou então não vai de todo. A falta de equilíbrio competitivo na liga prejudica todos os times, não apenas os mais pobres, já que alguns fãs não vão pagar para assistir jogos previsivelmente desequilibrados, e a audiência de televisão vai cair. Os fãs querem que seu time seja um pouco melhor do que o adversário, mas não demasiadamente melhor. Um time que vence com absoluta inevitabilidade é quase tão chato quanto um time que sempre perde.

Os dados sobre o comparecimento a jogos de beisebol confirmam que o equilíbrio competitivo tem importância. Uma concorrência acirrada não é a única coisa que importa. Os fãs gostam de ver a habilidade de jogadores excepcionais, como Derek Jeter: os dados mostram que tanto a qualidade do time da casa como a do visitante afetam significativamente o comparecimento. Mas, quando não se considera a qualidade de cada time, o comparecimento é mais alto quando se espera uma competição dura (medida pelas apostas feitas ou pela diferença entre as percentagens de vitórias recentes dos dois times). Estudos estatísticos sobre outros esportes, como futebol americano, futebol australiano, críquete internacional e futebol inglês também mostram que os fãs comparecem mais nos jogos mais difíceis.[18]

A história dos esportes profissionais nos Estados Unidos mostra o valor de uma competição equilibrada. A estrutura da liga evoluiu lentamente. Os primeiros times profissionais no beisebol e no basquete eram como os Harlem Globetrotters: faziam jogos de exibição uns com os outros e contra times amadores. Inicialmente, portanto, os times eram autônomos. No entanto, depois de cerca de 20 anos, renunciaram à sua independência e articularam-se em ligas (beisebol em 1871, basquete em 1937). A formação das ligas foi uma resposta às demandas dos consumidores. Os times, ganhando com facilidade de adversários muito mais fracos, ofereciam uma exibição espetacular da perícia de seus jogadores. Mas logo ficou claro que os fãs preferiam campeonatos organizados. Exibições de técnica não eram o bastante: eles desejavam jogos intensos e a tensão de ganhar e perder jogos sérios. Os esportes profissionais só passaram a atrair um grande número de espectadores pagantes depois que as ligas foram formadas e foram impostas regras que garantiam uma competição razoavelmente equilibrada.[19]

Dessa forma, competições esportivas saudáveis requerem uma distribuição razoavelmente equilibrada de jogadores talentosos, para que haja um equilíbrio competitivo entre os times. Todos os times da liga têm vantagens em manter a competição mais ou menos equiparada. Apesar disso, os times de regiões mais populosas tendem a comprar os melhores jogadores.

Os desequilíbrios no beisebol são gerados por uma externalidade. Um time forte que adquire mais estrelas aumenta o seu pedaço do bolo, aumentando suas probabilidades de vitória, mas diminui o tamanho total do bolo, ao reduzir a competição em campo. Uma troca desigual de jogadores não afeta apenas os dois times diretamente envolvidos; por seus efeitos no equilíbrio competitivo, também afeta a liga inteira. No entanto, como sobre cada time recai apenas uma fração do mal que a negociação causa à liga, os times, individualmente, não são adequadamente incentivados a promover o equilíbrio competitivo. Por exemplo, quando em 2000 o New York Yankees comprou o batedor Jose Canseco por um salário de US$3 milhões mais prêmios, o *New York Times* comentou: "Na verdade eles não precisam dele, nem o desejam; só queriam ter certeza de que ele não iria jogar em outro time."[20] Como os benefícios de uma competição esportiva equilibrada são partilhados por todos, um time pode comprar uma estrela a despeito de seus efeitos sobre a liga.

Agora imagine um time fraco, sem jogadores talentosos para chegar às finais, e que provavelmente não vai conseguir, num futuro próximo, comprar jogadores muito melhores. O clube será tentado a vender qualquer bom jogador que tenha, pois seus fãs mais convictos vão continuar indo aos jogos mesmo que ele caia, digamos, do 12º lugar para o 18º. Por mais lucrativo que seja para o time, isso prejudica o interesse coletivo, ao desequilibrar ainda mais a competição.

Torcedores e times valorizam o equilíbrio competitivo global. Mas os times ricos são tentados a comprar todos os melhores jogadores e os times fracos são tentados a vendê-los. Dessa forma, é improvável que se chegue a um equilíbrio competitivo sem algum limite aos movimentos dos jogadores. Um mercado de serviços de jogadores que seja completamente livre não funcionaria bem. Para levar em conta a externalidade do equilíbrio competitivo, é necessário um certo grau de coordenação — algumas regras que governem o mercado de trabalho dos jogadores.

Aí está o problema. É a liga que estabelece as regras sobre o movimento dos jogadores entre os times, e os interesses da liga são contraditórios. Atingir o equilíbrio competitivo é um de seus objetivos, mas não é o único. A liga consiste de donos de time, que têm vantagens em reduzir os salários dos jogadores. Qualquer coisa que restrinja a competição por jogadores é de interesse mútuo dos donos dos clubes. "Em nenhum outro mercado de trabalho", observaram os economistas Sherwin Rosen e Allen Sanderson, "os empregadores são coletivamente autorizados a impor restrições aos pagamentos dos trabalhadores."[21]

As ligas esportivas vêm introduzindo, ao longo dos anos, inúmeras políticas em nome do equilíbrio competitivo. Muitas delas apelam para tal equilíbrio apenas como subterfúgio para rebaixar os salários. As políticas adotadas pelas principais ligas esportivas dos Estados Unidos — cláusula de reserva, convocação de novatos, tetos salariais, participação nas receitas — muitas vezes não alcançaram o equilíbrio competitivo. Mas vêm conseguindo manter baixas as rendas dos jogadores.

Uma forma de servidão chamada cláusula de reserva, introduzida no beisebol em 1880, atrela o jogador a um clube por toda a carreira. O clube pode vender o jogador a outro clube, que então passa a ter os direitos remanescentes sobre a carreira. A cláusula de reserva não induz a competição equilibrada, porque os times ricos continuam comprando qualquer jogador que desejem (os dados não mostram qualquer aumento no desequilíbrio entre os times de beisebol depois que ela foi abolida). Seu único efeito foi limitar os salários dos jogadores, o que acabou levando, em 1976, à decisão judicial que a aboliu.

A convocação dos novatos no futebol americano opera na ordem inversa das posições no campeonato: o pior time da competição tem a primeira escolha dos novatos. Ao restringir o mercado dos novatos, isso limita seus salários. Como a cláusula de reserva, parece ter tido pouco efeito sobre o equilíbrio competitivo. Os clubes ricos compram os melhores jogadores, não importa por onde tenham sido convocados inicialmente.

O teto salarial — um limite especificado para os gastos dos times com salários — é outra política destinada a promover a competição equilibrada. É usada pela National Basketball Association (NBA) e pela National Football League (NFL). Define-se que uma parcela da receita bruta da liga deve ir para os jogadores (48% no basquete e 63% no futebol). Essa soma é dividida pelo número de times na liga, e define o máximo da folha de pagamento por time. Embora geralmente se considere que o teto salarial alcançou um certo êxito, não é difícil fraudá-lo e, no caso do basquetebol, não igualou os gastos com salários. Na temporada 1997-1998, o Chicago Bulls e o New York Knicks tinham folhas de pagamento 2,5 vezes maiores do que as do Los Angeles Clippers e do Milwaukee Bucks.[22] Tal variação aconteceu devido às exceções: por exemplo, um time pode cobrir as ofertas feitas a seus jogadores. Mas a diferença verdadeira provavelmente é muito maior do que a indicada pelos salários divulgados, devido a uma contabilidade criativa, pagamentos postergados e pagamentos não declarados. "Nós gastamos centenas de milhares de dólares dos proprietários", disse David Stern, diretor da NBA, "para garantir que o acordo seja obedecido pelos próprios proprietários."[23]

O teto salarial faz com que times com mercado menor possam ganhar o campeonato de basquete, e é isto o que acontece. Mas também transfere ganhos dos jogadores para os proprietários. Limitar os salários dos jogadores é um instrumento grosseiro para chegar ao equilíbrio competitivo.

A divisão das receitas entre os times é uma das mais eficientes políticas de equilíbrio competitivo. A redistribuição diz respeito à renda tanto da venda de ingressos como a da televisão. As receitas das televisões nacionais são divididas igualmente entre os times dos principais esportes americanos, mas as receitas dos canais locais não. No basquete e no hóquei sobre o gelo a bilheteria não é dividida com o time visitante, muito embora, como já se observou, toda a liga de basquete divida a renda com os jogadores. Na American League, do beisebol, o time visitante ganha 20% da bilheteria, e o time de casa, 80%; na National League, os números correspondentes são 5% e 95%. No beisebol, os times mais ricos pagam uma taxa (que chegou a US$17 milhões por time em 2000), e os mais pobres recebem pagamentos (de até US$23 milhões por time em 2000). O futebol americano faz a maior divisão de receitas dentre os principais esportes americanos. As receitas de bilheteria são divididas 60/40 entre o time de casa e o visitante. Não há televisão local nos jogos, e as receitas das redes nacionais são divididas igualmente entre os times. Junto com o teto salarial, a divisão de receita possibilitou, por exemplo, que o Green Bay Packers, que de todos os times de futebol é o que joga na menor das cidades americanas, se tornasse competitivo; a partilha da renda é responsável por quase 2/3 de sua receita. O lado negativo é que os times que atraem grande número de espectadores têm que subsidiar times que ninguém quer ver.

Assim, nos esportes americanos, a cláusula de reserva e a convocação de novatos redistribuíram o dinheiro entre jogadores e clubes mas pouco fizeram para equilibrar a competição. Os tetos salariais são fraudados com freqüência, e conseguiu-se apenas uma limitada redistribuição de renda. Embora esses métodos sejam potencialmente eficazes, nenhum deles trata realmente do problema de equilíbrio competitivo. Os tetos salariais colocam o ônus nos jogadores, não nos clubes, e a partilha de renda penaliza o sucesso. Na melhor das hipóteses, o problema do equilíbrio competitivo foi resolvido apenas em parte.

Fora dos Estados Unidos são usadas duas políticas para equilibrar a competição. Uma é dividir os times em divisões, cada uma delas com sua competição separada. No interior de cada divisão a competição é mais equilibrada do que se todos os times competissem entre si. Ao final de cada temporada os piores times são relegados a uma divisão mais baixa, e os melhores times da divisão inferior são promovidos, dando assim um incentivo a mais para o desempenho. A estrutura em divisões tem a vantagem de punir o fracasso, não o sucesso.

A outra política é a de taxas de transferência. O clube que compra um jogador paga uma taxa a seu clube atual. Ela é negociada, e se a taxa oferecida for baixa demais o clube atual pode impedir o negócio. Às vezes as taxas de transferência são muito altas: no futebol europeu do final da década de 1990, taxas de US$20 milhões ou mais não eram raras. Para comprar o jogador Luis Figo em 2000, o Real Madrid pagou ao Barcelona uma taxa de US$56 milhões. As taxas de transferência não parecem ter mais sucesso do que as outras políticas, no que se refere ao equilíbrio competitivo. No futebol inglês, por exemplo, o mesmo punhado de clubes domina a Premier League ano após ano. Segundo Viviane Reding, uma comissária da União Européia, as taxas de transferência não conseguiram impedir "a ampliação do hiato entre os clubes economicamente mais poderosos e os menos poderosos"[24].

Dessa forma, as ligas esportivas precisam enfrentar a externalidade das decisões de cada time. Mas quem desenha os mercados são os proprietários, que não são neutros. Uma solução possível seria permitir que os jogadores participassem do processo de estabelecimento de regras, embora isto seja improvável de acontecer, a não ser que o sindicato dos jogadores seja poderoso. Ainda está para ser implementado um bom desenho para o mercado de trabalho dos esportes. No desenho do mercado, é importante saber quais são os interesses de quem desenha.

Algumas vezes um mercado tenta espontaneamente cuidar de uma externalidade. Os apicultores trazem um benefício para os plantadores de frutas, pois as abelhas polinizam as árvores. Se isto não fosse pago, poucos apiários seriam colocados perto dos pomares. No estado de Washington, os plantadores pagam os apicultores para colocar suas colméias entre as árvores. Os apicultores mudam-se com as estações: no começo da primavera eles colocam suas colméias nos pomares de cerejas do sul do estado, depois, no fim da primavera, carregam-nas para os pomares de maçãs. Os plantadores pagam taxas pela polinização.[25] A chamada externalidade é definida em contrato.

Mas algumas externalidades não são resolvidas tão facilmente, como por exemplo a poluição. Um caso absurdo aconteceu na baía Minamata, no Japão. Entre 1932 e 1968 a Chisso Corporation, uma indústria química, jogou na baía toneladas de lixo industrial contendo mercúrio. A população local sofreu envenenamento por mercúrio comendo os peixes do lugar. Seguiram-se danos cerebrais e paralisias. "Eu vi pacientes gritando e arranhando as paredes em agonia", disse Eiko Sugimoto, um sobrevivente do desastre.[26] Centenas morreram e milhares ficaram doentes. Nasciam crianças com defeitos físicos. Mesmo depois que ficou provado que o mercúrio era a causa da doença, a companhia continuou jogando o lixo por mais dez anos. Só parou quando o método de produção que ela usava foi ultrapassado por outro mais barato. Alguns dos efeitos colaterais da atividade de mercado não podem ser deixados ao mercado.

Certas externalidades podem ser corrigidas com a definição e a imposição de direitos de propriedade. Em outros casos, a atividade danosa pode ser tributada. Em casos extremos a única solução é proibi-la. Num mercado bem desenhado, as regras são estabelecidas de modo a que as transações tragam poucos efeitos colaterais não compensados. No entanto, como mostram as áreas de pescas oceânicas e as ligas esportivas, um desenho desses pode ser difícil de ser feito.

Já tratamos de todos os aspectos básicos do desenho de mercado. Uma plataforma funcional para os mercados tem cinco elementos: as informações fluem com facilidade; pode-se confiar nos compromissos das pessoas; a concorrência é estimulada; os direitos de propriedade são protegidos, mas não em excesso; e os efeitos colaterais sobre terceiros são controlados. No restante do livro eu vou examinar como esses cinco elementos do desenho de mercado podem ser implementados — ou como não conseguem sê-lo.

11

Uma conspiração contra o público

Mobutu Sese Seko, presidente do Zaire (que depois de sua morte voltou a se chamar República Democrática do Congo), roubou bilhões de dólares do comércio de minerais do país. Construiu para uso próprio uma dúzia de mansões em todo o país. Uma delas tinha piso de mármore italiano e torneiras de ouro maciço, uma discoteca, um abrigo nuclear, uma adega para 15 mil garrafas, fontes musicais no jardim e um jardim zoológico particular cheio de animais raros. Enquanto Mobutu entornava champanha *rosé*, funções elementares do Estado eram negligenciadas. Em uma nação rica em depósitos de cobre, cobalto, urânio, ouro e diamantes, a população mal conseguia sobreviver e a economia desabava.[1]

Existe uma tensão intrínseca entre Estado e mercado. Às vezes ela sai do controle. O governo tem um papel essencial na definição das regras do mercado. Mas as intervenções têm um lado negativo, pois não necessariamente os governos agem como deveriam. Algumas vezes eles atrapalham os mercados. Mobutu é um exemplo extremo, mas infelizmente não são raros os políticos e burocratas que expropriam os cidadãos. Algumas vezes os funcionários governamentais criam obstruções nos mercados para extorquir propinas. E às vezes ajudam agentes favorecidos dos mercados a conspirar contra o público.

Na Rússia os negócios operam sob o assédio do Estado. Embora muitos burocratas sejam honestos, outros, rotineiramente, dedicam-se a extorquir as empresas. "A situação é toda muito corrupta; em qualquer lugar que você vá as pessoas se esquecem dos interesses da indústria", disse um empresário moscovita. "Eles só ligam para os próprios negócios. Todo mundo quer conseguir algum dinheiro." É preciso pagar propina para registrar uma empresa, alugar um prédio de propriedade do Estado, obter um empréstimo de um banco estatal, passar produtos importados pela Alfândega, obter uma licença de exportação, declarar a renda para as autoridades fiscais, passar por uma inspeção de risco de incêndio ou de segurança, instalar uma linha telefônica. A corrupção é um dos crimes mais predominantes na Rússia; a cada ano os promotores descobrem cerca de três mil casos de corrupção de funcionários públicos — e isto é apenas a ponta do iceberg. Segundo uma estimativa, a quantia paga em propinas é maior do que os gastos governamentais em educação, ciência e assistência à saúde. A corrupção significa um acréscimo de 5 a 15% aos preços dos bens e serviços.[2] "Se você estiver no governo e não aceitar suborno, as pessoas não acham que você é honesto," disse o analista político Sergei Markov, "elas acham que você é idiota."

As empresas têm de pagar não apenas a funcionários corruptos, mas também a quadrilhas de criminosos. Pagamentos por "proteção" são triviais. Algumas vezes não se distinguem os funcionários dos criminosos. Um promotor de Moscou queixava-se: "A principal maneira de a máfia penetrar na economia é através dos burocratas. Eles são nosso principal inimigo. Os mafiosos são apenas o segundo maior."[3]

Uma das mais elementares proposições na economia é que as pessoas não investirão se não puderem manter os frutos de seu investimento. Na década de 1990 o desempenho econômico da Rússia ficou atrás de muitas das economias do Leste Europeu. Uma das principais razões para isto foi a falta de segurança dos direitos de propriedade. Numa pesquisa com pequenos fabricantes de cinco países em transição — Polônia, Romênia, Eslováquia, Ucrânia e Rússia — perguntou-se aos gerentes sobre sua exposição à corrupção. Na Rússia e na Ucrânia quase todos disseram que era preciso suborno para registrar a empresa e para as inspeções de incêndio, sanitária e tributária; na Polônia, Romênia e Eslováquia, entre 20 e 40% relataram subornos. Os dados mostram que a disposição de reinvestir os lucros retidos das empresas está claramente relacionada à suscetibilidade à corrupção.[4] As firmas com maior risco de extorsão investiram quase 40% menos do que as menos expostas.

Os dados de crescimento econômico confirmam isto: mais corrupção significa menos investimento e menos crescimento. Não é fácil medir os níveis de corrupção de um país de maneira a permitir comparações. Em vários países foram calculados índices de corrupção com base em questionários preenchidos por consultores estrangeiros. Esses índices são necessariamente subjetivos e inexatos, mas nos dão uma mostra de como a corrupção desencoraja o investimento e atrasa o crescimento. O economista Paul Mauro realizou uma análise estatística em 70 países, usando esses índices de corrupção e dados da Renda Nacional e de investimento. E verificou que onde o índice de corrupção é mais alto, a taxa de investimento é significativamente mais baixa. Medindo a corrupção numa escala de 0 a 10, onde 10 é o país totalmente livre de corrupção e 0 o mais corrupto, os dados mostram que uma melhora de dois pontos no índice de corrupção eleva o investimento em quatro pontos percentuais, o que, por sua vez, impulsiona o crescimento econômico em mais de meio ponto percentual.

O índice de corrupção da Índia é 3,3 e o da Itália é 7,3. Os resultados estatísticos dizem que se a Índia reduzisse seu nível de corrupção ao da Itália, sua taxa anual de crescimento seria 1% mais alta do que a corrente: ela cresceria a uma taxa de 6%, ao invés de sua média de 5% na década de 1990. Acumulados em alguns anos, isto traria uma melhora significativa no padrão de vida indiano. Se a Itália reduzisse seu nível ao dos Estados Unidos, que é de 9,3, sua taxa de crescimento seria 0,5% maior.[5]

Não surpreende essa tendência geral de a corrupção descarrilar os mercados e empobrecer um país. Por isso é interessante que haja algumas exceções. A Indonésia, sob o governo do presidente Suharto, teve um crescimento rápido por 30 anos, a despeito da corrupção generalizada.

No final dos anos 1960 a Indonésia era um dos países mais pobres do mundo. Seu habitante médio tinha uma renda média menor do que os habitantes de países como Bangladesh, Nigéria e Gana. Com Suharto, a macroeconomia se estabilizou: os orçamentos se equilibraram e a inflação ficou sob controle. Reformas agrícolas encorajaram a produção de alimentos, e as exportações de petróleo trouxeram recursos estrangeiros. Como resultado do crescimento sustentado que se seguiu, em meados da década de 1990 a Indonésia tornou-se um país com renda na média. Em 1992 a renda *per capita* era o triplo da de 1960. Os benefícios deste crescimento se generalizaram. A proporção da população abaixo da linha de pobreza caiu de 60% em 1970 para 11% em 1996. Em 1997, a apenas um ano da queda de Suharto, a Organização das Nações Unidas homenageou-o por seu êxito na redução da pobreza.

Enquanto isso, a família Suharto e seus apaniguados tornaram-se imensamente ricos, e supostamente transferiram bilhões de dólares para contas no exterior. O governo de Suharto era como "uma monarquia, com um rei cuja autoridade jamais era questionada, e cujos filhos acreditam que sua riqueza havia sido dada por Deus", segundo um embaixador ocidental. Estimativas sobre a fortuna da família Suharto vão de US$15 bilhões a US$45 bilhões.

A influência da família era grande e ampla. Estima-se que eles possuíam partes significativas de 1.200 empresas: bancos, companhias aéreas, hotéis, transportes marítimos, telecomunicações, shopping centers, estações de rádio e televisão e jornais. Eles monopolizavam a produção de papel, madeira compensada e cimento e tinham participação em companhias madeireiras, moinhos de grãos, fábricas de fertilizantes, pedágios de rodovias, usinas elétricas e fábricas petroquímicas. As firmas dos membros da família recebiam polpudos subsídios e dispensas de impostos, e ganhavam os contratos governamentais com preços que não eram competitivos. Firmas estrangeiras que quisessem fazer negócios na Indonésia geralmente tinham de aceitar um membro do clã Suharto como sócio ou agente. Grandes empresas americanas como a Hughes Electronics e Lucent Technologies tinham negócios em comum com os filhos de Suharto. Jusufi Wanandi, um analista político residente em Jacarta, comentou "o abuso de poder de Suharto em todas as coisas que fez — ao formar monopólios, manipular contratos governamentais, usar empresas estatais para seus próprios interesses"[6].

A despeito disso tudo, os mercados floresceram, e com eles o crescimento econômico. O rápido crescimento da Indonésia decorreu de investimentos saudáveis, mais altos do que na maior parte do mundo em desenvolvimento. (O investimento do setor privado era de 17% do Produto Nacional Bruto em 1980-1996. Embora fosse mais baixo do que o de alguns outros países asiáticos, como Coréia e Malásia, era mais alto do que no Sul da Ásia, América Latina e África subsaariana.[7]) Apesar da corrupção, tanto investidores nacionais como estrangeiros consideravam a Indonésia um lugar seguro para seus negócios.

Indonésia e Rússia têm níveis semelhantes de corrupção total; na verdade, os dados da Indonésia são piores do que os da Rússia. Segundo a organização não-governamental Transparência Internacional, a Indonésia tem a duvidosa distinção de ter sido o terceiro país mais corrupto em 1999, enquanto a Rússia alcançou o 17º lugar.[8] Por que os mercados funcionaram na Indonésia com corrupção ampla, enquanto na Rússia eles foram sufocados?

Os efeitos diferentes da corrupção na Indonésia e na Rússia são explicados por uma teoria de Andrei Shleifer e Robert Vishny.[9] Se o inspetor de incêndio, o fiscal de impostos, o funcionário da Alfândega, o funcionário do banco estatal e o encarregado das licenças de empresas tiverem o poder de prejudicar uma empresa, eles podem extorquir benefícios com isto. Onde a extorsão for livre, cada um sabe que todo o dinheiro que ficar com a empresa provavelmente será tirado por algum outro burocrata, de modo que cada um tira o máximo possível. Só que, se cada qual puder pôr a mão no caixa, as firmas são desencorajadas de investir. Assim, vai sobrar pouco de onde extorquir propinas no ano que vem. A cobiça sem limites por propinas prejudica a atividade produtiva, com o resultado de que o valor total extorquido é menor do que poderia ser.

Vamos agora imaginar uma situação diferente, em que os burocratas têm uma disciplina severa — não é que sejam menos corruptos; são suficientemente previdentes para perceber que no longo prazo eles ganham mais se contiverem a cobiça. Limitando o valor extorquido, as firmas investem e crescem, gerando ao final um excedente maior para os extorsionários explorarem mais tarde.

A Rússia se encaixa nesta teoria: a corrupção descontrolada prejudicou o investimento. Antes da queda do comunismo, a União Soviética aparentemente mantinha disciplina sobre a extorsão. Após o fim do comunismo, irrompeu no interior da corrupção uma competição autodestrutiva. "O Partido Comunista roubava o país inteiro", segundo Mark Masarky, presidente de uma associação russa de pequenas empresas. "Mas eles extorquiam de acordo com sua posição na hierarquia. Agora todo o mundo exige propinas como se fosse o último dia de trabalho."[10]

Na Indonésia a corrupção era rigidamente controlada de cima e portanto não impedia o crescimento. O presidente Suharto mantinha os burocratas sob rédea curta e controlava o Congresso. Quase todos os políticos eram seus devedores. Ele, pessoalmente, indicava e promovia todos os burocratas, juízes e oficiais militares mais graduados. Ele próprio um ex-soldado, até se tornar presidente em um golpe em 1967, transformou o Exército em instrumento de seus objetivos políticos. Instalou oficiais militares na burocracia. As grandes empresas compravam proteção empregando oficiais reformados, para cuidar dos burocratas que criavam problemas. Grassava a corrupção miúda entre os pequenos funcionários dos serviços governamentais. Mas isso tudo era café pequeno. Periodicamente Suharto demitia os funcionários que extorquiam demais. Uma demonstração dramática de seu poder se deu em 1985, quando demitiu toda a Alfândega por corrupção. O propósito de Suharto não era acabar com a corrupção, mas monopolizá-la.[11]

Os controles onipresentes de Suharto davam a certeza de que quaisquer excedentes em grande escala fluíam para sua família. A disciplina sobre os burocratas fazia com que os mercados funcionassem. E quando os homens de negócios ficaram seguros de que não iriam ser expropriados, passaram a investir e a economia cresceu rapidamente. Os que estavam por cima prosperaram imensamente, e as propinas cresciam, acompanhando os lucros.

Dessa forma, o desenho do mercado é importante, mesmo com atividades ilícitas como a corrupção. É óbvio que os mercados funcionam melhor sem corrupção. Mas, uma vez que existe, os mercados poderão ou não conviver com ela, dependendo das regras que a governam. Os mercados funcionavam na Indonésia porque o Estado era capaz de controlar a corrupção autônoma, e assim limitava os efeitos prejudiciais ao crescimento que normalmente ela acarreta. Existindo corrupção, quando ela é monopolizada faz menos mal aos mercados do que quando é livre.

O sistema indonésio dependia do poder de um único homem, e caiu com ele. Suharto renunciou em 1998, depois de rebeliões em que morreram mais de mil pessoas. O fim se deu, em parte, devido ao choque externo da crise financeira asiática, que estava além das possibilidades das instituições políticas, legais e reguladoras da Indonésia; e em parte, devido à saturação da população com o compadrio do governo de Suharto. Nas manifestações, os estudantes gritavam "KKN", querendo dizer *korupsi, kolusi*, nepotismo. Na opinião dos estudantes, corrupção, conluio e nepotismo eram as causas da crise. A economia desabou, e entre 1997 e 1998 contraiu-se em mais de 16%.

Construída sobre alicerces incertos, a economia de mercado da Indonésia não poderia prosperar indefinidamente. É preciso haver instituições políticas e econômicas confiáveis que apóiem os direitos de propriedade para que os mercados possam produzir crescimento econômico. A corrupção prejudica os negócios ao solapar os direitos de propriedade. No entanto, o mais notável no caso da Indonésia, é o tempo pelo qual a economia foi capaz de funcionar sem ter os mecanismos institucionais normais de garantia dos direitos de propriedade. A economia expandiu-se durante 30 anos, a despeito de suas bases inseguras. A crise custou cerca de três anos de crescimento. Por mais devastadora que ela tenha sido, os indonésios ficaram muito melhores depois que a crise passou do que antes do surto de crescimento.

A corrupção acontece não apenas no nível dos funcionários governamentais mas também, algumas vezes, entre os participantes do mercado, como mostrarei a seguir.

Num enfumaçado restaurante de Nagoya, Japão, cerca de 20 executivos de nível médio, empregados de companhias de construção locais, estão sentados em almofadas no chão, à volta de uma mesa baixa e comprida, comendo sashimi e bebendo saquê. Jovens de quimono ajoelham-se para lhes servir bebidas, acender seus cigarros e rir apropriadamente de suas piadas. Os executivos gracejam ruidosamente, como velhos amigos. Apesar disso, eles estão barganhando duramente. Estão ali para discutir um projeto de rodovia para o qual o governo da cidade de Nagoya está prestes a abrir concorrência. A pauta é decidir qual das companhias vai ganhar o contrato.

Dango é o nome dado no Japão a uma negociação entre participantes de um leilão para decidir qual firma pega o serviço. A firma indicada apresenta um lance alto e suas "rivais" propõem outros ainda maiores, mantendo o disfarce da competição. Para as firmas é uma forma conveniente de fazer negócios. Com o *dango* todas as firmas sabem que eventualmente vão "ganhar" um contrato, sem ter o trabalho de competir, o que poupa às firmas o desconforto dos preços baixos.

Uma conspiração para elevar os preços é um mecanismo arquetípico de baixo para cima. A conspiração deve fazer com que tanto as firmas participantes como as não-participantes sejam imunes aos incentivos a agir de forma a desestabilizar o conluio. É preciso vencer três dificuldades. Primeiro, os conspiradores precisam de uma maneira de dividir o espólio. Brigas sobre a divisão dos lucros podem provocar a ruptura do acordo. Segundo, qualquer acordo só vale se existir uma maneira de garanti-lo. Como esses contratos não são garantidos por lei, os acordos devem ser auto-impostos. Terceiro, o conluio traz em si as sementes de sua própria destruição. Os altos lucros de um ramo em que se conseguem pactuar preços atraem firmas novas. A concorrência desses recém-chegados tende a destruir qualquer conluio. O êxito do *dango* frente a esses obstáculos é um feito impressionante, um tributo à engenhosidade dos conspiradores. Como ele funciona?

São precisos pelo menos dois para um *dango*. As firmas formam uma associação, com objetivos ostensivamente inócuos, tal como promover a segurança na construção. Uma companhia é designada para organizar o grupo do *dango* e estabelecer as regras. Cada companhia participante informa ao organizador do *dango* em quais projetos ela está interessada. O organizador envia mensagens de fax para todas as firmas, com hora e lugar da conferência. Parte do trabalho do organizador é registrar quais companhias tiveram contratos e tomar providências para que os pedidos sejam igualmente distribuídos. Ele também deve mediar qualquer disputa a respeito dos contratos.

O *dango* é um processo sociável. Os conspiradores se encontram em restaurantes, campos de golfe, salões de chá, fazendo assim valer o dito de Adam Smith: "Mercadores do mesmo ramo raramente se encontram, mesmo para se divertir, sem que a conversa termine em uma conspiração contra o público, ou em alguma maneira de elevar os preços." Segundo os dados da receita, a indústria japonesa de construção gasta por ano US$5 bilhões ou mais em entretenimento.[12] É muita diversão.

Mas nem tudo é alegre, como mostra um jornalista japonês. "Os organizadores do *dango* têm muito trabalho, e não apenas ajustando os lances entre as firmas; eles também devem manter relações com os vários detentores do poder e com os *yakuza* [bandidos]. À noite estão sempre ocupados, bebendo e comendo incessantemente, a ponto de ficarem fisicamente fracos, ou mesmo doentes... Não é um trabalho fácil." Coitados....

O trabalho dos organizadores do *dango* é essencialmente desenhar um mercado próprio. Eles estabelecem regras informais que determinam quem ganha os contratos do governo.

Nas negociações sobre a divisão do espólio, os conspiradores devem acordar qual firma vai ganhar um dado contrato, que preço ela deve propor e qual a compensação das outras firmas.

Como é escolhido o vencedor? Coletivamente, as firmas desejam que seja designada vencedora a de custo mais baixo para um dado projeto, porque isso significa maximização dos lucros a serem divididos entre os conspiradores. Mas as negociações são complicadas, porque os custos de produção são informações privadas da empresa, e cada uma delas tenta tirar vantagem dessa informação. O grupo deve desenvolver procedimentos de negociação que não sejam suscetíveis de manipulação pelos membros.

As firmas do *dango* definem procedimentos para a escolha do vencedor. Em alguns casos a escolha é simplesmente por turnos. Do ponto de vista dos participantes, não é a maneira ideal de fazer conluio, pois é improvável que seja escolhida a firma de menor custo. Em outros casos, as regras formais do *dango* evoluíram. O contrato vai para a firma mais próxima do ponto de entrega, por exemplo, ou para a que fizer mais esforços para fechar um dado contrato. Quando há contratos sucessivos para o mesmo trabalho, os subseqüentes vão para a firma que recebeu o contrato inicial. Uma regra alternativa para definir o vencedor é atribuir pontos a cada participante, com base tanto no número de vezes que a firma participou do leilão como no valor de seu lance em contratos ganhos no passado. Essas regras podem ser interpretadas como tentativas de garantir que o vencedor seja o participante de menor custo, e portanto de maximizar os lucros totais partilhados. Nem sempre funciona satisfatoriamente para todos: periodicamente um *dango* é denunciado quando um membro, insatisfeito com sua parcela nos despojos, vasa detalhes para a imprensa.

Como a conspiração entra em acordo sobre o tamanho da oferta do vencedor? Aqui o governo facilita a decisão. Antes de abrir a concorrência, ele estabelece um teto. A oferta ótima do conluio é igual ou próxima a este teto. Muitas vezes a informação sobre o teto vasa para os participantes, tipicamente através de ex-funcionários do Ministério das Obras que se empregam nas firmas participantes. Em muitos casos de *dango*, segundo um jornal japonês, "funcionários do governo local efetivamente ajudaram a esconder o abuso, estabelecendo estimativas que incluem generosas margens de lucro para os contratantes".

Como os perdedores são compensados? Durante as negociações do *dango*, há uma troca de presentes e de dinheiro. Ao ganhar a concorrência, como planejado, a firma designada paga aos outros participantes. Essas propinas são eufemisticamente chamadas de "dinheiro de cooperação" ou "dinheiro de compensação". Por exemplo, um *dango* entre fornecedores de equipamentos de cozinha contra o governo da cidade de Matsuyama resultou num lucro total de US$35 mil em um contrato de US$114 mil. Os lucros foram divididos igualmente: a firma vencedora pagou US$5 mil a cada um dos outros seis participantes e ficou com US$5 mil.

Como esse conluio é ilegal, é preciso algum grau de segredo. Numa companhia construtora, são poucos os administradores que se envolvem nas relações do *dango*. Segundo o relato do executivo de uma firma construtora, organizar um *dango* é como uma operação de John Le Carré: "Ninguém, nem mesmo dentro da empresa, pode saber quem são os organizadores do *dango*. Isto porque ele não é o tipo de atividade que se faça abertamente. Se a imprensa souber de um *dango*, as investigações dos repórteres devem ser localizadas rapidamente e tratadas com os especialistas de *dango*. O sistema é concebido de modo que os níveis mais altos possam negar, e por isso são feitos arranjos estruturais para que o primeiro time da empresa não se envolva."

Ao propor um contrato, qualquer outra firma que não a escolhida para ser vencedora tem um incentivo para romper o acordo e fazer uma proposta um pouco menor do que o acertado, e assim ganhar o contrato e obter um lucro maior. Qual é o mecanismo de imposição do *dango*? A natureza corrente da interação entre as firmas possibilita que os acordos sejam auto-impostos. As firmas não os rompem porque sabem que vão sofrer retaliações em disputas futuras; o custo de trair agora é perder contratos futuros. Mas esse tipo de relação existe na maioria das indústrias de qualquer país, de modo que essa capacidade de retaliação claramente não basta em si mesma para gerar coalisões. Afirma-se que o uso de bandidos algumas vezes é uma maneira adicional e mais imediata de imposição do *dango*. O governo ajuda, ao exigir que todas as propostas sejam conhecidas de todos os participantes. Isto ajuda a manter o *dango*, porque cada empresa está ciente de que, se não fizer a proposta especificada, todas as outras vão conhecer imediatamente seu desvio.

Como os recém-chegados são excluídos? Mais uma vez, a política governamental facilita a conspiração. No sistema mais comum, apenas empresas oficialmente qualificadas são convidadas a participar. Essa política tem uma justificativa ligada à segurança pública: é uma tentativa de garantir que a firma escolhida seja capaz de fazer obras com qualidade aceitável. Mas isto dificulta a entrada de novas firmas na indústria. De maneira muito conveniente para os conspiradores, o governo resolve um dos problemas mais difíceis na organização de um cartel.

Os funcionários governamentais que restringem a entrada de novas firmas provavelmente não são corruptos; eles podem ser honestos, e motivados por um simples cuidado burocrático. Sabem que se alguma coisa sair errada — vamos dizer, a ponte construída cair com um terremoto — eles sofrerão censuras caso o contrato seja dado a uma firma de fora, mesmo que sua competência tenha sido exaustivamente verificada.

Para uma firma entrar na lista de participantes qualificados são levadas em conta apenas as obras feitas no Japão. Esse procedimento impede a entrada de firmas estrangeiras no mercado, por não terem uma história de obras no Japão. A lógica é uma cilada clássica: você não pode ganhar um contrato a não ser que faça uma proposta, mas você não pode fazer uma proposta se não tiver ganhado um contrato.

As principais vítimas do *dango* são os contribuintes japoneses. Estima-se que projetos de construção são inflacionados em 15 a 30%. O governo japonês gasta largamente com obras públicas, US$100 bilhões por ano em contratos de construção de estradas, pontes, túneis e aeroportos. Os preços indevidamente altos que se pode atribuir ao *dango* significam um desperdício de bilhões de dólares dos contribuintes.

Em 1999 uma nova linha de metrô em Tóquio custou US$10 bilhões, 50% mais do que o que havia sido estimado em 1989. Os custos excedentes fizeram Shintaro Ishihara, governador de Tóquio, afirmar que o projeto estava sendo realizado através de um *dango*. Ele teve de retirar a acusação pouco depois de ser criticado pelos burocratas municipais encarregados de fiscalizar a construção. "Não sei de nenhum *dango* envolvido", disse. "Não creio, mas é muito estranho, não é?, muito misterioso que surjam tais discrepâncias de custo, considerando que aqui há tantas pessoas espertas trabalhando na concorrência."[13]

Por que o *dango* persiste, e por que a indústria de construção é tão difícil de ser reformada? Os dados sobre os lucros não apontam nenhuma evidência de que as firmas envolvidas se beneficiem muito. Sem dúvida alguma, parte dos lucros do *dango* vai para o bolso dos donos das empresas e fica escondida, mas isso não acontece com a maior parte. As firmas têm de se esforçar tanto para obter os lucros monopolistas que acabam com um lucro líquido pequeno. Elas gastam recursos, ao concorrerem por lucros monopolistas. Muito dos lucros excedentes gerados pelos altos preços do *dango* são despendidos na competição pelos favores políticos; acabam nas mãos dos políticos.

A indústria de construção é a maior fonte de contribuições políticas no Japão. O processo de financiamento político é tão obscuro que ninguém sabe o tamanho das contribuições da indústria de construção; provavelmente alcançam bilhões de dólares. Segundo um jornal japonês, as grandes firmas de construção distribuem dinheiro entre os políticos segundo sua influência na concessão de contratos públicos: duas vezes por ano é atribuída a cada político uma graduação que determina o tamanho da contribuição que receberá. Em 1993 os procuradores de Tóquio prenderam Shin Kanemaru, o vice-primeiro-ministro, acusado de evasão fiscal. Eles encontraram US$50 milhões em dinheiro, ações e barras de ouro no cofre do escritório — doações vindas principalmente da indústria de construção — destinados não a seu uso pessoal, segundo o sr. Kanemaru, mas para realizar seu "acalentado sonho de reforma política".

O *dango* não é meramente uma transferência dos contribuintes para empresas e políticos. A fixação de preços provoca perdas reais na eficiência econômica. Três efeitos fazem com que os custos de produção sejam ineficientemente altos com o *dango*.

Primeiro, a concorrência competitiva aloca o trabalho na firma mais capaz de fazê-lo. As propostas revelam os custos relativos de produção; a proposta mais baixa é a da firma certa para fazer o serviço. A despeito de todos os esforços dos organizadores do *dango*, comparadas à concorrência essas negociações normalmente serão menos efetivas como meio de selecionar as firmas de custos mais baixos.

Segundo, as firmas que fogem à disciplina da competição tendem a produzir ineficientemente. Elas deixam de buscar inovações que reduzam os custos; pagam salários e honorários mais altos e gastam dinheiro em emolumentos vultosos para os executivos. A produtividade na indústria japonesa de construção é mais baixa do que nos Estados Unidos e Alemanha. Isto pode ser atribuído ao *dango*. É preciso fazer uma observação, no entanto. A indústria japonesa de construção tem uma estrutura dual. Algumas das maiores firmas são altamente sofisticadas tecnologicamente, como se vê pelo êxito de empresas como Kumagai-Gumi em competições internacionais. Os pequenos contratos de construção, especialmente os oferecidos por governos locais, são reservados a firmas pequenas, na suposição de que não ganhariam contratos em competição aberta com as firmas maiores e mais eficientes.

Terceiro, se as firmas conspiradoras não puderem impedir completamente a entrada de novatos ineficientes, os custos da indústria serão mais altos do que com competição. Se a competição fosse introduzida na indústria japonesa de construção, provavelmente haveria uma sacudidela, levando milhares de firmas menores à bancarrota ou à absorção por outras mais eficientes. Os organizadores do *dango* reservam certos projetos para as firmas pequenas, para que todas recebam contratos em algum momento. O governo, atualmente, está cobrindo custos médios de produção mais altos.

A palavra *dango* é característica do Japão, mas a prática, é claro, não. Na Europa acontecem acordos em concorrências públicas de construção; a Organização para a Cooperação e Desenvolvimento Econômico observou que "tais práticas são a causa direta de preços indevidamente altos nas concorrências e são incompatíveis com uma administração sólida". Na indústria de construção dos Estados Unidos também acontecem concorrências forjadas: também ela tem seu próprio equivalente para o *dango*. A maioria dos processos criminais relativos a leis antitruste correndo no Departamento de Justiça são contra fraudes em concorrências cometidas por empresas de construção, principalmente pequenas construtoras de estradas que trabalham para governos municipais.

Os governos algumas vezes conspiram para solapar os mercados. A corrupção reduz a produtividade porque as firmas que temem ficar à mercê de funcionários corruptos relutam em investir. A fixação de preços também reduz a produtividade, ao impedir que o sistema de preços funcione como deveria. Mas há o risco de a intervenção governamental enveredar por direções contraprodutivas.

12

Esforços de base

Em 2000, um museu de Varsóvia montou uma exposição retrospectiva sobre o cotidiano no comunismo e chamou-a de "Cinzenta na cor". Quem visitava um país comunista como a Polônia na década de 1980 ficava impressionado com a monotonia. Refletindo sobre a vida com o planejamento central, Vaclav Havel, presidente tcheco, disse que as pessoas "muitas vezes esqueciam de como era aqui antes da queda do comunismo. Como a vida era cinzenta, como as ruas eram cinzentas, como a placa de uma loja de frutas era a mesma em todo o país."[1]

Por que tantos países tiveram uma planificação central? Como diz o ditado, o inferno está cheio de boas intenções. Em 1949, Albert Einstein escreveu um artigo chamado "Por que o socialismo?"[2] Sua resposta: a economia de mercado traz crise, instabilidade e empobrecimento. "A anarquia econômica da sociedade capitalista tal como existe hoje em dia é, em minha opinião, a fonte real do mal." A única maneira de eliminar o mal, concluiu ele, era implantar o socialismo, com os meios de produção "pertencentes à própria sociedade". Ele defendia uma economia planejada, "que ajustasse a produção às necessidades da comunidade, que distribuísse o trabalho a ser feito entre todos aqueles capazes de trabalhar e garantisse um meio de vida a todos os homens, mulheres e crianças".

Na época, a posição de Einstein era partilhada por muitos. Mas 40 anos depois os habitantes das economias planificadas do bloco soviético discordaram dramaticamente disto e derrubaram os planificadores. Desde a queda do comunismo pouca gente afirma que o planejamento central pode funcionar. Olhando agora, vemos que a planificação resultava no oposto do que esperava Einstein. Os planificadores não eram capazes de ajustar a produção "às necessidades da comunidade". Na União Soviética, os bens de primeira necessidade eram escassos. As lojas tinham prateleiras vazias e vendedores grosseiros; quando uma loja tinha alguma coisa em estoque, era malfeita e era preciso fazer fila. E também não conseguiram "garantir um meio de vida a todos os homens, mulheres e crianças". A tentativa dos planificadores chineses de realizar um deslocamento maciço de recursos da agricultura para a indústria, no grotescamente denominado Grande Salto para a Frente, de 1959 a 1961, provocou a pior fome da história mundial, com 30 milhões de mortes, segundo algumas estimativas.[3]

Como pôde um gênio como Einstein, cujo nome evoca a inteligência suprema, um homem indubitavelmente de boas intenções, ter esposado idéias que hoje em dia vemos serem profundamente equivocadas? Não era evidente, à época de Einstein, que a planificação fracassaria. Nem era evidente que o sistema de mercado podia funcionar melhor.

Quanto da economia deve ser deixado aos mercados? As armadilhas da planificação central são fundamentalmente os problemas de informação. Os planificadores não podem mobilizar o conhecimento de que necessitam para tomarem decisões. Dessa forma, uma economia não pode ser conduzida adequadamente de cima. Como o sistema de mercado é capaz de funcionar sem que ninguém tome conta? A resposta — que à primeira vista parece surpreendente, até mesmo implausível, mas que, apesar de tudo, é verdadeira — é que o mercado reúne informações dispersas entre milhões de agentes e os preços orientam a economia.

Qual é o papel do Estado na economia? Uma resposta honesta não pode ser dúbia. Duas proposições identificam as forças do mercado, bem como os seus limites. Primeiro, seu vigor decorre de sua natureza descentralizada: elas permitem que as pessoas encontrem soluções criativas para os problemas. É o oposto do Estado, que é intrinsicamente centralizado. Os mercados são tão resistentes que algumas vezes operam sem o apoio do Estado e mesmo com sua oposição. Não se segue daí, no entanto, que o Estado deva ficar de fora. Segundo, para as elaboradas trocas que acontecem em uma economia moderna, o Estado é indispensável, fornecendo bens e serviços que o mercado não poderia oferecer e agindo nos bastidores como árbitro e definidor de regras. Essas duas proposições não são iguais. Há limites à descentralização, mas a questão básica é que a decisão descentralizada — isto é, baseada no mercado — é essencial para o sucesso econômico.

A planificação comunista está morta, mas uma autópsia pode dar muitas informações. As falhas da planificação central nos ensinam sobre o funcionamento de seu oposto, o sistema de mercado. O comunismo negou todos os princípios do mercado. Enquanto os mercados são inerentemente descentralizados, os comunistas tentaram centralizar tudo. A propriedade privada foi posta fora da lei. As firmas eram de propriedade do Estado. Ao invés de competir com outras firmas para venderem seus produtos, elas simplesmente forneciam para o Estado. Os preços não subiam ou desciam para equilibrar oferta e demanda. Em vez disto, os planificadores estabeleciam os preços, a níveis que pouco tinham a ver com os custos de produção, e tentavam ditar o movimento dos bens. A atividade empresarial foi banida, e os burocratas determinavam o investimento. No lugar de mercados financeiros, os bancos estatais alocavam as finanças. Na ausência de um sistema comercial legal baseado em regras, os burocratas impunham acordos e resolviam as disputas caso a caso.

O resultado final da negação dos mercados era uma economia que, embora empregasse métodos de controle abertamente autoritários, era profundamente ineficiente. Para as firmas, a planificação significava seguir as ordens de burocratas distantes. Os administradores estavam menos preocupados com como produzir melhor as coisas do que com como trabalhar na rigidez da planificação. O resultado era produtividade baixa. Os incentivos que os planificadores ofereciam aos produtores eram necessariamente ineficientes. As recompensas baseavam-se nas medidas de produção. Por exemplo, o vidro era medido pelo número de metros quadrados produzidos. Buscando preencher as cotas, as fábricas produziam um vidro tão fino que muitas vezes se quebrava antes de ser instalado. A produção de aço era medida por tonelada. A maneira mais rápida de produzir uma tonelada de chapa de aço era fazê-la grossa, de modo que as usinas siderúrgicas faziam-nas tão grossas que muitas vezes eram inutilizáveis. A produtividade das indústrias automobilísticas era medida pelo número de carros produzidos. Não é de surpreender que os carros não funcionassem bem. Na década de 1970, estimava-se que a produção por trabalhador na União Soviética e Leste Europeu era cerca de 1/3 menor do que nos Estados Unidos e Europa Ocidental. Esse cálculo leva em conta as diferenças de capital entre os países, de modo que significa que a economia planificada fazia com que os trabalhadores fossem 1/3 menos produtivos do que poderiam ser. Depois que as comunas foram abolidas, a produtividade dos agricultores chineses dobrou em relação à planificação.[4] O controle central da economia resultava em desperdício.

Por que a planificação econômica falhou? Parte da resposta é óbvia, parte, não. O poder de controlar a economia estava concentrado em poucas mãos. Parece não haver dúvidas de que os burocratas de Stálin não tinham em mente os interesses da população. O poder corrompe, e os planificadores tinham poder absoluto sobre a economia. Como escreveu Edmund Wilson em *Rumo à estação Finlândia*, sua simpática história do pensamento socialista, "os objetivos de Lênin eram, sem dúvida, humanitários, democráticos e antiburocráticos; mas a lógica da situação era forte demais para os seus objetivos." O Partido Comunista "transformou-se em uma máquina tirânica". Wilson concluiu que o controle estatal sobre os meios de produção "jamais poderá garantir a felicidade de ninguém, a não ser a dos próprios ditadores".[5]

Mas pôr a culpa nos planificadores é deixar de ver as razões mais profundas para os fracassos da planificação. Imagine-se um planificador central. Sua tarefa é desenhar a economia inteira. Você quer fazer o melhor possível por seu país, satisfazer, na medida do possível, as necessidades de todos. Como é que você vai agir?

É inacreditavelmente difícil. Administrar a produção nacional de algo tão simples como os lápis significa calcular, de alguma maneira, quantos serão necessários no ano seguinte; dividir a encomenda entre as fábricas de lápis; coordenar as atividades dos varejistas e fabricantes; articular o cronograma de produção do fabricante de lápis com o dos fornecedores de grafite, madeira e borracha; e estabelecer preços apropriados para os lápis e para os insumos.

Calcular a alocação ótima dos recursos de uma economia é tarefa tão imensa que é impossível mesmo hoje em dia, com computadores modernos maiores e mais rápidos. Isso não foi previsto quando a planificação comunista se iniciou. Em 1916, pouco antes da Revolução Russa, Lênin escreveu que "a contabilidade e o controle" necessários para a direção de uma economia socialista eram "operações extraordinariamente simples: verificar, registrar e emitir recibos, operações ao alcance de qualquer um que saiba ler e escrever e conheça as quatro operações aritméticas". Também disse, pretensiosamente, que qualquer cozinheiro poderia aprender a administrar uma economia planificada. A falácia da planificação está toda nesse dito. Uma economia não pode ser eficientemente dirigida por um cozinheiro — nem por um Einstein. O plano da União Soviética tinha de coordenar centenas de milhões de pessoas e centenas de milhares de firmas. Não era, e continua não sendo factível.[6]

Existem cerca de 20 mil diferentes categorias profissionais nos Estados Unidos, segundo o *Dicionário de categorias ocupacionais*.[7] Um plano central não pode tratar de tanta diversidade. Entre os trabalhos mais obscuros feitos por alguém em algum lugar estão raspador de barris, perfurador de mortadela, estalador de cereais, cheirador de ovos, eriçador de pêlos, empoçador, soprador, coçador e atendente de parede. Em resposta a este tipo de complexidade, tudo o que os planejadores podiam fazer era esquecê-la.

Isso não é o fim dos problemas que você tem de enfrentar enquanto planificador central imaginário. Não se trata apenas dos bilhões de fluxos de bens e serviços de firma para firma e de firma para consumidor. Mesmo que você possa mapear a multifacetada teia que é a economia, suas tentativas de conceber um plano central vão enfrentar obstáculos ainda mais profundos. Você não sabe o suficiente sobre o funcionamento detalhado da economia para poder planejá-la.

Em qualquer economia o conhecimento está disperso. Por exemplo, para decidir quanto aço deve ser produzido e como a produção deve ser alocada entre as várias siderúrgicas, você, como planificador, precisaria entender o que é preciso para fabricar cada tonelada de aço. Mas essa informação teria de ser obtida com os produtores, e existe uma barreira a isso. Se uma empresa revelar que seus custos de produção são baixos ou que sua capacidade é alta, você vai ordenar que ela produza uma grande quantidade. Tal fato não vai escapar à atenção dos administradores da empresa. Para conseguir metas mais fáceis, as empresas, é claro, vão esconder a informação.

O processo de planificação envolvia um "imenso volume de falsificação em todos os ramos de produção e em seus sistemas contábeis", relatou um administrador soviético que fugiu para o Ocidente na década de 1950; "em todas as partes há evasão, dados falsos, relatórios mentirosos".[8] Em seus relatórios para os ministérios que os supervisionavam, os administradores informavam erradamente os custos e capacidade de suas firmas. Exageravam suas necessidades de trabalho, materiais e equipamentos; deixavam de relatar melhorias nas técnicas; ocultavam a produtividade de novas máquinas; reduziam o número de engenheiros que realmente tinham; e exageravam o tempo necessário para cada tarefa. Informações falsas como essas apareciam em todos os níveis de hierarquia. No interior da firma, os supervisores de fábrica enfeitavam seus relatórios para os administradores médios, e estes faziam o mesmo para a administração central. E não ficava no nível da firma. Os burocratas diretamente encarregados dela subavaliavam sua capacidade para a Comissão Central de Planificação. O resultado era uma divergência cumulativa entre a capacidade real e a relatada. Toda a economia soviética funcionava de acordo com um plano construído sobre informações equivocadas.

Essas insuficiências informacionais não eram uma característica do sistema soviético. Elas são inerentes ao controle central. Muita informação surge ao nível mais baixo. O conhecimento relevante para o funcionamento de uma economia consiste não apenas de conhecimento científico e técnico, mas também de fatos mais corriqueiros, muitas vezes a respeito de coisas transitórias e aparentemente triviais. Algumas vezes o conhecimento sobre condições locais e circunstâncias especiais é valioso, e as pessoas adquirem-no como decorrência de suas tarefas cotidianas. Quem detém informações cruciais pode tentar usá-las em proveito próprio, sabendo que o que disser aos planificadores será usado de maneiras que, em última análise, rebaterão sobre si mesmo. Muitas vezes, como no caso dos administradores soviéticos, o resultado era não dar a informação.

Além disso, as pessoas podem até tomar a decisão de passar suas informações para o centro, mas em alguns casos isso não é possível. O antropólogo James Scott lançou mão da antiga palavra grega *metis*, que significa conhecimento local, senso comum, esperteza, saber prático, *know-how*. *Metis* é "uma ampla variedade de conhecimentos práticos e inteligência adquirida em resposta a um ambiente humano e natural em constante mudança"[9]. É mais provável que um navio sobreviva a uma tempestade se estiver sob o comando de um capitão experiente, que tem *metis*, e não sob o comando de um físico especialista em mecânica dos fluidos e estabilidade estrutural mas sem experiência no mar. Como diz Scott, um grande *chef* pode escrever um livro de receitas, mas nele vai estar apenas uma parcela de seu conhecimento, e um amador não vai se equiparar ao *chef* apenas seguindo as receitas. Muitos saberes decorrentes da repetição e da prática são intuitivos e não podem ser reduzidos a regras escritas. Muito do que ocorre em qualquer economia envolve *metis*. O que não pode ser escrito não pode ser incorporado a um plano.

"Como é possível governar um país que tem 246 tipos de queijo?", perguntou Charles de Gaulle, explicitando as frustrações de ser presidente da França. De Gaulle pode ter sido capaz de governar o país, mas não seria capaz de planejar toda a economia francesa.

Se considerarmos a planificação de uma economia inteira como algo impossível de funcionar, somos forçados a concluir que o mercado deve desempenhar um papel significativo. Mas como vamos saber se ele está à altura da tarefa? Num sistema tão complexo como a economia moderna, como os mercados competitivos, sem ninguém tomando conta, vão impedir o caos anárquico?

Os negócios acontecem em cadeias elaboradas. Começando como matéria-prima, os bens abrem caminho através de muitas empresas, cada uma delas agregando-lhe valor, até que, finalmente, os produtos acabados chegam aos consumidores. Mesmo algo tão trivial como fazer com que o leite vá da vaca até a indústria de laticínios e ao supermercado, e daí a você, é um problema logístico cabeludo, para cuja solução é preciso coordenar muitas pessoas. Como o mercado resolve isto?

"Não é da benevolência do açougueiro, do cervejeiro e do padeiro que devemos esperar nosso jantar," observou Adam Smith, "mas de sua preocupação com seus próprios interesses. Nós nos dirigimos não à sua humanidade, mas a seu amor por si mesmos, e jamais lhes falamos de nossas necessidades, mas das vantagens deles." Guiadas pelos preços, as pessoas fazem suas escolhas. Os bens são produzidos e entregues às pessoas que os querem e que podem pagar por eles. O interesse pessoal está atrelado ao maior bem. Buscando apenas seu próprio ganho, um produtor ou comprador é "guiado por uma mão invisível", concluiu Smith, numa expressão que se tornou famosa, "para promover um fim que não era parte de sua intenção"[10]. A metáfora da mão invisível que Smith formulou em 1776 é a descrição clássica do que orienta uma economia de mercado.

Passaram-se quase dois séculos para que a visão de Adam Smith fosse levada além da metáfora da mão invisível e recebesse um fundamento teórico rigoroso. Os mercados competitivos são capazes de harmonizar as ações de milhões? No final do século XIX, Leon Walras deu o primeiro grande passo para responder a essa pergunta, ao formular um modelo matemático de uma economia em que, para cada bem ou serviço, havia uma equação representando o equilíbrio entre oferta e demanda. Walras não respondeu a uma pergunta-chave: é possível a oferta ser igual à demanda simultaneamente em todos os mercados? A resposta veio em 1954, quando Kenneth Arrow e Gerard Debreu, num artigo densamente matemático que lhes valeria o Prêmio Nobel, "confirmaram a consistência lógica interna do modelo de Smith e de Walras da economia de mercado" (citando o comitê do Nobel).[11] Uma das maiores conquistas da economia, a teoria Arrow-Debreu identifica certas condições precisas em que as decisões separadas dos indivíduos atingem um resultado global consistente. Os preços estimulam a economia ao subirem e ao baixarem, restaurando o equilíbrio sempre que ocorrer escassez ou excesso de oferta. A economia pode ser coerentemente dirigida pela mão invisível do mercado.

Numa economia de mercado, os cálculos e decisões sobre como dirigir a economia são divididos em partes menores do que em um plano. Se os mercados funcionarem bem, os preços agirão como mecanismos autocorretores. Se a demanda por certo artigo for maior do que a produção, potenciais compradores vão preferir pagar mais que o preço corrente para não deixar de tê-lo, e com isso elevam o preço. O preço mais alto induz os fabricantes a aumentar sua produção. Se houver vagas para raspadores de barris, os empregadores elevarão o salário ofertado e, em resposta, as pessoas mudam de emprego e as vagas são preenchidas. Com um sistema de preços, diferentemente da planificação central, nenhuma autoridade central precisa saber quando ocorre um desequilíbrio de oferta e demanda.

Uma pesquisa em economia experimental, realizada por Vernon Smith e outros,[12] mostrou que os movimentos de preços podem conduzir uma economia a um resultado estável. Uma economia é simulada em laboratório, com agentes experimentais, em geral estudantes, no papel de consumidores e de empresas (e para fazer com que levem suas decisões a sério eles recebem pagamentos em dinheiro com base nos resultados de suas decisões). Se as regras do mercado experimental forem bem desenhadas, os preços rapidamente convergem para seus níveis de equilíbrio (isto é, onde a oferta é igual à demanda) mesmo que ninguém na economia saiba o suficiente para imaginar quais serão os preços. Como disse Vernon Smith, "as pessoas são comerciantes natos". As regras que governam os negócios induzem a economia experimental a "computar" o resultado que iguala oferta e demanda.

O que algumas vezes é chamado de sabedoria do mercado resulta da dispersão das decisões. Os mercados cometem menos erros sérios do que os planificadores. Não é que os negociantes sejam necessariamente mais espertos do que os burocratas. O folclore da indústria de computadores, por exemplo, relata uma série de previsões erradas feitas por aqueles que estavam em situação de saber mais. Em 1954, John Von Neumann, o gênio matemático que ajudou a inventar o computador, afirmou: "Acho que no mundo inteiro há mercado para cinco computadores, talvez." Em 1977, Ken Olson, presidente da Digital Equipment Corp., disse: "Não há nenhuma razão para uma pessoa querer um computador em casa." Dizem que Bill Gates, fundador da Microsoft, afirmou em 1981 que: "640K devem ser suficientes para qualquer um". Os negociantes estão sujeitos a erros de previsão tanto quanto qualquer pessoa. Numa economia de mercado, no entanto, muitas dessas previsões, algumas corretas, outras erradas, são feitas simultaneamente. Em contraste, o monopólio das decisões econômicas de uma agência de planificação significa restringir o número de caminhos a serem explorados. Uma economia de mercado funciona não porque as previsões geralmente sejam corretas, mas porque as conseqüências das previsões incorretas ficam sob controle. Com uma economia de mercado a nação diversifica as apostas.

Como é impossível planificar eficientemente toda a economia, é preciso deixar os mercados operarem. Mas disso não resulta que eles devam englobar toda a economia. A história da Internet nos mostra as vantagens dos sistemas descentralizados como mercados — e também os limites da descentralização.

A Internet funciona como uma economia de mercado. Assim como a economia de mercado é um sistema que conecta as empresas a outras empresas e aos consumidores, a Internet é um sistema que conecta redes de computadores a outras redes de computadores. Ambas têm a mesma característica principal: uma estrutura descentralizada e, como resultado, um funcionamento livre. A "característica mais forte" da Internet, segundo John Quarterman, gerente de uma firma de Internet, é que "nenhuma entidade isolada está no controle, e suas partes administram a si próprias, cooperando para formar a rede das redes que é a Internet". Para o inventor da rede mundial, Tim Berners-Lee, ela decolou "graças a milhares de esforços dispersos"[13].

A Internet não tem qualquer escritório central de planejamento, nenhum equivalente ao Gosplan, a agência de planificação da União Soviética. No lugar de uma forte autoridade central, muitas pessoas controlam pequenas partes dela. As redes múltiplas que se combinam para formar a Internet são operadas por milhares de provedores de serviços e centenas de companhias de telecomunicação.

Desde o início a Internet foi desenhada para ter uma estrutura modular, em que é possível mudar partes da rede sem desmanchar o resto. Isso valeu a pena: tornou a Internet adaptável e participatória. As necessidades dos usuários dirigiram seu desenvolvimento. O tempo todo ela está sendo melhorada. Sua estrutura aberta permitiu-lhe se desenvolver não segundo um plano, mas por evolução. Seus inventores não previram o que ela iria se tornar. Inicialmente pensada como instrumento para militares e cientistas, ela se transformou em substituta de correios, bibliotecas, lojas.

Imagine o que seria a Internet hoje em dia se ela fosse controlada centralmente. Imagine a Microsoft ou a IBM, digamos — ou os correios dos Estados Unidos — como o equivalente da Gosplan para a Internet. O controle central teria inibido seu crescimento. A diversidade teria sido perdida. Com a Internet descentralizada, cada um de nós pode escolher como fazer contato. Podemos usar qualquer programa disponível para acessar a rede mundial. Podemos escolher entre muitos tipos de sistemas, além da rede www, que usam a Internet como meio de comunicação (correio eletrônico, transferências de arquivos, vários tipos de transmissão de vídeo, telnet, redes virtuais privadas). Podemos selecionar nossa marca de computador. Um planificador central teria obrigado todo o mundo a usar o mesmo programa, os mesmos modelos de transferência de dados, o mesmo equipamento, perdendo com isto flexibilidade e produtividade.

Em qualquer sistema tão complexo como a Internet, o conhecimento sobre o funcionamento de seus componentes está distribuído por todo o sistema; ninguém pode supervisioná-lo. Segundo um estudo feito pelo economista Hal Varian e colegas, a rede www tem conteúdo equivalente a algo entre 10 e 20 milhões de livros.[14] Ninguém conhece todo o processo pelo qual o tráfego é encaminhado através da Internet. Não existem mapas que descrevam suas miríades de interconexões. Ninguém sabe quantos computadores estão conectados, onde eles estão ou o que as pessoas estão fazendo com eles. Os programas de robótica mais sofisticados são capazes de explorar e registrar apenas uma fração da rede. Supervisioná-la toda, tal como ela existe atualmente, não seria factível. O controle central exige monitoração central. Insistir numa Internet passível de monitoração seria condená-la ao perpétuo subdesenvolvimento.

Um custo ainda maior do controle central teria sido a redução da inovação. O principal fracasso dos sistemas excessivamente centralizados é a incapacidade de mobilizar o conhecimento local. As pessoas nos níveis mais baixos muitas vezes sabem mais do que qualquer um como o sistema poderia ser melhorado. As boas idéias tanto vêm de usuários diretos como das pessoas situadas no centro. Uma autoridade central geralmente não consegue canalizar essa energia imaginativa. Num sistema sob controle central, as pessoas da base sabem que, se aparecerem com uma boa idéia, a decisão de pô-la ou não em prática será tomada por alguma autoridade distante. Prevendo a possibilidade de suas idéias serem implementadas de maneira inepta, se é que serão, elas podem não se dar ao trabalho de tentar inovar. Inversamente, se as pessoas no centro quiserem promover inovação, pode ser que não sejam capazes de encontrar maneiras de motivar aqueles que têm o conhecimento necessário. A melhor maneira de motivar pessoas criativas é dar-lhes um prêmio por suas inovações, ou seja, garantir-lhes a liberdade de seguir suas idéias sempre que acharem adequado e permitir-lhes uma participação nos rendimentos que gerarem. Isto significa usar um sistema descentralizado.

Uma ampla variedade de pessoas e grupos contribuiu para a melhoria da Internet. "Num mundo interconectado, não há problema se alguém quiser acrescentar algum tipo de característica interessante", disse David Isenberg, um cientista de computação que realizou pesquisas no começo da Internet. Como não existe nenhum ponto central de controle, continua ele, "você pode controlar as margens, e ninguém pode fazer nada"[15]. Resultou daí uma notável capacidade de inovação, tanto em tecnologia — por exemplo, ao gerar aparatos de comunicação que revolucionaram os serviços de telefonia, correios e transmissão — quanto em métodos de negócios — reinventando as maneiras como bens e serviços são comprados e vendidos.

O crescimento da Internet "não é um acaso ou uma coqueluche," disse Christopher Anderson, do *Economist*, "mas o resultado da liberação do poder da criatividade individual. Se ela fosse uma economia, seria o triunfo do mercado livre sobre a planificação central. Em música, do jazz sobre Bach. Democracia sobre ditadura."[16]

A descentralização, assim, é a essência da Internet. Como dizem seus adeptos, ela é "naturalmente" livre. Ela é geralmente descrita como um sistema libertário, que funciona sem qualquer direção ou controle central. Kevin O'Connor, principal executivo da DoubleClick, uma grande empresa de publicidade na Internet, descreveu a Internet como uma "plataforma mundial dos libertários"[17]. Chamar a Internet de libertária virou um lugar-comum. Mas não é só um lugar-comum. É um erro.

Rotular a Internet de libertária é uma contradição com a maneira como ela começou e como continua a funcionar. Segundo os empresários Eisner Gillett e Mitchell Kapor (fundador do gigante do *software* Lotus Development Corporation), "contrariamente à descrição popular de anarquia total, a Internet é realmente administrada". Ela não é completamente descentralizada. Gillett e Kapor acham que enquanto 99% das operações diárias da Internet são realizadas sem qualquer direção, é preciso uma autoridade central para o restante 1%, que consiste de várias atividades não-rotineiras. Além disso, são necessárias autoridades centrais para a instalação inicial do sistema e elas continuam sendo necessárias para integrar novas atividades.[18]

Algumas das decisões centrais da Internet vêm de organizações dirigidas de baixo para cima. A administração técnica e o estabelecimento de padrões é responsabilidade de grupos *ad hoc* compostos de voluntários, tais como a Internet Engineering Task Force, com participação aberta e procedimentos democráticos. Mas a auto-regulação não é a única forma de decisão central: o governo também desempenhou um papel. A Internet não surgiu espontaneamente. Ela foi construída pelo governo. Com a Internet, o governo, para variar, escolheu um vencedor.

A Internet começou com subsídios públicos: o governo dos Estados Unidos gastou cerca de US$125 milhões para construir os predecessores da Internet.[19] Nas décadas de 1960 e 1970, as Forças Armadas americanas patrocinaram pesquisas sobre como interligar computadores de modo a permitir a partilha de dados, e essa pesquisa levou a uma rede de computadores nas universidades. Outros avanços tecnológicos cruciais foram feitos no laboratório europeu conhecido como Cern, um esforço cooperativo de governos europeus. A Fundação Nacional para a Ciência, uma instituição do governo americano para promoção da ciência, também forneceu fundos substanciais, depois que assumiu a responsabilidade pela rede de computadores na década de 1980. Só em 1995 é que o governo americano deixou de controlar a Internet.

Não só o financiamento governamental foi crucial; as decisões também. Ironicamente, o próprio fato de a Internet ser tão descentralizada é resultado de uma decisão tomada centralmente. As Forças Armadas americanas impuseram a estrutura modular no início da década de 1980, para ter mais flexibilidade de uso. Outra decisão tomada pelos militares, a adoção do Protocolo Internet (Internet Protocol, IP) resolveu o problema de que, para falar uns com os outros, diferentes tipos de computadores precisavam de uma linguagem comum. Poderiam ter surgido incompatibilidades entre redes, tornando difícil enviar documentos e ler páginas na web. Sem um mínimo de administração central a Internet não teria se transformado no instrumento flexível e fácil de usar que nós conhecemos.

Alguma administração continua sendo necessária, em particular no que se refere a nomes de domínio, ou endereços ponto-com. Para a rede funcionar, cada nome deve ser único; isto não poderia existir sem coordenação. Os servidores de nomes de domínio são um inevitável elemento de centralização. Cada um desses servidores, um ou alguns para cada sufixo de endereço como ".com" ou ".edu", age como se fosse um catálogo telefônico, mantendo uma lista de endereços e fazendo com que as comunicações sejam direcionadas adequadamente. O sistema de atribuição de nomes aos usuários da Internet também é inevitavelmente centralizado. Para serem usados os nomes precisam estar organizados. Inicialmente o próprio governo dos Estados Unidos atribuía os nomes, diretamente ou através de um contratado. Em 1998 ele estabeleceu uma organização privada sem fins lucrativos, a Internet Corporation for Assigned Names and Numbers (Icann). A Icann tornou-se controversa entre os que vêm a Internet como livre e informal, porque ela não deixa que se escolha qualquer nome de domínio. Mas é preciso algum tipo de coordenação. "Queiramos ou não, você realmente precisa de uma raiz única para fazer tudo funcionar", diz Vinton Cerf, pioneiro da Internet que se tornou diretor da Icann. "É preciso haver regras básicas comuns. É isso o que a Icann tenta alcançar."[20]

Para a proteção intelectual e de contratos, o comércio pela Internet apoiou-se no sistema legal existente, oferecido pelo Estado. O aparato regulatório antitrustes protegeu as empresas de Internet contra a concorrência predatória, assim como protegeu as empresas tradicionais. O Estado processa quem espalha vírus de computador.

Dessa forma, a Internet nos oferece algumas lições conflitantes. Seu vigor está na descentralização. A iniciativa e imaginação de centenas de milhares de pessoas levou-a adiante. Mas a descentralização tem limites. Um aspecto crucial do sucesso da Internet foi a sua administração central. Ela é uma parte muito menor do quadro do que a liberdade que o usuário tem de fazer adaptações criativas, mas, apesar de tudo, é indispensável. Sem a ajuda do governo para fazer ela começar e para estabelecer algumas de suas regras, a Internet teria se estiolado. Alguma coordenação continua sendo necessária, embora deva ser estritamente limitada. Na Internet ou em qualquer outro sistema complexo, tanto a administração como a autonomia são essenciais — a questão é conseguir o equilíbrio certo.

Qualquer economia moderna é muito mais complexa do que a Internet. Estimou-se que a rede mundial contém apenas 0,001% da informação mundial total.[21] Por maior que seja a Internet, ela não é tão grande assim. Todas as razões pelas quais a Internet precisa ser descentralizada, na estrutura de alguma administração, aplicam-se, multiplicadas muitas vezes, à economia.

Como Frank Sinatra, os empresários de sucesso gostam de acreditar que "fizeram de seu próprio jeito". Em grande parte isto é verdade, mas não inteiramente, já que normalmente o Estado estabelece as bases. No desenvolvimento da economia dos Estados Unidos, o Estado é onipresente. A Internet, como se viu, foi estabelecida pelo governo. A indústria de alta tecnologia em geral — computadores, telecomunicações, biotecnologia — não teria florescido sem o financiamento governamental de pesquisa científica básica. A indústria aeroespacial foi construída com encomendas militares. O sistema de rodovias interestaduais, iniciado pelo presidente Eisenhower na década de 1950, auxiliou o comércio de longa distância.

Adam Smith, o mais eloqüente advogado dos mercados, reconheceu que eles tinham limites. Os mercados não podem dar tudo. O Estado deve proteger seus cidadãos com uma defesa nacional e uma força policial. Além disso, o Estado tem "o dever de erigir e manter as instituições públicas e obras públicas que, embora sejam de grande vantagem para uma grande sociedade, são, no entanto, de natureza tal que seus lucros nunca poderão cobrir as despesas de qualquer indivíduo"[22].

Esses bens e serviços são chamados de bens públicos. O controle da poluição e a proteção policial são exemplos. Os bens públicos têm duas características básicas. Eles são não-rivais, significando que qualquer pessoa que se beneficie de um bem público não reduz o volume disponível para outros; bens comuns, como uma fatia de pão, digamos, são gastos ao serem consumidos, mas isso não acontece com os bens públicos: quando você goza de ar puro ou da segurança decorrente de uma força policial efetiva, você não impede que outros gozem dos mesmos benefícios. E são não-excludentes, significando que, quando existe o bem, todos podem se aproveitar dele livremente: você se beneficia do ar não-poluído e da proteção policial mesmo que não contribua para pagar os custos de sua oferta; não existem direitos de propriedade com relação aos bens públicos.

Como os benefícios dos bens públicos são dispersos, sua distribuição não pode ser deixada ao mercado. Todo o mundo se aproveita do ar mais limpo, ou da ausência de crime decorrente do policiamento efetivo, ou da segurança advinda da defesa nacional, de modo que ninguém pode ser cobrado por isso, e as firmas não vão realizar as despesas necessárias para sua disponibilização. Beneficiando todos, tenham eles contribuído para seu pagamento ou não, os bens públicos não teriam oferta suficiente a não ser com alguma decisão coordenada. Uma comunidade pequena e unida pode ajudar a gerar seus próprios bens públicos, mas bens públicos que tragam benefícios para muitos exigem financiamento e talvez disponibilização da parte do governo. Alguns bens públicos têm de ser fornecidos pelo Estado, ou então não são fornecidos.

Os cuidados com a saúde e a educação têm alguns aspectos de bem público. Erradicar doenças contagiosas e dar condições para que toda a população seja alfabetizada trazem benefícios amplos. Para isso são necessárias providências do Estado. Em outros casos, como cirurgias plásticas não-reparadoras e formação em administração, a maior parte dos benefícios vai diretamente para quem recebe, e portanto não são bens públicos. Até que ponto os cuidados com a saúde e a educação devem vir do Estado, e até que ponto os indivíduos devem fazer seus próprios arranjos através do mercado? A linha de separação entre o fornecimento público e o privado exige considerações adicionais. As idéias deste livro são relevantes para o debate sobre se o cuidado com a saúde é mais bem-feito pelo governo ou pelo mercado, pois elas nos ajudam a ver como desenhar melhor um mercado de cuidados médicos e quais as suas limitações. Mas outras questões, inclusive julgamentos éticos sobre o que seria eqüitativo, também são centrais para este debate.

Definir se o fornecimento de um bem ou serviço deve ser público ou privado não depende apenas da consideração tecnocrática sobre se os bens em questão são públicos ou não. Isto depende também de julgamentos de valor. O escopo ideal do Estado é uma questão altamente controversa. As idéias que estou discutindo ajudam a enfrentar esta questão, na medida em que mostram que existem limites inferiores e superiores para o tamanho de um Estado funcional; países cujos governos estão fora desses limites têm um baixo padrão de vida. É fácil mostrar que alguns governos são grandes demais, assumem a produção de bens e serviços que seriam mais adequadamente fornecidos pelo setor privado, e com isso trazem a inépcia do controle central. Pode-se demonstrar que outros governos são pequenos demais, negligenciando as funções básicas de coordenação e do fornecimento de bens públicos para os quais o Estado é necessário, e sem o que as atividades econômicas sofisticadas não podem florescer.

Entre esses extremos há um grande espaço para papéis mais ativos ou menos ativos para o Estado. Pessoas razoáveis podem discordar acerca do tamanho do Estado, porque podem discordar sobre quanto deve ser redistribuído dos ricos para os pobres. Não vou tomar partido a este respeito aqui. A idéia de que um governo deve distribuir mais ou menos depende de juízos de valor. Não é uma questão que possa ser resolvida pela análise econômica, que trata dos meios, e não dos fins. Vou me limitar a analisar a funcionalidade dos mercados, e a examinar o papel do Estado no desenho dos mercados.

A discussão anterior sobre bens públicos poderia ter saído diretamente de um livro-texto de economia (o imponente jargão não-excludente e não-rival foi algo que escapou). Mas um dos assuntos deste livro é algo menos estudado: quais bens públicos são necessários para os mercados funcionarem bem.

Adam Smith, escrevendo em 1776, previu uma expansão do governo à medida que a economia crescesse. O fornecimento público do que ele chamava de "instituições para facilitar o comércio da sociedade", como estradas, pontes e portos, seria cada vez mais necessário. Sendo difícil dar-lhes preços de modo a gerarem retornos adequados aos investimentos, a infra-estrutura pública exigia envolvimento do Estado. Mas fornecimento público não significa necessariamente produção pública. Tais facilidades algumas vezes são mais eficientemente produzidas pelo setor privado, mas sua natureza de bem público necessita que o governo ajude a pagar por eles.

Financiar estradas, pontes e portos não é a única maneira pela qual o Estado moderno facilita o comércio. O Estado dá as bases para a atividade do mercado ao garantir a infra-estrutura legal e regulatória, ou seja, ao ajudar a estabelecer as regras para o jogo de mercado.

Os mercados se desenvolvem espontaneamente, sem a ajuda do Estado. As calçadas da cidade de Nova York estão apinhadas de vendedores que oferecem de tudo, de relógios falsificados a livros, camisetas, flores. Eles prestam um serviço útil, como observa qualquer visitante. Quando chove, você pode comprar um guarda-chuva; quando faz frio, uma jaqueta; quando está sol, óculos escuros — mais convenientemente e mais barato do que nas lojas. A maioria dos dez mil vendedores não tem licença, pois a Câmara Municipal tornou quase impossível operar legalmente, ao estabelecer um teto arbitrário de 853 licenças. Por não terem licenças, os vendedores estão sujeitos a serem incomodados pela polícia, que de vez em quando os prende e confisca seus bens. Tanto David Dinkins como Rudolph Giuliani tentaram enfrentar os vendedores; Dinkins disse que eles eram "um estorvo para os pequenos lojistas e vendedores legais". Mas eles perseveram.

As vendas de rua até se tornaram globais. No vale Otavalo, no Equador, à beira dos Andes, artesãos indígenas tecem suéteres, ponchos e cobertores e os embarcam para vários lugares do mundo.[23] Nas ruas de Nova York, assim como em outras cidades como Tóquio e Amsterdã, as roupas são vendidas por otavalenos em suas roupas típicas, os homens de rabo-de-cavalo e "fedoras" e as mulheres de saia comprida. Depois de passarem alguns anos no exterior, eles voltam para casa com poupanças substanciais, e são substituídos nas ruas pelos filhos ou primos. O negócio é tão produtivo que o vale Otavalo prosperou. Embora as técnicas de fabricação sejam rudimentares, usando teares antiquados e seguindo os desenhos andinos tradicionais, os otavalenos mostram uma atualíssima capacidade de resposta às tendências da moda. São mandadas por fax para Otavalo informações sobre as cores e padrões na moda, e em duas semanas os artesãos embarcam novos suéteres e ponchos nos estilos modernos.

Diz-se que empresas e trabalhadores pertencem à economia informal se, como no caso dos vendedores de rua de Nova York, não são oficialmente registrados. Nos países em desenvolvimento, não apenas as vendas mas também a produção muitas vezes é feita na economia informal. Operar na economia informal, por um lado, significa estar fora do alcance do coletor de impostos. Significa também, por outro lado, estar fora da proteção do Estado. As transações na economia informal não têm o benefício do sistema legal nem de outros apoios do Estado.

Por ela ser clandestina, é difícil avaliar as dimensões dessa atividade empresarial. É preciso um certo trabalho de detetive econômico, e reunir pistas disparatadas. Algumas vezes se usaram pesquisas por amostragem, com questionários aplicados ao acaso, para construir um quadro de toda a economia a partir de uma fração da mesma. Outro método compara o dispêndio nacional anual com a medida de renda total. Pela maneira como as contas nacionais são estabelecidas, esses dois totais devem ser iguais. Mas, se alguma atividade geradora de renda não é informada às autoridades porque está na economia informal, então a renda medida é menor do que o dispêndio agregado. O tamanho da economia informal pode ser deduzido a partir dessa diferença. Um outro método é extrapolar a partir do consumo de eletricidade. A atividade econômica total move-se exatamente conforme o consumo de eletricidade: na maioria dos países, um aumento da atividade econômica de 1% traz um aumento de consumo de eletricidade de cerca de 1%. Assim, a atividade econômica total da nação pode ser inferida a partir do consumo de eletricidade. Subtraindo desse total o nível oficialmente registrado de atividade econômica, temos uma estimativa da atividade informal.[24]

Com uma combinação desses e de outros métodos estimou-se que Nigéria, Egito e Tailândia têm as maiores economias informais do mundo, cerca de 3/4 de sua Renda Nacional oficial. Em países como o Peru, Filipinas, México e Rússia a economia informal é cerca de metade da economia formal. Na Tanzânia, Chile e Coréia do Sul ela é cerca de 1/3. Esses países, portanto, são muito menos pobres do que o indicado por suas rendas nacionais, que deixa de ver uma parte significativa da atividade econômica. Nos casos extremos, Nigéria, Egito e Tailândia, se as estimativas da economia informal estiverem corretas, a renda das pessoas é cerca de 3/4 maior do que o apontado pelos dados oficiais.

Os números da economia informal são boas e más notícias. Por um lado, a existência de um setor informal mostra que é possível haver grandes parcelas de atividade de mercado independentemente do Estado. Ele não é essencial para os mercados, que podem prosperar mesmo com um governo disfuncional ou hostil.

Por outro lado, países com grande atividade informal tendem a ser pobres. Nas economias ricas da América do Norte e da Europa Ocidental a economia informal é cerca de 1/10 da Renda Nacional. Nelas as atividades econômicas informais compreendem principalmente vendedores de rua, trabalhos por conta própria não-declarados às autoridades fiscais e transações diretas. Já nos países em desenvolvimento, a economia informal também envolve muitas fábricas e empresas prestadoras de serviços. Enquanto nos países ricos a grande maioria dos agentes econômicos pode apelar para o Estado pedindo apoio, nos países mais pobres muitos deles não podem fazer isso.

Qual é o papel do Estado? O grande volume de atividade informal mostra que os mercados podem funcionar inclusive onde o Estado é ausente ou até mesmo prejudicial. Isto significa que o Estado é irrelevante para os mercados? Se o Estado ficasse de fora, os participantes do mercado poderiam prover todos os mecanismos de que precisam?

Hernando de Soto, em seu merecidamente famoso livro O *outro caminho*, descreveu a economia informal do Peru como um sistema democrático administrado pelas próprias pessoas, independentemente do Estado.[25] Empresários sem autorização desenvolveram o transporte informal de passageiros a um tal ponto que, na década de 1980, os operadores autorizados eram responsáveis por apenas 10% dos veículos de transporte de massa em Lima. Inumeráveis vendedores de rua comercializavam comida, cigarros e assim por diante, sem permissão e sem pagar impostos. As autoridades tentaram controlar os vendedores de rua, impondo regras que restringiam tal comércio a bens de valor muito baixo. Mas elas se mostraram impossíveis de serem impostas e o prefeito de Lima, dizendo que o comércio de rua estava fora de controle, reconheceu a derrota.

Muitos dos vendedores de rua em Lima se organizaram em grupos e montaram mercados fora da rua, invadindo terrenos e construindo edificações precárias para abrigar suas barracas. Tais mercados vendem, em sua maior parte, comida, mas também roupas e artigos domésticos. Os investimentos dos barraqueiros na estrutura fixa do mercado deram um senso de permanência. Os consumidores têm razão em acreditar que os vendedores vão estar no mesmo lugar no dia seguinte, e com isso desenvolveu-se a confiança entre vendedores e fregueses. Diferentemente dos vendedores de rua, os vendedores do mercado começaram a oferecer garantias e serviços pós-venda. Em conseqüência, começaram a ser negociados bens como artigos eletrodomésticos.

Os empresários informais do Peru operam sua mini-economia separadamente do Estado. Ao permanecerem na economia informal, eles escapam do Estado excessivamente burocratizado. Para avaliar os custos da burocracia, os pesquisadores de de Soto enfrentaram a rotina de criar uma pequena confecção de roupas, cumprindo fielmente todas as regras e regulamentos e evitando qualquer atalho através de propinas. (Em dez ocasiões os funcionários solicitaram propinas.) Levaram quase um ano para conseguir as 11 permissões necessárias para começar a produção.

Estar na economia informal significa evitar os impostos; mas também significa deixar de obter qualquer ajuda do Estado. Os empresários informais do Peru não têm qualquer acesso ao sistema legal. Eles têm seu próprio conjunto de normas e costumes que funcionam no lugar das leis. Mas têm problemas; as regras informais não são um substituto inteiramente adequado para um sistema legal. Como não podem usar as leis do contrato, eles só negociam com pessoas de reputação conhecida. Isto reduz em muito o número de pessoas com quem podem tratar, mantendo-os pequenos. Os negócios informais têm direitos *ad hoc* aos terrenos que ocupam, mas tais direitos não são tão seguros quanto seriam sob um sistema legal efetivo, pois existe algum risco de expropriação. Como resultado, os empresários relutam em fazer investimentos caros em imóveis e equipamentos, investimentos que poderiam capacitá-los a crescer além do simples processamento. Operar fora da lei "envolve um tremendo custo", concluiu Hernando de Soto. "O caos aparente, o desperdício de recursos, as invasões e a coragem cotidiana são tentativas desesperadas e empreendedoras dos empresários informais para construir um sistema alternativo ao que lhes negou proteção." A economia informal tem seus limites.

Quando se examina a economia informal de qualquer lugar, de Lima a Nova York, o que mais chama a atenção é seu dinamismo, sua energia vital. Os mercados podem florescer sem o Estado. Também chama a atenção sua precariedade. Nela, com poucas exceções, os negócios são pequenos. Eles se limitam a atividades elementares, como venda a varejo, serviços e fabricação em pequena escala.

A economia informal mostra que é possível desenvolver-se uma ordem espontânea permitindo que os mercados floresçam — mas apenas até certo ponto. A ordem espontânea só funciona quando as transações são simples e as empresas, pequenas. Para além disto, a ausência completa de governo produz mercados disfuncionais. É possível levar a não-intervenção longe demais, mas uma economia moderna precisa de alguma administração.

Os mercados que surgem espontaneamente, como os de rua, não são típicos, na medida em que são relativamente simples. A maioria das transações são pura troca, com os vendedores de rua revendendo comida e roupas. Qualquer produção é em pequena escala. Os bens negociados são simples o suficiente para os compradores verificarem facilmente a qualidade, de modo que há pouca margem para o vendedor enganar o comprador, e este não precisa tomar muitos cuidados para não ser enganado. Quando as transações são diretas, os mercados são de funcionamento fácil e o *laissez-faire* é funcional. No entanto, nos mercados que funcionam apenas com base em mecanismos informais, os custos de transação são altos e, como resultado, muitas oportunidades produtivas são perdidas. Onde as transações são mais complicadas, os mecanismos informais são ainda mais limitados. Pode ser que os mercados não funcionem espontaneamente para cuidar de tudo, e onde eles funcionam pode ser que não sejam eficientes.

Para os mercados operarem com eficiência necessitam de mecanismos para proteger os direitos de propriedade e de contrato, e para limitar os prejuízos a terceiros. Muitos desses mecanismos são gerados de baixo para cima pelos próprios participantes dos mercados. Mas alguns precisam ser gerados de cima para baixo. Para proteger as transações complexas e em larga escala de uma economia moderna são necessárias leis e regulamentações.

A pergunta mais importante do desenho de mercado é: onde deve terminar o escopo dos mercados? A maior parte das decisões em uma economia é descentralizada, e cabe a pessoas que têm um interesse direto e imediato. A economia irá muito mal se o governo tentar fazer muito ou tentar fazer aquilo para o que está mal preparado. Os mercados funcionam melhor do que a planificação central porque mobilizam o conhecimento local. A União Soviética, como outros sistemas centralmente controlados, não pôde mobilizar o conhecimento local.

O sistema de mercado, ao contrário, economiza os fluxos de informação. Em mercados que funcionam bem, os preços servem para agregar as informações dispersas entre os participantes no mercado. Com os preços funcionando como mecanismos de retroalimentação, o sistema de mercado coordena a ação de milhões.

O colapso da planificação central é algumas vezes apresentado como uma prova de que o governo deve ficar de fora da economia. Isto é um *non sequitur*. Ao observar que uma coisa não é preta, não devemos inferir que ela deva ser branca. O fato de que os governos falham muitas vezes não prova que o Estado ideal é o Estado mínimo. Colocar a escolha entre planificação *versus* mercado completamente livre é um excesso de simplificação. Os bens públicos, ao oferecer benefícios difusos, devem ser produzidos pelo Estado ou, ao menos, serem financiados por ele. Embora o governo muitas vezes tente fazer demais, outras, ele faz de menos.

13

Administradores do dinheiro alheio

Uma corporação pode ser tão grande quanto uma nação. A produção anual da General Motors se situa entre a do Uruguai e a da Hungria. (O valor agregado da GM, ou renda líquida mais folha de salários, é US$35 bilhões; o Produto Nacional Bruto do Uruguai é de US$20 bilhões e o da Hungria é de US$46 bilhões.) A Wal-Mart, que emprega 1,1 milhão de pessoas, tem uma "população" equivalente à das ilhas Maurício e quase tão grande quanto a da Estônia.

As empresas são as marcas mais conspícuas na paisagem de uma economia de mercado. Existe aí um paradoxo, pois as firmas são administradas por uma espécie de planejamento central. A responsabilidade é de quem está em cima. As transações numa firma estão sujeitas não ao mercado, mas a um controle hierárquico. Embora as firmas usem o mercado nas transações umas com as outras, nas transações internas elas deliberadamente esquecem-no. O planejamento já faz parte do passado nas economias comunistas, mas nas empresas das economias de mercado ele ainda segue com vigor.

Como a Wal-Mart e a GM podem ser razoavelmente produtivas como economias planejadas enquanto a Hungria e a Estônia não são? O que há numa empresa que a protege contra o desperdício que o planejamento traz quando é realizado ao nível de uma economia?

A resposta divide-se em três. Os proprietários da empresa têm um interesse direto em seu desempenho e monitoram as decisões dos administradores. No entanto, para uma empresa grande, a propriedade privada não é suficiente, em si mesma, para garantir a eficiência. As forças de mercado externas à firma estimulam os administradores a geri-la eficientemente. A disciplina decorre do mercado de produtos: os consumidores devem querer comprá-los. Os mercados financeiros também impõem disciplina: uma empresa mal-administrada vai à falência ou passa ao controle de terceiros. A disciplina do mercado, por sua vez, depende em parte das ações do governo, sob a forma de regulamentações financeiras e antitruste.

Uma firma é inevitavelmente centralizada. Muitas grandes empresas, sem dúvida, tentam cooptar os benefícios do mercado. Elas estabelecem divisões em sua própria contabilidade de perdas e ganhos. Mas, na melhor das hipóteses, uma firma imita o mercado apenas de maneira incompleta. Enquanto o organograma pode colocar os poderes de decisão bem abaixo na hierarquia, qualquer descentralização continua sob o controle final do quartel-general. As empresas têm mecanismos centralizados de orçamento e balanço. A administração, e não qualquer mercado interno, é o árbitro final de qualquer transação interna às firmas.

A questão do emprego, em particular, mostra como as transações internas das empresas são dirigidas centralmente. Os empregados são pagos de acordo com a escala de salário das firmas. O mercado de trabalho externo às firmas define um piso para os pagamentos, mas os empregados podem receber numa empresa mais do que em outros lugares. Muitas vezes os pagamentos dependem de antigüidade, e não são tão finamente ajustados à produtividade corrente do indivíduo quanto seriam no mercado. Os principais incentivos para os administradores médios são o estímulo da promoção e a punição da demissão, o que significa que o escritório central estabelece os incentivos dos administradores.

Herbert Simon, polímata e ganhador do prêmio Nobel em economia, criou uma fábula para ilustrar quanto de uma economia é regulamentado não pelos mercados, mas pelas organizações.[1] Simon imaginou um viajante vindo de Marte "chegando à Terra munido de um telescópio que revela as estruturas sociais". No telescópio marciano, as firmas aparecem como áreas verdes, enquanto as transações de mercado aparecem como linhas vermelhas, de forma que a economia parece uma teia de aranha de linhas vermelhas e áreas verdes. A maior parte das transações ocorrem no interior das firmas, de modo que as organizações compõem a maior parte da paisagem que o marciano vê. Se enviar uma mensagem para Marte descrevendo a cena, nosso marciano não vai descrevê-la como uma "rede de linhas vermelhas conectando manchas verdes," mas como "grandes áreas verdes interconectadas por linhas vermelhas". Simon observou: "Quando nosso visitante vier a saber que as massas verdes são organizações e que as linhas vermelhas que as ligavam são transações de mercado, vai se surpreender com o fato de a estrutura ser chamada de economia de mercado."

Os ganhos dos empregados — que representam transações no interior das firmas e de outras organizações — são 71% da renda agregada dos Estados Unidos. O restante decorre principalmente de transações de mercado, via investimentos e auto-emprego (é a soma dos rendimentos dos proprietários, os lucros das empresas e a renda de aluguéis e juros).[2] Assim, em uma economia orientada para o mercado, predominam as transações no interior das empresas. As transações de mercado são responsáveis por bem menos do que 1/3 da renda total.

As grandes empresas desempenham um papel crucial em qualquer economia moderna. As firmas crescem devido à natureza de seus processos de produção ou da demanda de seus produtos. Em algumas indústrias, como as siderúrgicas ou as automobilísticas, as empresas maiores obtêm economias através da produção em massa. Como Henry Ford descobriu, fabricar em grande escala pode ser mais barato. A produção de *softwares* como o Microsoft Windows é o arquétipo da atividade com economia de escala: a maioria dos custos ocorre no desenho inicial, e o custo de prestar serviços a um consumidor extra é pequeno. Na indústria farmacêutica, são necessárias grandes vendas para cobrir os custos de pesquisa e desenvolvimento. Bens como alimentos para o café da manhã e produtos de limpeza doméstica obtêm economias de escala através da distribuição e comercialização. No comércio eletrônico, as economias de escala decorrem dos efeitos de rede. Em um site de leilão pela Internet, mais vendedores atraem mais compradores, que atraem mais vendedores, de modo que o site cresce numa espiral auto-fortalecedora; é difícil para os sites novos começarem porque é difícil desalojar os usuários dos sites antigos. Maior pode ser melhor.

As economias de escala não determinam, por si mesmas, onde se situa o limite entre uma firma e o mercado. As firmas têm duas maneiras de obter os insumos de que necessitam: elas podem produzi-los ou comprá-los. As transações no interior da firma são mediadas pela cadeia hierárquica de comando. As transações com outra firma são mediadas pelo mercado. As empresas que contratam parte de sua produção — preferindo comprar a fazer — depositam sua confiança no mecanismo de mercado.

Se os mercados são tão eficientes, por que tantas transações são deliberadamente retiradas do mercado e colocadas nas subeconomias planejadas que são as firmas? Por que, ao invés de empregados, não se usam contratados independentes? O que ocorre é que as firmas existem como resposta a fricções de mercado. Às vezes é mais barato administrar uma hierarquia do que usar o mercado. Uma firma produz seus insumos internamente ou busca-os em outras firmas, dependendo dos custos relativos de cada forma de transação. Um dos fatores que afetam essa comparação, como observou Ronald Coase em 1937, é a eficiência com que os mercados funcionam. Quando os custos de transação para usar o mercado forem altos, as firmas tenderão a produzir seus próprios insumos. Quando os mercados funcionarem adequadamente, as firmas contratarão fora a maior parte do trabalho.

As firmas não precisam necessariamente usar sua capacidade de produção interna para se beneficiarem de economias de escala. A Cisco Systems Inc., líder de mercado em roteadores (o equipamento usado para administrar o tráfego da Internet), é quase uma empresa virtual. Ela se concentra em pesquisa e desenvolvimento, em uma das pontas do processo de produção, e na comercialização, em outra. A parte do meio — a fabricação dos produtos — é encomendada, em sua maior parte, a outras firmas. Para que isso seja factível é necessário comunicação rápida com as empresas fabricantes. Carl Redfield, responsável pela fabricação da Cisco, diz: "Sem a Internet nada disso seria possível." A Internet rebaixou os custos de transação para usar o mercado. Ela possibilita comunicação instantânea de grandes volumes de informação técnica e financeira entre a Cisco e seus contratados. Ela permite que transações complexas sejam administradas entre múltiplas firmas localizadas longe umas das outras.[3]

Dado que as firmas são administradas internamente por uma espécie de planejamento central, o que substitui os incentivos à eficiência conferidos pelo mercado?

A propriedade privada é a razão básica pela qual as firmas, grandes ou pequenas, operam eficientemente. Os acionistas têm um interesse direto na firma; eles são motivados a buscar oportunidades de aumentar a receita e diminuir os custos, porque cada dólar adicionado aos lucros é um dólar a mais no bolso dos proprietários.

Foi a redescoberta dessa verdade elementar que levou à onda de privatização de empresas estatais no final do século XX. Dela resultaram deslocamentos maciços de propriedade, e os governos de mais de cem países arrecadaram cerca de US$1 trilhão. A partir de 1980 a propriedade estatal reduziu-se drasticamente em todo o mundo. A maior redução ocorreu nos antigos países comunistas, onde o Estado havia monopolizado a produção. Mas também em países não-comunistas o Estado reduziu sua participação na produção: em países de renda baixa o produto das empresas estatais caiu de 16% da Renda Nacional para 5%, e nos países industrializados, de 9% para 5%.

De uma maneira geral, os incentivos da propriedade privada resultaram em melhorias sólidas, embora não espetaculares. Os vários estudos realizados sobre o desempenho das empresas privatizadas mostram que a propriedade é realmente importante.[4] Após a privatização, a maioria das firmas (mas nem todas) cobra a seus consumidores preços mais baixos e oferece serviços melhores do que com a propriedade estatal. A produção por trabalhador é mais alta (cerca de 20%, em média), assim como o dispêndio em investimento (cerca de 5%, em média) e a produtividade (cerca de 4%, em média). Algumas empresas aumentaram o volume de emprego depois de privatizadas, mas, em muitos casos, seguiram-se dispensas de trabalhadores, um sintoma do excesso de empregos comum na propriedade estatal; no geral, o emprego cresceu um pouco após a privatização (cerca de 1%, em média). Também a produtividade aumentou mais rapidamente, e os custos de produção se reduziram, assim como a dívida. De modo geral, passar as empresas estatais para a propriedade privada deu o resultado que se pretendia. As empresas funcionam melhor quando são de propriedade privada do que quando são de propriedade estatal.

Mas a propriedade privada é apenas parte da história. Ter donos privados não garante que uma empresa funcione com eficiência total. Existem limites para a propriedade. Uma invenção organizacional criada pouco antes da Revolução Industrial foi tão importante para o subseqüente crescimento econômico mundial quanto qualquer invenção mecânica, como a máquina a vapor ou o tear de algodão. Trata-se da sociedade anônima de responsabilidade limitada. Anteriormente, os riscos enfrentados pelos proprietários impunham um limite muito rígido ao tamanho das empresas. Os negócios são sempre cheios de incertezas. Os retornos obtidos por qualquer firma variam imprevisivelmente; os proprietários estão sempre ameaçados de perder seus investimentos. A sociedade anônima serve para limitar os riscos dos investidores. Responsabilidade limitada e múltiplos donos significam que os riscos de qualquer investidor individual são atenuados. Como não há uma pessoa só correndo uma fração significativa dos riscos da firma, a empresa pode ficar grande o suficiente para se beneficiar das economias de escala. Mas riscos limitados também significam incentivos limitados. Se cada acionista possui apenas uma pequena fração da companhia, nenhum deles tem motivos para incorrer no aborrecimento de verificar se tudo está sendo bem administrado. Como as firmas grandes evitam ficar inchadas?

Adam Smith, escrevendo em 1776, identificou o que ele achava ser um defeito fatal nas sociedades anônimas. Os administradores das empresas eram "administradores do dinheiro alheio, e não de seu próprio dinheiro". Não se poderia esperar que "cuidassem dele com a mesma vigilância ansiosa" que teriam se fosse seu próprio dinheiro. Smith era pessimista acerca do futuro das sociedades anônimas, pois elas não seriam bem administradas. "Negligência e prodigalidade", advertiu ele, "sempre acontecerão."[5]

Numa sociedade anônima, a propriedade está separada do controle. Assim como os planificadores na União Soviética de Stálin podiam não estar buscando os fins que os teóricos do socialismo desejavam, da mesma forma, os executivos de uma firma — administradores do dinheiro alheio — nem sempre conduzem-na na direção que os proprietários querem.

Numa pequena firma administrada pelo dono, a propriedade privada pode ser suficiente, em si mesma, para garantir que ela seja bem administrada, mas não é isso o que acontece nas grandes empresas com muitos acionistas. Acompanhar as decisões de um administrador não é fácil: trata-se de um exercício custoso e demorado. É preciso muita informação para fazê-lo direito. Raramente vale a pena para um acionista, especialmente porque a maior parte dos benefícios vai caber a outros acionistas. Em princípio, os diretores monitoram os administradores em nome dos acionistas. Mas a capacidade dos diretores de acompanhar os administradores também é limitada, dados o tempo e os recursos de que dispõem.

A maioria das grandes empresas dá aos administradores uma participação no desempenho, oferecendo-lhes opções de compra de ações e vinculando seu pagamento ao valor das ações na bolsa de valores. Em parte — mas apenas em parte — esses incentivos alinham seus interesses aos dos proprietários. No entanto, problemas de informação similares aos que aparecem com a planificação central continuam a atrapalhar a eficiência. A dispersão de conhecimentos entre as pessoas na organização gera custos para operar uma hierarquia — não apenas conhecimentos científicos e técnicos, mas também informações mais mundanas sobre pessoas e condições locais. Um trabalhador na linha de produção pode observar defeitos de qualidade que aparecem apenas para quem está no chão da fábrica: uma máquina que algumas vezes fica ociosa, ou um excedente de estoque de matéria-prima que poderia ser usado. É preciso estar ao nível de um gerente médio para tomar conhecimento de problemas de engenharia em um novo processo, ou para imaginar uma maneira de realocar trabalhadores e aumentar a produtividade. Vendedores em campo aprendem sobre a demanda pelos produtos da empresa. Grande parte da informação sobre demanda e custos necessária para o planejamento pela administração superior vem de baixo. O conhecimento do que é valioso para uma organização é adquirido pelas pessoas — em todos os níveis da organização, inclusive os mais baixos — como subproduto de suas obrigações cotidianas.

Por que é importante que a fonte de informação esteja separada da responsabilidade decisória? As pessoas se aproveitam de qualquer conhecimento especial que adquiram. Informações dispersas em uma hierarquia tornam inevitáveis os conflitos de interesse. A informação é distorcida devido aos incentivos a explorar quaisquer vantagens informacionais que tenham. "As pessoas relutam em partilhar informação", observou o diretor de uma grande companhia francesa. "Os administradores, em particular, parecem achar que ela lhes dá um poder extra." Gerentes médios "têm interesse em guardar informação — e usar o poder que vem com ela".[6]

Esse ocultamento da informação acontece no processo de definição do orçamento de empresas multidivisionais. Um estudo sobre grandes empresas americanas mostrou que os gerentes de divisão criam folgas em seus orçamentos subavaliando as receitas esperadas (usando baixas estimativas de preços e de vendas) e superavaliando os custos (inflando as necessidades de pessoal, propondo projetos desnecessários e deixando de relatar a adoção de processos que reduzem custos). Essa faixa de proteção, que é mais baixa quando as condições de operação são adversas, alcançam uma média de 20 a 25% dos orçamentos das divisões.[7] A separação entre propriedade e controle algumas vezes provoca desperdícios que lembram a planificação soviética.

Dessa forma, Adam Smith estava certo ao se preocupar com os incentivos desalinhados no interior das empresas. No entanto, em geral, as corporações funcionam muito bem. Por mais perspicaz que ele fosse, as previsões de Smith não eram muito melhores do que as dos economistas de hoje em dia. A despeito de sua sombria previsão sobre a "negligência e desperdício", as sociedades anônimas transformaram-se na principal maneira de organizar a produção em todo o mundo. Em 1999, o valor total das ações nas sociedades anônimas de todo o mundo era de US$35 trilhões. Se a forma societária de organização tivesse funcionado tão mal quanto Smith esperava, ela já teria sucumbido há muito tempo no mercado competitivo, abrindo espaço para formas alternativas de organização: firmas de um só dono, empresas não-lucrativas, ou mesmo empresas governamentais. A sociedade anônima, pelo contrário, é até agora a única maneira de administrar processos de produção em larga escala com eficiência tolerável. "A companhia moderna é, possivelmente, a mais alta forma de cooperação humana", observou Jerry Kaplan, um empresário do Vale do Silício. "Recursos especializados na forma de trabalho, matérias-primas e produtos acabados, capital e conhecimento juntam-se num processo maravilhoso que transforma esses componentes em bens e serviços de valor mais alto."[8]

Smith diagnosticou corretamente o problema da separação entre propriedade e controle. Mas não conseguiu antecipar a solução: forças de mercado. O sistema de mercado gera checagens e balanços. Pressionando as firmas externamente, as forças de mercado condicionam as decisões dos administradores e os induzem a gerir a firma eficientemente. A disciplina decorre tanto dos mercados de produtos, onde as firmas vendem, como dos mercados financeiros, de onde elas obtêm capital.

Mercados financeiros que funcionam bem — bancos acessíveis e uma bolsa de valores — capacitam as empresas a investir e crescer e então obrigam-nas a funcionar bem. Um mercado de ações líquido significa que os proprietários podem punir os administradores incompetentes vendendo suas próprias ações, rebaixando assim a avaliação das ações da firma. Compradores hostis aumentam essa disciplina. Uma empresa cujo funcionamento seja suficientemente ruim para ter uma baixa avaliação na bolsa de valores pode ser alvo de um comprador hostil, cuja primeira ação após assumir a firma é, geralmente, despedir os administradores. A ameaça de compra induz os administradores a tocar a firma eficientemente.

Os mercados de produtos também geram disciplina. Firmas que enfrentam concorrência para vender seus produtos têm de produzir com qualidade suficientemente alta e preços suficientemente baixos para que os consumidores comprem os seus produtos e não os dos concorrentes. As firmas que não conseguem rebaixar seus custos de produção perdem parcelas de mercado e acabam indo à falência. Os monopolistas, em contraste, não têm tal disciplina e assim tendem a oferecer produtos de má qualidade feitos com altos custos de produção. Descobrir como gerir uma firma com eficiência é uma tarefa difícil para administradores, que exige atenção e cuidados contínuos. Reestruturar é doloroso. Quando não têm a disciplina do mercado de produtos, os administradores muitas vezes nem tentam. Como disse o economista John Hicks, "o que há de melhor nos lucros monopolistas é a tranqüilidade".

A Xerox gozou dessa vida tranqüila na década de 1960, quando seu monopólio no mercado de fotocópias era protegido por patentes. Antes muito inovadora, ela deixou de manter o fluxo de inovações e permitiu que seus custos de produção inflassem. Quando chegaram os concorrentes, no começo da década de 1970, suas inadequações ficaram evidentes, e sua participação no mercado de fotocopiadoras caiu drasticamente. David T. Kearns, presidente da Xerox na reestruturação subseqüente, disse: "Nós sempre havíamos tido êxito, e achávamos que sempre teríamos. Nosso sucesso era tão avassalador que nos tornamos complacentes." Foi preciso uma dolorosa década até a Xerox se recompor e se transformar em um concorrente viável: elevou a qualidade dos produtos, acelerou as inovações e cortou seus custos de fabricação em 20%.[9] O fato de tais melhorias serem possíveis mostra como ela era ineficiente antes.

A indústria automobilística americana seguiu o mesmo caminho. Ela era um oligopólio confortável, com pouca concorrência de verdade; então, na década de 1980, ocorreu um surto de importações, principalmente do Japão. A nova concorrência obrigou os fabricantes de carros a se reorganizarem. Reduziram suas hierarquias internas, passaram a ter estoques mais adequados, refizeram suas linhas de produção e conseguiram se converter em competidores enxutos. As produtoras de automóveis e a Xerox mostram que a propriedade privada não é, em si mesma, suficiente para fazer com que as firmas funcionem produtivamente; é preciso, além disso, a pressão da concorrência.

Grandes empresas necessariamente trazem ineficiências. Organizar uma firma significa buscar objetivos mutuamente incompatíveis. Ela deve ser enxuta para manter baixos os custos de produção; mas também deve ser inovadora, o que implica usar recursos valiosos de maneiras que podem não resultar em uma contribuição. A firma deve responder a informações que surgem em níveis baixos na hierarquia mas, ao mesmo tempo, deve ter suficiente controle central para que as diversas unidades não se atritem umas com as outras. Por toda parte surgem compromissos confusos. Não existe nenhuma forma perfeita de organização — apenas vigilância constante pelos responsáveis e correções ao longo do caminho, sempre que um dos compromissos confusos for longe demais em uma direção. Para que essa vigilância seja mantida é preciso a disciplina externa do mercado.

"O sistema da livre empresa é importante demais para este país para ser deixado nas mãos de indivíduos particulares", observou certa vez um deputado do Mississippi. Embora seja um oximoro, a frase contém um elemento de verdade. Para os mercados funcionarem suficientemente bem para disciplinar as empresas é preciso alguma ação do Estado.

As grandes empresas são muito mais comuns nos países ricos do que nos países em desenvolvimento. Nos Estados Unidos, fábricas com 50 empregados ou mais são responsáveis por mais de 80% do emprego industrial total. Na Tailândia elas são responsáveis por 30% do emprego industrial, e na Indonésia e em Gana, por 15%. Nos Estados Unidos, fábricas com menos que 4 empregados são responsáveis por meros 4% dos empregos, enquanto na Tailândia essas fábricas minúsculas empregam 60%, e na Indonésia e em Gana, cerca de 80%.[10] Países mais ricos têm firmas mais ricas.

Por que ocorre produção em pequena escala onde a Renda Nacional é baixa? Onde o trabalho é barato e o capital é escasso, as empresas usam equipamentos simples, com os quais uma escala pequena de produção é econômica. Em outras palavras, as empresas de países pobres são pequenas porque têm de ser pequenas. Isto é parte da explicação, mas não toda. A outra parte é que os países pobres não têm as instituições de apoio aos mercados que fazem com que as firmas cresçam, e, se crescerem, com que operem eficientemente. Numa economia que funcione bem, o Estado faz com que a concorrência no mercado de produtos continue a existir e os mercados financeiros operem adequadamente.

A principal maneira pela qual os governos estabelecem as regras do jogo de mercado é fazendo leis e mantendo o aparelho que as faz serem cumpridas. São necessárias leis para proteger contra roubo e fraude, para definir e proteger direitos de propriedade e para garantir os contratos. Além disso, os governos supervisionam diretamente a atividade econômica através das agências reguladoras. Todos os governos regulam os mercados de alguma forma.

Por que a lei não é suficiente? Não poderiam todos os problemas ser resolvidos por pessoas racionais negociando à sombra da lei? Não basta mover processos legais quando um contrato não for cumprido, ou quando uma fraude for cometida, ou quando direitos de propriedade forem violados? Por que precisamos desse grau adicional de envolvimento governamental, sob a forma de regulamentação? A resposta é que a lei é imperfeita, e em alguns casos a regulação funciona mais efetivamente. Implementar leis exige mais do que simplesmente criar tribunais. As disputas comerciais podem ser extremamente complexas. Algumas vezes a regulamentação é necessária como suplemento aos tribunais — normalmente, não uma regulamentação direta das atividades cotidianas das firmas, mas uma supervisão para garantir que os mercados façam o que devem fazer.

Uma agência especializada, ao empregar peritos, pode ser mais capaz do que o sistema legal — que é generalista — de tomar decisões que exijam profundo conhecimento da indústria. Muitas vezes as agências reguladoras são chamadas para adicionar detalhe e especificidade às leis que vêm da legislatura. Um regulador pode economizar os custos de reunião de informação e de inspeção, evitando assim duplicar a inspeção das atividades de uma empresa. Geralmente, as burocracias não são notáveis por sua agilidade, mas se forem bem administradas (uma condição importante) podem se mover mais rapidamente do que a legislatura e os tribunais.

O sistema acionário, quando você pára para pensar, é uma maravilha. Você entrega seu dinheiro ganho com dificuldade aos cuidados de administradores das empresas, na esperança de recebê-lo de volta com um acréscimo. E na maior parte das vezes é isso o que acontece. Se você tentasse descrever esse processo para Rip van Winkle, acordando depois de um sono nos últimos cem anos de história, você teria dificuldade em convencê-lo de que não estava inventando. "Me dê o seu dinheiro e eu o multiplicarei para você" é a conversa de todos os vigaristas. Por que vamos confiar nas empresas que dizem a mesma coisa?

Enquanto os mercados são movidos pelo lucro, as empresas baseiam-se na suposição de que os administradores não estão buscando lucros para si mesmos: em vez disso, eles seguem seu dever e buscam lucros para os acionistas. Os administradores não são mais altruístas do que as outras pessoas. Para garantir que eles vão buscar os interesses dos acionistas é preciso dar-lhes incentivos. Criar estes incentivos não é fácil. Muitos países não conseguiram. Os mercados financeiros só funcionam bem onde existe confiança.

O problema, na raiz, é uma questão de informação. Se os investidores não tiverem dificuldade em avaliar as decisões dos administradores, eles vão ter poucos motivos de preocupação. A possibilidade de processar os administradores ou puni-los de alguma outra maneira irá dissuadi-los de quaisquer atividades desonestas ou incompetentes. Mas, em geral, os administradores sabem muito mais sobre o que acontece no interior da empresa do que seus pretensos superiores, os acionistas.

Segundo uma pesquisa entre os principais executivos de 15 países industrializados, 1/4 dos principais casos de fraudes ocorridos nas empresas são cometidos dentro delas pelos próprios administradores. Abuso da confiança dos acionistas — negligência e desperdício em uma escala que Adam Smith jamais poderia sonhar — foi cometido, por exemplo, pelos principais executivos da CUC International, uma firma de hotéis, aluguéis de carros e franquias de imóveis. Na maior fraude contábil já ocorrida (segundo as autoridades dos Estados Unidos), que custou US$19 bilhões aos investidores, eles inflaram as receitas e projetaram os ganhos de maneira a manter o preço das ações artificialmente alto. As receitas foram exageradas em centenas de milhões de dólares por ano, e as despesas foram ocultadas por trocas dos fundos entre as contas. Um contador da firma disse que maquiar os números "era meu trabalho, e meus superiores me encorajavam a fazê-lo". A firma concordou em pagar aos acionistas uma soma recorde de US$2,8 bilhões para encerrar a disputa legal, e os executivos declararam-se culpados das acusações criminosas. "Esse caso reduz-se a cobiça, ego e arrogância", disse o agente do FBI encarregado da investigação. "É um caso de mentira, falsidade e fraude."[11]

Mas esse desvio de comportamento administrativo é raro nas economias industrializadas. As pessoas investem de bom grado seu dinheiro nas sociedades anônimas. Como podem ter certeza de que os administradores não vão jogar seu dinheiro fora com "negligência e desperdício"?

Os mecanismos para fornecer informação confiável aos acionistas incluem uma variedade de intermediários do mercado. A bolsa de valores exige que as sociedades anônimas apresentem dados específicos através de declarações financeiras. Estar na bolsa é uma segurança para os investidores, de modo que ser retirado dela é uma sanção imposta às informações falsas. Firmas especializadas verificam de várias maneiras as informações dadas pelas sociedades anônimas. Contadores auditam as declarações financeiras das firmas. Bancos de investimento subscrevem emissões de ações. Escritórios de advocacia aprovam os prospectos das empresas. Esses intermediários ganham credibilidade por sua preocupação com sua própria reputação, que, no longo prazo, é o que os mantém no negócio. Serem membros de organizações auto-reguladoras dá uma credibilidade adicional. Associações voluntárias, como as sociedades de corretores, exercem uma vigilância extra sobre seus membros, expulsando os que se comportarem mal. A imprensa especializada também é parte do sistema de supervisão, com os jornalistas denunciando as fraudes e a incompetência.

Esses aparatos baseados no mercado são reforçados por vários outros gerados pelo Estado. O governo faz leis que definem e protegem os direitos dos acionistas, garantindo que os investidores recebam informações precisas e a tempo. Ele suplementa os incentivos da reputação dos escritórios de advocacia, de contabilidade e dos bancos de investimento, tornando-os legalmente responsáveis por quaisquer revelações faltosas que endossem. As leis definem o que os administradores podem e o que não podem fazer para se beneficiar. Revelações falsas e divulgação de informações secretas são sujeitas a penalidades legais. A lei também permite que indivíduos processem empresas ou administradores por perdas decorrentes de ações ilegais.

Os Estados Unidos, o Reino Unido e outros países semelhantes não dependem apenas das forças de mercado e do sistema legal; têm, além disto, fortes reguladores financeiros. Para julgar complexos acordos financeiros e combater a fraude de colarinho branco são necessárias agências especializadas. A Comissão de Títulos e de Câmbio (SEC) estabelece as regras que governam o mercado americano de títulos, definindo os detalhes da legislação geral do Congresso. Ela se encarrega dos processos na justiça cível e remete os casos de crime para o Departamento de Justiça. Supervisiona as bolsas de valores e os advogados e contadores especializados em títulos. Os preços das ações podem ser manipulados de maneiras sutis, que escapam com facilidade das malhas da lei, mas que podem ser controlados por um regulador. Só um especialista pode detectar negociações feitas no interior da empresa em diversas camadas de transações. Uma agência reguladora bem focalizada é um elemento dissuasório das trapaças financeiras mais poderoso do que os tribunais sobrecarregados.

Mas, a despeito das múltiplas formas de vigilância, o sistema de supervisão dos mercados financeiros não funciona perfeitamente. A fraude da CUC International, por exemplo, passou desapercebida pelo menos por 12 anos. Só veio à tona quando a CUC fundiu-se com outra companhia e o novo sócio recusou-se a manter a fraude. As autoridades só começaram a atuar depois de ter sido dado o alarme. O risco de ir para a cadeia não foi suficiente para impedir os empregados da CUC de falsificar as contas. Os controles baseados no mercado também não funcionaram. Em suas investigações periódicas, os auditores da empresa não perceberam os números fictícios ou as transferências incomuns de fundos entre as contas. Em resposta às críticas, o advogado da firma de auditoria foi estranhamente defensivo: "O pessoal da CUC estava tão determinado a enganar os auditores que poderia enganar qualquer um."[12]

Revelações falsas para manipular preços de ações não são a única maneira de os administradores lucrarem à custa dos acionistas. Investidores de dentro — acionistas com um grande bloco de ações da companhia e os empregados que a controlam — normalmente estão bem informados sobre os negócios da companhia. Investidores de fora, ao contrário — os que têm um bloco de ações insuficiente para lhes dar controle — não têm tanto acesso às informações sobre o valor da companhia. E acham difícil monitorar e avaliar as decisões dos administradores. Os de fora, portanto, estão vulneráveis à expropriação pelos de dentro.

Administradores desonestos podem imaginar meios de pôr as mãos em parte dos lucros da companhia. Eles podem simplesmente roubar o dinheiro ou, o que significa a mesma coisa, vender os ativos ou produtos da empresa a preços artificialmente baixos para empresas de sua propriedade. Eles podem fazer com que a empresa lhes pague salários excessivamente altos, dar-lhes benefícios opulentos ou conceder-lhes empréstimos em termos generosos. Tais apropriações podem ser feitas de maneiras tão disfarçadas que fica difícil alguém de fora descobrir.

É difícil monitorar os gerentes, e por isso são necessárias regras que restrinjam o que eles podem fazer. Devido à dificuldade de avaliar o valor de uma companhia, os governos muitas vezes proíbem transações internas, em que o administrador usa informações reservadas para negociar as ações da empresa. Na ausência de tais proibições, baixa o preço das ações, devido à vulnerabilidade dos investidores de fora. Como o administrador é quem tem mais informação, os investidores de fora acham que vão sair perdendo de qualquer forma. Seu temor é que, caso a firma tenha sucesso, seus retornos sejam diluídos pelo lucro antecipado do administrador, devido ao seu conhecimento interno; e caso não tenha, o administrador possa realizar uma venda antecipada de suas próprias ações, o que irá exacerbar a queda no preço das ações. Dessa forma, quem está de fora só comprará as ações com um desconto. Acontecem menos negócios com as ações do que deveria ocorrer.[13]

A proibição de negociações internas garante aos investidores de fora não estar à mercê dos mais bem informados de dentro, melhora seus retornos esperados e resulta em um nível maior de investimento da parte deles. O governo intervém por causa de uma externalidade (análoga à externalidade da concorrência desequilibrada no mercado de trabalho esportivo). Os administradores sem escrúpulos não arcam com todos os custos de suas práticas, ao reduzirem a liquidez global do mercado de títulos. Firmas honestas, ao ganharem o mesmo rótulo que suas rivais desonestas, podem preferir sair do mercado de títulos. Em princípio, todos ficam em melhores condições com medidas que aliviem o temor dos acionistas de serem explorados e diminuam sua relutância em investir. A proibição de negociações internas promove a confiança pública nos mercados financeiros e torna os fundos mais prontamente disponíveis para todas as empresas.

Na estrutura reguladora dos Estados Unidos, estabelecida em 1934 após a grande crise de 1929, a ênfase está nas revelações precisas. O sistema de supervisão financeira "coloca o ônus de dizer toda a verdade sobre o vendedor", como disse na época o presidente Franklin D. Roosevelt, com o objetivo de "impulsionar os negócios honestos com títulos e assim trazer de volta a confiança pública".

Em muitos países, a proteção ao investidor é mais fraca do que nos Estados Unidos e no Reino Unido, e assim as empresas que se comportam mal muitas vezes não são punidas. Onde as salvaguardas aos acionistas são menos rigorosas, diminui o desejo de investir. Observando os diversos países, vemos uma grande variação na liquidez dos mercados financeiros e na capacidade das empresas de levantar dinheiro para investir. Uma medida do desenvolvimento do mercado financeiro é a razão entre o valor total das empresas na bolsa de valores e o Produto Nacional Bruto. Ela é muito maior nos Estados Unidos e no Reino Unido (1,3 e 1,1 respectivamente) do que na França e na Alemanha (0,4) e nos países em desenvolvimento (0,4 na Indonésia, 0,3 em Gana, 0,2 no Peru). Países com proteções ao investidor mais fortes têm mercados de capital idem. A eficácia do mercado de ações varia com a maneira pela qual o governo estabelece a plataforma.[14]

Em países com baixa proteção aos acionistas, as ações pertencem a um pequeno segmento da população, porque os investidores, especialmente os pequenos, não estão dispostos a confiar seu dinheiro às firmas. Estas são relativamente pequenas e com poucos donos, devido à escassez de fundos. Existem poucas ofertas públicas iniciais, porque os investidores são especialmente relutantes em colocar seu dinheiro em firmas sem um histórico. Os investimentos não necessariamente fluem para as áreas com maiores retornos, porque o acesso das firmas aos fundos depende de fatores que vão além do valor econômico de suas atividades, tais como as conexões políticas.

No típico país em desenvolvimento, a propriedade das empresas é reduzida. Um pequeno grupo controla o setor corporativo. Este pequeno grupo normalmente não é amistoso com os que não pertencem a ele. Na Indonésia, nas Filipinas e na Tailândia, dez famílias ricas controlam metade do mercado acionário. A concentração da propriedade em poucas mãos reflete a ausência de proteções formais aos acionistas. Os justificados temores dos que estão de fora de que a empresa seja administrada segundo os interesses da família controladora dissuade-os de investir. Os membros do grupo muitas vezes têm ligações especiais com o governo, e esse capitalismo de compadrio aumenta a falta de defesa dos acionistas de fora.

Na Rússia há pouca supervisão reguladora e os processos legais são difíceis de serem montados. Os investidores sabem pouco sobre o estado das firmas, e o pouco que lhes é dito não é confiável. Algumas vezes eles são até excluídos das assembléias anuais. Muitas vezes os administradores vendem subsidiárias e embolsam o resultado. O valor das ações é sistematicamente diluído; às vezes elas são simplesmente expropriadas. Até mesmo as grandes companhias se recusam a publicar relatórios verdadeiros ou a serem auditadas. Enganar os acionistas é a norma. O resultado é que as ações são negociadas com desconto, e o valor total dos títulos russos é alguns bilhões de dólares inferior ao que deveria ser. "Na Rússia, os acionistas hoje em dia não são capazes de controlar o comportamento da administração", queixava-se um acionista. "Nós simplesmente não conseguimos ter o quadro completo. De modo que tudo acontece na base da fé — fé cega."[15]

Os mecanismos que induzem os mercados financeiros a operar honestamente são numerosos e complexos. Os tribunais, as agências reguladoras, a auto-regulação através de associações privadas e firmas intermediárias, tudo isso é parte do sistema que cria a transparência necessária para os investidores se disporem a confiar o dinheiro a outros. O simples fato de os mercados de valores existirem "é mágica, de certa forma", observou o jurista Bernard Black. "Os investidores pagam enormes quantias por direitos completamente intangíveis." Mas, na verdade, não é uma questão de mágica, acrescentou ele, pois essa disposição dos investidores de confiar nos administradores "não aparece em mercados não regulados"[16].

A sociedade anônima é um "artifício engenhoso para obter lucros individuais sem responsabilidade individual", segundo Ambrose Bierce, no *Devil's Dictionary*. Formadas para obter economias de escala, as sociedades anônimas representam um limite ao escopo dos mercados. Embora usem o mercado para tratar umas com as outras, em seus negócios internos elas usam o controle central. A propriedade privada é parte daquilo que faz as empresas funcionarem eficientemente, a despeito da ausência de responsabilidade individual, mas para as grandes firmas, onde a propriedade e o controle estão separados, a propriedade privada não basta. São as pressões externas do mercado, vindas tanto do mercado de produtos como do mercado financeiro, que mantêm as firmas dentro da honestidade.

A eficiência dos mercados de produtos e financeiro enquanto forças disciplinares sobre as firmas depende, por sua vez, de instituições: o sistema legal e antitruste e a regulação financeira. Sem regras para dar aos acionistas informações confiáveis sobre uma empresa, os investidores relutam em ceder seu dinheiro às firmas.

Mesmo com as regras funcionando as coisas podem ir mal. O escândalo da Enron, em 2001-2002, mostrou a necessidade de mecanismos que impeçam os administradores de abusar da confiança. Escondendo-se atrás de uma contabilidade "criativa", os executivos da Enron enriqueceram à custa dos acionistas.

Uma economia moderna é quase que incompreensivelmente complexa. As transações exigem a cooperação de grande número de pessoas e podem levar anos para chegar à fruição. Os mercados precisam de uma superestrutura bem desenhada para capacitá-los a tratar de tal complexidade. No desenho do mercado, não é uma questão de escolher entre os mercados ou o Estado; trata-se do mercado *e* o Estado.

14

Uma nova era de concorrência

"Se for factível estabelecer um mercado para implementar uma política, nenhum político pode deixar de fazê-lo", disse, em 1968, J.H. Dales, um dos primeiros a propor a idéia de arregimentar o mercado na luta contra a poluição. O que os mercados oferecem aos governos? Os lucros, afinal de contas, não são a meta da política pública. Mas os mercados não tratam apenas de dinheiro. Um mercado competitivo bem desenhado coloca recursos nas mãos dos que podem usá-los melhor. É por isto que os mercados algumas vezes podem ser úteis ao setor público. Eles não podem substituir o governo, mas em algumas áreas podem ajudá-lo a desempenhar suas funções.

Já descrevi um caso de desenho de mercado feito pelo governo, os leilões do espectro. Vamos agora examinar dois outros: a desregulamentação da oferta de eletricidade pela Califórnia e a criação, pelo governo dos Estados Unidos, de um mercado de direitos de poluir o ar.

"Não é a poluição que está prejudicando o ambiente", observou Dan Quayle, vice-presidente dos Estados Unidos em 1988. "São as impurezas em nosso ar e água."[1] A chuva ácida prejudica o ambiente, não importa se você a chama de impurezas no ar ou de poluição. Ela provoca a morte de lagos, pois os peixes não sobrevivem na água acidificada. Ela destrói florestas e edifícios históricos. O ar sujo prejudica a saúde das pessoas, provocando problemas respiratórios e cardíacos que podem levar a uma morte prematura.

Para reduzir as emissões de dióxido de enxofre, a principal causa da chuva ácida, o governo americano introduziu, com a Lei do Ar Limpo de 1990, uma nova técnica de controle da poluição. Essa lei acabou com o método de permissão e controle, no qual as firmas poluidoras eram reguladas diretamente por funcionários da Agência de Proteção Ambiental (EPA), que decidia o volume de poluição individual que cada firma podia emitir. Em seu lugar, a EPA criou um mercado dos direitos de poluir. A lei introduziu a permissão de emissão — licenças para emitir uma tonelada de dióxido de enxofre em um ano. As licenças são livremente comercializáveis. Qualquer um pode comprar ou vender, ou guardálas para uso futuro.

O programa de permissão de emissão gerou controvérsias. Os economistas defendiam-no há muito, mas havia barreiras políticas que atrasaram sua introdução. As razões para a oposição, apresentadas por alguns ambientalistas (nem todos), era que as licenças eram imorais, ao conceder o direito de poluir e, portanto, aparentemente legitimar a poluição. O argumento em prol das licenças era pragmático — elas funcionariam melhor do que as formas alternativas de limitar a poluição.

A proteção ao ambiente não pode ser deixada ao mercado. Os prejudicados pela poluição muitas vezes não têm influência sobre os poluidores. As firmas que prejudicam o ambiente impõem um custo à sociedade que não está incluído em sua contabilidade. O mercado não lhes dá qualquer incentivo para limitar a poluição. Para que o ambiente seja protegido, é preciso que o Estado ocupe esse vazio.

As licenças de emissão não foram introduzidas para tirar o controle da poluição das mãos do governo, mas para ajudá-lo a controlar a poluição mais eficientemente. O comércio de emissões não significa que o mercado substitui o governo; pelo contrário, o governo usa o mercado para alcançar seu objetivo político. O governo transfere ao mercado uma parte de seu papel: a decisão sobre o modo pelo qual as reduções de emissões serão divididas entre as firmas. Mas continua com suas funções principais: decidir quanta poluição será permitida no total, verificar o cumprimento das regras e multar qualquer firma que as rompa.

Adiantando a história: segundo a maioria das pessoas que o estudaram, o programa de licença de emissões foi um sucesso notável, mais efetivo que qualquer programa anterior de controle da chuva ácida. O Fundo de Defesa Ambiental, um dos proponentes do programa, concorda com essa avaliação: o comércio de emissões "está limpando a chuva ácida de modo mais rápido e muito mais barato do que os céticos previram. O sistema de mercado está permitindo a inventividade e mostrando que a limpeza não é necessariamente um peso excessivo sobre a economia."[2] O volume de poluentes emitidos anualmente caiu 30% abaixo do teto estabelecido pelo governo. Isto se fez a um custo de bilhões de dólares a menos do que as alternativas. A qualidade do ar e as concentrações de sulfatos na chuva melhoraram em todo o país.

Numa elegante reviravolta, grupos ambientais algumas vezes compram licenças de emissões e mantêm-nas inativas. A Clean Air Conservancy, de Cleveland, Ohio, entra no leilão de licenças e então as oferece ao público, informando que cada uma que é comprada e retirada impede a descarga de uma tonelada de dióxido de enxofre no ar. Entre outros, alunos da sexta série da Glens Falls Middle School, de Cleveland, levantaram dinheiro para comprar licenças. "Foi muito importante para nós permitir que os cidadãos se envolvessem e se sentissem como se realmente tivessem feito alguma coisa pelo ambiente", disse Kevin Snape, da Conservancy. Num período de três anos eles reduziram os poluentes no ar em algo entre seis e oito mil toneladas.[3] Segundo ele, as licenças foram muito compradas como presentes de Natal. Em todo o país acontecem atividades semelhantes, com pessoas comuns dando uma contribuição pequena, mas perceptível, para a limpeza do ar. (A escala é pequena mas é importante: num palpite grosseiro, elas devem ter reduzido a poluição em 1% abaixo do nível estabelecido pelo governo.) As firmas que vendem licenças a grupos de ambientalistas têm um lucro, sem dúvida; o preço é maior do que os custos da redução. Os ambientalistas, gastando seu próprio dinheiro, obtêm um ambiente mais puro.

As usinas termoelétricas são os principais emissores de dióxido de enxofre. Para reduzir as emissões, elas devem instalar filtros (que retiram o dióxido de enxofre dos gases combustíveis) ou adotar combustíveis mais limpos (carvão com menos enxofre ou gás natural). Os custos de redução variam amplamente segundo as diferentes instalações, dependendo da localização, idade e tipo do equipamento.

A intenção do governo era reduzir as emissões de dióxido de enxofre em 10 milhões de toneladas por ano até 2010. Conseguir isto através do velho método de comando e controle exigiria microadministração pela EPA: investigar cada usina em separado, decidir em quanto ela deveria reduzir suas emissões e ordenar a instalação de equipamentos específicos de controle da poluição. Alternativamente, o método de comando e controle poderia estabelecer padrões uniformes para todas as empresas, exigindo que realizassem as mesmas reduções, independentemente de custos e resultados.

Com as licenças de emissões negociáveis, conseguiu-se flexibilidade sem microadministração ou regras cegas. O governo simplesmente decide qual o nível nacional aceitável de emissões, e deixa o mercado decidir quanto cada usina deve reduzir. Ele cria um número total de licenças igual ao nível desejado de emissões e dá as licenças às empresas poluidoras, que então as negociam entre si. As firmas que consideram relativamente simples reduzir suas emissões vendem algumas das licenças e usam esses recursos para pagar por suas atividades de redução (e ficam com algum lucro). As que acham que a redução é relativamente difícil compram licenças extras. Como resultado, as firmas com baixos custos de redução limpam suas operações mais do que o obrigatório, de modo que a redução desejada nas emissões totais é alcançada ao menor custo possível para a indústria.

Esta teoria é comprovada na prática. Um grande número de licenças foi comprado e vendido: em 1998 esses negócios corresponderam a quase dez milhões de toneladas de emissão. O comportamento varia de firma para firma. Algumas vendem as licenças e emitem menos poluição do que o volume inicialmente atribuído, enquanto outras compram licenças e poluem mais do que sua cota inicial. Segundo o Fundo de Defesa Ambiental, "qualquer instalação que encontre uma maneira de exceder sua meta de redução é recompensada pela permissão de vender ou negociar suas licenças extras para outra instalação que considere mais caro alcançar essa meta por si mesma. Este incentivo do lucro estimulou a competição e a inovação. Aumentou a eficiência da energia e o uso de combustíveis mais limpos, como o gás natural; foram desenvolvidos novos produtos químicos que neutralizam o enxofre, e a bioengenharia vem tentando criar bactérias que comam e metabolizem o enxofre nos combustíveis fósseis."

No fundo, o que o mercado de licenças de emissão está fazendo, como qualquer outro mercado competitivo, é gerar informações. Ele revela como reduzir a poluição da maneira mais barata, e quais são os custos reais de reduzi-la.

Por que o governo não consegue o que o mercado de licenças de emissão consegue? Em princípio, burocratas espertos poderiam controlar a poluição tão eficientemente quanto o mercado, exigindo reduções extras das usinas com custos mais baixos — só que os burocratas não sabem onde os custos de redução são altos e onde são baixos. A informação-chave é mantida localmente. Cada firma é diferente. Elas conhecem melhor suas próprias circunstâncias, e, em particular, quanto lhes custa reduzir sua própria poluição. A EPA só pode saber os custos de redução de uma firma se ela voluntariamente lhe der a informação. Os incentivos no método de comando e controle funcionavam de maneira contrária a isso. Os administradores, ao negociar com a EPA, podiam exagerar os custos de redução da firma para que lhes fossem atribuídas metas menores de limpeza. Seria possível até que os administradores sequer soubessem em quanto seus custos de redução poderiam ser menores, pois pelo método de comando e controle eles tinham poucos incentivos para descobri-lo. Os controles de poluição administrados pela burocracia eram prejudicados pela falta de informação.[4]

No mercado, ao contrário, as decisões são tomadas pelas pessoas melhor informadas. Ações falam mais alto do que palavras: o que as firmas fazem no mercado fornece mais informação confiável do que qualquer coisa que digam aos burocratas. Firmas com baixos custos de limpeza têm o incentivo do lucro para revelar esse fato, vendendo suas licenças.

Os preços das licenças surpreenderam a maioria dos observadores, sendo muito mais baixos do que o esperado. A surpresa ocorreu porque o método de comando e controle havia deixado todos (exceto, talvez, os próprios poluidores) com uma impressão distorcida desses custos. Antes de começarem os negócios das emissões, a EPA estimou que custaria US$750 para limpar uma tonelada de dióxido de enxofre. As usinas termoelétricas afirmavam que lhes custaria até US$1.500. O preço médio pelo qual as licenças acabaram sendo negociadas em 1994-1999 foi cerca de US$150.[5] Ao vender uma licença por esse preço, a empresa estava dizendo que cortar suas emissões não custava mais do que US$150 por tonelada. A EPA acreditava que o custo de redução seria cinco vezes mais alto, e a indústria afirmou que seria o ainda mais espantoso custo dez vezes mais alto do que o mercado mostrou.

O mercado de licenças de emissão provou ser aliado dos ambientalistas. Com a regulamentação direta, a EPA, superestimando em muito o custo da limpeza, teria imposto uma redução da poluição menor do que a possível. Ao mostrar como a limpeza era barata, o mercado defendeu metas mais agressivas.

Nem todos ficaram convencidos. Enquanto muitos ambientalistas perceberam o valor das licenças negociáveis de emissão, alguns continuaram a condená-lo em princípio. Quando as negociações de licenças estavam online, o Sierra Club retomou suas objeções. "Um leilão online de dióxido de enxofre está colocando o direito de poluir no eBay", disse a porta-voz do clube, Ann Mesnikoff. "É ruim em qualquer lugar que você negocie, mas isto expõe as coisas de forma mais violenta."[6] No entanto, é difícil argumentar com o êxito. O mercado de licenças reduziu a poluição.

Em todos os lugares surgiram programas ambientais que usam os mecanismos de mercado: para terminar com o uso de gasolina com chumbo, para melhorar a qualidade do ar em Los Angeles e para limitar as emissões mundiais de dióxido de carbono, fonte do aquecimento global.

Será que o êxito das negociações de emissão significa que podemos deixar todos os problemas de poluição para o mercado? Claro que não. Primeiro, o método de comando e controle ainda é necessário em certas áreas onde os mercados não são funcionais. É mais fácil tratar da chuva ácida do que de outras formas de poluição. Um mercado só é estabelecido com tanta facilidade quanto o mercado de emissões de dióxido de enxofre se o volume total de poluição for mais importante do que o lugar de onde ele se origina. Para a poluição estritamente local, com uma única firma prejudicando uma região específica, não é possível criar um mercado de licenças de emissão, pois não haveria ninguém com quem negociar; a regulação direta continuaria sendo necessária. Os mercados não podem ser aplicados a todos os tipos de poluição. Segundo, mesmo onde os mercados funcionem, como no caso do controle da poluição do dióxido de enxofre, o governo deve continuar na liderança, estabelecendo o teto global das emissões e monitorando a obediência.

A despeito do êxito das licenças negociáveis de poluição, quando elas foram introduzidas a questão do desenho de mercado ainda não havia sido totalmente enfrentada. O leilão de licenças proposto pelo governo tinha uma falha. Ela é interessante, porque mostra a importância de aspectos aparentemente inócuos das regras do jogo de mercado.[7] A questão é complicada, mas mostra como os mercados de todos os tipos muitas vezes obrigam a raciocínios verdadeiramente estratégicos, e como é necessário que as regras de mercado antecipem as decisões dos participantes.

A EPA implementou um leilão duplo, i.e., os compradores potenciais submetem seus lances e os vendedores potenciais submetem os preços desejados. Lances e ofertas são lacrados. Os preços são estabelecidos da maneira que se segue. A EPA distribui os lances do mais alto para o mais baixo, e as ofertas da mais baixa para a mais alta. Ela então casa o lance mais alto com a oferta mais baixa, o segundo lance mais alto com a segunda oferta mais baixa, e assim por diante, até chegar ao último par comprador-vendedor para o qual o lance é maior do que a oferta. Os preços pagos são iguais aos lances do comprador, de modo que cada transação acontece a um preço diferente. A firma que faz o lance mais alto paga o preço ao vendedor que oferece o preço mais baixo; a firma com o segundo lance mais alto paga à firma com a segunda oferta mais baixa, e assim por diante. Essa regra talvez pareça razoável à primeira vista, mas ela provoca incentivos perversos. Ao reduzir sua oferta, um vendedor consegue ser pareado com um lance mais alto, e assim aumenta o preço que recebe. Os vendedores, portanto, agem melhor quando oferecem preços mais baixos. Os compradores, ao pagar seus próprios lances, ganham ao fazerem lances baixos, um pouco acima do nível (baixo) que prevêem para as ofertas dos vendedores. Vendedores e compradores rapidamente percebem essa lógica, e todas as ofertas e lances são baixos.

O desenho do leilão da EPA faz as coisas funcionarem de maneira inversa: o melhor que o vendedor tem a fazer é oferecer um preço baixo. Felizmente o desenho equivocado do leilão acabou não tendo efeitos prejudiciais. Uma criação de baixo para cima feita pelo mercado compensou os defeitos de cima para baixo do desenho do mercado. O programa de licenças de emissão foi salvo pelo aparecimento de um mercado privado junto com o leilão da EPA. (Na verdade, a EPA imaginou o leilão como uma forma de dar início ao mercado privado, e nisto ela teve êxito.) Intermediários assumiram o papel de construtores de mercados, comprando e vendendo licenças em nome de clientes e algumas vezes especulando por conta própria. Embora as perspectivas de um preço baixo possam dissuadir os vendedores de oferecer suas licenças no leilão da EPA, eles têm a alternativa do mercado privado. É aí que acontece a maioria das transações.

O mercado secundário de licenças de emissões é fácil de operar. Uma licença é idêntica à outra: é simplesmente o direito de emitir uma tonelada de dióxido de enxofre em um ano. Devido à simplicidade do que está sendo transacionado, não foi difícil criar um mercado secundário de licenças de emissão fácil de operar. Por esta razão, no caso das licenças de emissão, o desenho errado do mercado acabou não tendo conseqüências. No caso das licenças para poluir, era simplesmente uma questão de deixar para o mercado. Vamos agora tratar de outro exemplo de mercado desenhado pelo governo, onde os erros de desenho foram graves.

A energia elétrica entrou em crise na Califórnia em 2001, depois que foi criado um mercado de eletricidade. Segundo a lei da Assembléia Legislativa da Califórnia que o fundou, a desregulamentação iria criar "uma estrutura de mercado que forneceria serviços elétricos competitivos, baratos e confiáveis". Não foi o que aconteceu.

A tentativa de criar um mercado de eletricidade foi muito ruim. O preço por atacado da energia elétrica disparou, multiplicando por dez o preço anterior. Aconteceram apagões. O governador Gray Davis chamou a experiência com o mercado de eletricidade de "fracasso colossal e perigoso".

Antes, a maior parte da energia era produzida por empresas de serviços públicos. Os custos de produção eram altos porque, enquanto monopólios, elas podiam passar quaisquer aumentos de custos para os consumidores e assim tinham poucos incentivos para manter baixos os custos. Esperava-se que um mercado competitivo trouxesse produção mais eficiente e eletricidade mais barata. Para criar um mercado de eletricidade no atacado, as reguladoras exigiram que as empresas públicas vendessem suas usinas geradoras. No novo sistema não regulado, as empresas públicas eram apenas varejistas de eletricidade, comprando-a no atacado dos geradores independentes. Quando assinou a lei da desregulamentação em 1996, o governador Pete Wilson disse: "Nós desligamos mais outro monopólio atrasado, e o substituímos pela promessa de uma nova era de competição."

Foi "a mais complexa transição de uma indústria já feita no mundo", segundo Steve Peace, da Comissão de Energia do Senado e arquiteto do novo mercado.[8] Os aspectos especiais da eletricidade enquanto mercadoria fizeram com que o desempenho do mercado fosse particularmente sensível a seu desenho. Como é caro armazenar energia, ela deve ser produzida à medida que é usada. A demanda flutua muitíssimo, de hora para hora e de estação para estação. Em momentos de pico praticamente todos os geradores funcionam em sua capacidade máxima, e nesses momentos os poucos produtores marginais podem elevar o preço. Na maioria dos mercados, preços altos provocam sua própria queda, pois atraem para a indústria novos produtores, que rebaixam os preços. Com a eletricidade, no entanto, mesmo no longo prazo e mesmo com o estímulo dos preços altos, a oferta se expande lentamente. Construir uma nova usina geradora leva anos — em parte devido à engenharia necessária, e em parte pelas objeções ligadas à resistência local às obras.

Foi implementado um leilão online para estabelecer os preços. A cada dia, companhias que queriam comprar eletricidade apresentavam seus lances definindo o volume de eletricidade que queriam no dia seguinte e o preço que estavam dispostas a pagar. As companhias que queriam vender apresentavam suas propostas de quantidade e preço. Computadores organizavam as ofertas e demandas e, hora após hora, calculavam o preço em que a oferta satisfazia a demanda. (Um leilão destes não teria sido possível alguns anos antes, pois são necessários computadores poderosos para comparar instantaneamente os lances, calcular o preço de equilíbrio e alocar as encomendas aos compradores e vendedores.)

Os preços nos leilões subiam cada vez mais. "Fomos tão longe no reino da mais extraordinária impostura que já saímos muito do mapa", disse, em 2001,

Fred Keeley, porta-voz da Assembléia da Califórnia, para a Comissão Federal de Regulamentação da Energia. Por que os preços subiram depois da desregulamentação, ao invés de caírem, como se esperava que acontecesse?

A principal razão para os problemas de energia da Califórnia, é preciso que se diga, antecede a desregulamentação. Não se pode vencer a oferta e a demanda. Nos anos anteriores à desregulamentação, o robusto crescimento econômico da Califórnia aumentou o uso de eletricidade. Enquanto isso, não foram construídas quaisquer usinas importantes; na verdade, a capacidade de geração declinou 2% entre 1990 e 1999. Com ou sem desregulamentação, a Califórnia teria enfrentado uma escassez de eletricidade. A Califórnia teve azar, pois pouco depois da desregulamentação foi atingida por dois acontecimentos imprevisíveis; se fosse apenas um, poderia ter sido contornado, mas juntos, foram muito prejudiciais. A ocorrência de chuva e neve menor do que o normal significou níveis baixos de água para a geração hidroelétrica e aumentou a necessidade de gás natural para gerar eletricidade. Ao mesmo tempo, ocorreu um grande aumento no preço do gás natural.

Os preços altos foram, em parte, uma resposta comum do mercado à demanda alta. O que determina o preço no mercado competitivo é o custo marginal (isto é, o custo de gerar um megawatt adicional de potência). Quando é preciso fornecer um grande volume, são as usinas movidas a gás, de custo alto, e não as hidroelétricas, que satisfazem o mercado. Portanto, quando a demanda atinge um pico, o custo marginal é alto e o preço também. Quando o preço do gás natural sobe, os custos de geração também sobem, e o mesmo acontece com o preço da eletricidade.

E a história não acaba aí, porque em alguns períodos os preços excederam em muito os custos de geração. Depois da desregulamentação, algumas usinas conseguiram estabelecer o preço unilateralmente. Para Gray Davis as geradoras tinham "lucros desarrazoados" e não passavam de piratas e enganadoras.

"Há evidências de que algumas geradoras estão escondendo eletricidade", disse o governador, "para criar uma escassez artificial e elevar astronomicamente os preços."[9] Tal manipulação do mercado é ilegal. Os tribunais têm que decidir se isso realmente aconteceu. Um julgamento desses exige um exame detalhado dos registros contábeis da empresa, e para isto é necessária uma intimação. Mas, fizessem elas ou não tal pacto ilícito, parte da explicação para os preços altos é meramente a escassez natural, decorrente de ofertas limitadas. Era fácil para as geradoras enganar o sistema. Com a demanda no pico, a maioria das geradoras não podem expandir sua produção, porque já estão em plena capacidade. As geradoras restantes, e são poucas, determinam quanta energia a mais será produzida. Todas elas sabem que a quantidade que o sistema compra não vai variar com o preço. Cobrar o que o mercado paga significa pedir um preço muito alto.

É difícil provar que os preços são excessivos, porque os custos marginais de geração variam muito de hora para hora, dependendo de que fração da capacidade de geração está sendo usada em cada ponto do tempo. Para definir se os preços estão acima dos custos, e em quanto, é preciso reunir dados muito detalhados sobre custos de geração e examinar muitos milhares de transações individuais. Segundo uma estimativa cuidadosa feita pelos economistas Severin Borenstein, James Bushnell e Frank Wolak, os preços por atacado em 1998-1999 estavam em média 16% acima do custo marginal. Em 2000, os preços dispararam mais 500%. Em apenas dez meses, em 2000-2001, segundo uma estimativa da Independent System Operator, que administra a rede de energia do estado, os preços que as geradoras cobravam às empresas distribuidoras eram US$6,2 bilhões[10] a mais do que os preços competitivos. Em outras palavras, em menos de um ano o preço excedente significou cerca de US$500 para cada casa no estado.

Foi o desenho do novo mercado que fez ele funcionar mal. Antes da desregulamentação, o sistema era controlado centralmente. Todas as decisões referentes à geração e à distribuição da energia nas casas e nas empresas eram tomadas no interior de cada empresa pública, sob uma supervisão reguladora. O velho sistema funcionava; a energia era fornecida adequadamente. Mas não funcionava eficientemente: os custos de geração eram altos. Dadas as limitações do controle central, funcionava da melhor maneira possível. É difícil, se não impossível, administrar centralmente um sistema tão complexo quanto a oferta de energia de um grande estado.

A desregulamentação interpôs um mercado entre os estágios de geração e de distribuição, eliminando com isso o controle central. Havia uma armadilha, no entanto. Não foi colocado no lugar qualquer conjunto alternativo de controles. O mecanismo de controle em um mercado normal é o sistema de preço. O movimento dos preços faz o mercado funcionar. Quando a oferta se reduz, o preço se eleva. Os consumidores são incentivados a usar menos. A demanda cai, e com isso evita-se a escassez. Os movimentos dos preços fazem com que o sistema seja autocorretor. No mercado desregulamentado de energia, esse mecanismo simples foi desvirtuado. Não se permitiu que os preços fizessem seu serviço.

Embora os preços por atacado aos quais as empresas públicas compravam energia fossem estabelecidos pelo mercado, as reguladoras fixaram o preço a varejo a que podiam vender para seus consumidores. Quando os preços por atacado dispararam, os no varejo ficaram estáveis. As empresas públicas viram-se apertadas, pagando muito mais para comprar eletricidade do que o preço a que podiam vender. A Pacific Gas and Electric, a empresa que fornecia eletricidade para o norte da Califórnia, pediu falência em 2001, afirmando que havia incorrido em dívidas de US$ 9 bilhões devido a essa diferença entre os custos e os preços que podia cobrar.

Se os preços no varejo variassem mês a mês, refletindo os preços no atacado, as empresas públicas não teriam se endividado, e os consumidores teriam sido motivados a poupar eletricidade: instalar lâmpadas poupadoras de energia, adquirir o hábito de desligar os aparelhos que não estivessem sendo usados, diminuir um pouco o ar-condicionado.

Uma desregulamentação por inteiro teria permitido que os preços no varejo flutuassem não apenas mês a mês, mas hora a hora. As empresas, em especial, instalariam medidores sofisticados que possibilitassem uma tarifação em tempo real. Se o preço no varejo tivesse seguido o preço no atacado em suas flutuações oscilantes, os usuários de energia teriam tido um incentivo para reduzir o consumo em horas de pico e aumentá-lo em horas de pouca demanda. Lojas e fábricas poderiam fechar quando os preços estivessem altos e fazer turnos extras quando estivessem baixos. Assim, nas horas de pico se pouparia energia para ser usada nas casas.

O mercado de eletricidade da Califórnia, desta maneira, tropeçou no mais elementar dos requisitos do desenho de mercado: os preços devem refletir os custos de produção. Com o preço no varejo fixo, o sistema não tinha meios de responder à escassez — que acabou se mostrando grande.

Em outro sentido, os mecanismos normais de mercado foram impedidos de fazer seu serviço. As agências reguladoras exigiam que as empresas públicas comprassem toda a energia quando necessitassem. Foram proibidos os contratos de longo prazo com as geradoras; a energia só podia ser comprada para entrega imediata. A possibilidade de comprar adiantadamente teria ajudado a diminuir a volatilidade diária dos preços por atacado e diminuído o poder das geradoras no mercado de horas de pico. O erro na regulamentação ajudou a exagerar as flutuações diárias de preços.

A Califórnia desregulamentou com meias medidas. A mistura de preços estabelecidos através de controles e de mercado era incompatível: não fazia sentido liberar os preços por atacado e manter fixos os preços no varejo. Mas isto não quer dizer que a Califórnia devesse ter desregulamentado inteiramente. É necessária uma regulamentação governamental do mercado de eletricidade.

Os preços iriam ficar muito acima dos custos de geração, mesmo com uma reforma mais profunda. Nos períodos de pico de demanda, quando o sistema fica refém de um punhado de geradoras, os preços sobem muito. Não se pode confiar apenas na competição para manter os preços baixos, próximos dos custos de geração. Um preço alto é uma possibilidade sempre presente no mercado de eletricidade. A supervisão reguladora sobre os preços ajuda a impedir uma alta despropositada.

A rede de transmissão — as linhas de alta voltagem que carregam a energia — é, por sua própria natureza, um monopólio, de modo que não pode ser deixada para o mercado. Devido à física da eletricidade, o operador da rede precisa monitorá-la constantemente para garantir sua confiabilidade. O volume de potência que é colocado na rede pelas geradoras deve ser sempre igual ao volume que está sendo consumido pelos usuários de eletricidade. O sistema de transmissão se desestabilizaria, provocando apagões em todo o estado, se ocorressem desníveis não compensados no volume de eletricidade posta ou retirada da rede. Assim, mesmo que os mercados de eletricidade funcionem bem no atacado e no varejo, a rede precisa de regulação constante.

Alguns críticos da desregulamentação da Califórnia afirmam que ela não foi suficientemente longe; que deveria ter criado mercados completamente livres. Outros dizem que não deveria ter sido feita qualquer desregulamentação, pois os mercados de eletricidade não funcionam bem. Os dois lados têm uma parcela de verdade, mas ambos estão simplificando excessivamente a situação. A desregulamentação não conseguiu manter os controles de preços no varejo e impediu que os preços sinalizassem escassez; além disso, foi longe demais na eliminação de restrições aos preços excedentes pelas companhias geradoras. O problema não foi de maior ou menor uso dos mercados, mas de mau desenho de mercado.[11]

A principal lição da eletricidade na Califórnia é que, por mais que a desregulamentação seja necessária, os detalhes de como ela é feita são importantes. Em outros lugares, como na Noruega e na Austrália, a criação dos mercados de eletricidade foi um sucesso. Nestes mercados, a maior parte da energia é comercializada em contratos de longo prazo, não na véspera, e os preços no varejo acompanham os custos de geração. Além disso, os desenhos dos mercados não passaram pelo mesmo tipo de prova que os da Califórnia, pois havia oferta abundante de eletricidade.

O desenho de mercado deve ser muito cuidadoso, especialmente quando grandes somas estão em jogo. Um descuido no desenho do mercado pode ter repercussões sérias, pois é certo que muita gente esperta vai estar procurando maneiras de burlar o mecanismo. Um mercado recém-instituído só alcança os seus propósitos se for bem desenhado. As regras do mercado são importantes.

É o que acontece com a maioria dos mercados, mas em especial com o de eletricidade. Como a demanda não é sensível ao preço e as conseqüências de uma insuficiência de oferta são graves, algumas vezes, como vimos, um número pequeno de produtores está em posição de impor preços muito acima dos custos de produção. Esses preços elevados não resultam imediatamente em novas fontes de oferta, já que as novas usinas geradoras levam anos até entrar em produção. Diferente do caso das licenças de poluição, os intermediários do setor privado não podem corrigir os erros do mercado oficial criando novos mercados, pois toda a energia tem de passar pela rede. Devido às propriedades particulares da eletricidade, o desempenho de mercado é altamente sensível ao seu desenho.

Quando olhamos para o colapso do mercado de eletricidade da Califórnia, não devemos achar que isso aconteceu porque os desenhistas do mercado são do setor público. O setor privado também está sujeito a falhas no desenho de mercado. A maneira comum dos mercados se desenvolverem é através de tentativa e erro: aprender com os erros é a principal maneira de corrigir quaisquer falhas de desenho. Dos novos métodos de compra e venda online lançados no final da década de 1990, por exemplo, poucos sobreviveram, a maioria fracassou. A explosão da bolha na indústria da Internet em 2000-2001 expulsou os processos menos promissores. A diferença entre o desenho de mercado feito pelo setor público e o feito pelo setor privado é que os exercícios do governo são sempre em grande escala e realizados sob os holofotes da mídia, de modo que, quando as coisas não funcionam, a notícia corre.

Em 1992 o Parlamento sueco votou uma lei obrigando o uso das forças de mercado para organizar a rede ferroviária. Como em todos os outros lugares, as estradas de ferro eram administradas centralmente. Buscando as eficiências das decisões descentralizadas — a capacidade do mercado de gerar informação e descobrir alocações ótimas —, a Suécia propôs que se criasse um mercado em que a companhia ferroviária mantivesse a propriedade dos trilhos mas vendesse o acesso a empresas privadas, que ofereceriam os serviços de transporte de passageiros e de cargas.

Existe uma dificuldade: os trilhos se fundem. Com uma administração descentralizada quanto às decisões separadas de múltiplos usuários, há o risco de dois trens chegarem ao mesmo ponto no mesmo tempo, e colidirem. Os céticos afirmaram que a programação através de leilões seria impossível. Como disse um entrevistado: "Não dá para fazer um lance por uma unidade de capacidade independente. A viabilidade de um serviço de trens depende da especificação de todos os outros serviços de trens que tenham sido comprados." Em outras palavras, as externalidades são onipresentes. Segundo se disse, um mercado de rotas de estradas de ferro simplesmente não funcionaria.

Respondendo a esse desafio, os economistas Paul Brewer e Charles Plott desenharam um leilão muito engenhoso.[12] As companhias de estrada de ferro apresentam lances para qualquer rota individual. Só o lance corrente mais alto por uma rota em particular é mantido; os lances mais baixos são descartados. Um programa de computador combina os lances em esquemas factíveis (em que se evitam colisões e são mantidas as margens de segurança). O programa então soma os lances totais para cada esquema e quem tem o total mais alto é o vencedor provisório. O processo então é repetido, com uma nova rodada de lances em que todos os participantes podem entrar. Isto continua até que nenhum lance mais seja apresentado. O esquema factível de maior valor é então adotado.

Em simulações experimentais, esse leilão funciona melhor do que a programação planejada, já que responde às próprias informações das companhias de estrada de ferro a respeito de suas necessidades, expressas nos lances. As rotas são concedidas às companhias capazes de extrair o valor máximo das mesmas. As externalidades — o risco de colisão — exigem que a descentralização baseada no mercado, não seja absoluta. É preciso alguma coordenação. Mas não significa que não se possa ter os benefícios da descentralização. Significa apenas que o desenho do mecanismo de mercado deve reconhecer as interdependências, o que se dá através do programa de computador, que mostra quais combinações de lances geram os esquemas factíveis. O exemplo do esquema ferroviário mostra que é possível para um mercado enfrentar grandes externalidades, desde que as regras do leilão sejam cuidadosamente desenhadas de modo a englobá-las.

O governo não é bom para escolher vencedores. E é exatamente isto que o governo tem de fazer quando toma decisões sobre alocações, como, por exemplo, qual firma pode usar um recurso público. Uma alocação baseada no mercado permite que o governo faça o que só ele pode fazer, deixando para o mercado a tarefa de escolher os vencedores. Os mercados competitivos, quando são bem desenhados, podem revelar a informação necessária para alocar os recursos.

No caso da eletricidade e das licenças de emissão, novos mercados foram deliberadamente desenhados, e suas regras foram definidas em detalhes. É possível fazer isso quando se trata de construir um único mercado. Mas desenhar uma economia inteira, com todo um conjunto de mercados interconectados, é um desafio muito maior do que desenhar um único mercado. É isso o que vou discutir a seguir.

15

Sair para respirar

As reformas econômicas varreram o mundo nas décadas de 1980 e 1990. Em países ex-comunistas, como Rússia e China, foram criados mercados a partir do nada. Em países com economias de mercado, como Inglaterra e Nova Zelândia, a privatização e a desregulamentação ampliaram o alcance dos mercados. Afastar-se do controle do Estado é algo que tem muito a nos ensinar sobre o funcionamento dos mercados. É o maior experimento econômico já ocorrido na história.

"O mercado significa liberação, abertura, acesso a outro mundo. Significa sair para respirar." É assim que o historiador Fernand Braudel retrata o surgimento dos mercados na Europa medieval. O sentimento de Braudel também se aplica ao surgimento de mercados em países anteriormente sob o controle do Estado.

As mudanças são dolorosas para muitos que passaram por elas. As reformas são difíceis, não importa o quanto sejam necessárias. Como administrá-las de modo a corrigir, sem muita dor, as ineficiências de uma economia excessivamente regulamentada? Comparando as experiências de reforma em três países muito diferentes, Nova Zelândia, Rússia e China, podemos aprender algumas coisas sobre o que é preciso para construir mercados funcionais.

Como uma economia apática, dominada pelo Estado, pode mudar de rumo? Warren Christopher, quando era secretário de Estado dos Estados Unidos, defendia uma terapia de choque. É preciso "pensar na reforma econômica como se fosse a travessia de uma ravina", disse ele. "Não é possível dar vários passos pequenos; só é possível atravessar com um salto gigante."[1] Por acaso ele estava de visita no Vietnã quando disse isto, mas provavelmente daria o mesmo conselho aos reformadores de qualquer lugar.

A terapia de choque subestima gravemente a tarefa da reforma. Uma economia é um sistema complexo e difícil de prever. A terapia de choque — ironicamente, igual ao controle de Estado que a precede — pressupõe que a economia seja mais adaptável à administração do que na verdade é. A analogia do salto sobre a ravina não é boa. Desenhar uma economia inteira não é como desenhar um único mercado. Não se sabe aonde vamos nem como chegar lá.

A economia da Nova Zelândia nunca foi centralmente planificada, mas por 50 anos ela sofreu uma forte intervenção do Estado. Então, entre 1984 e 1992, o país reestruturou sua economia de modo mais rápido e mais profundo do que qualquer outro país democrático rico. Passou de uma das economias mais regulamentadas do mundo desenvolvido para uma das menos regulamentadas. Como toda a variedade de instituições de apoio ao mercado já estava no lugar desde o início, a maioria dos preços era livre e a maioria da economia era de propriedade privada. A Nova Zelândia é um caso favorável à terapia de choque.

O motivo para a reforma foi o crescimento cronicamente baixo, a que se juntaram desequilíbrios orçamentários insustentáveis. De 1950 a 1980 a Nova Zelândia passou do terceiro lugar em renda *per capita* mundial para o 22º lugar. Eram necessárias reformas, portanto, e a maioria dos observadores concorda que, naquelas circunstâncias, justificava-se uma mudança rápida. Mas as reformas demoraram a surtir efeito, e provocaram severos custos sociais.

Nas décadas de 1960 e 1970 a resposta do governo a qualquer choque externo foi impor controles sobre preços, importações, salários, lucros e taxas de juros. Abundavam as restrições ao mercado. Funcionários governamentais ou monopólios sancionados pelo governo tomavam decisões a respeito da alocação de recursos. O trigo era distribuído aos moinhos pela Comissão do Trigo, que buscava garantir algum lucro para cada moinho; o resultado foi uma capacidade moageira que era o dobro da demanda. O transporte de carga a longas distâncias era controlado pela empresa ferroviária (que era estatal): qualquer um que desejasse enviar bens a mais de 150km precisava de uma permissão da estrada de ferro. Os plantadores de maçãs não podiam vendê-las na porta da fazenda, pois isso infringia o monopólio do comitê dos produtores. As horas de comércio eram estritamente reguladas. A margarina tinha de ter uma cor esbranquiçada e nada apetitosa, pois considerava-se que a margarina amarela significaria uma concorrência indevida aos produtores de manteiga. Como resumiu a jornalista Marcia Russell: "Os negócios que você fazia, os preços que cobrava, as horas que trabalhava, os salários que recebia, o que e quando comprar —, tudo era controlado pelo Estado."[2]

A natureza bizarra da velha economia da Nova Zelândia é ilustrada por uma história do industrialista Alan Gibbs. Por razões de emprego, o governo exigia que os aparelhos de televisão fossem montados localmente. Quando Gibbs foi ao Japão negociar componentes, foi recebido com descrença. Devido à maneira como as linhas de produção eram organizadas, os produtores de televisão japoneses só poderiam fornecer componentes separados se colocassem trabalhadores no final da linha de montagem para desmanchar os aparelhos. A firma de Gibbs teve de pagar pelos componentes 5% a mais do que o preço do aparelho montado. Os componentes eram despachados para a Nova Zelândia, remontados em uma fábrica construída especialmente para isto, e vendidos pelo dobro do preço mundial.

A baixa produtividade refletia distorções de mercado decorrentes de subsídios e controles de preços, bem como controles de importação e tarifas. Estas não apenas eram altas, como variavam muito de um setor industrial para outro, impedindo que o sistema de preços alocasse recursos aos melhores usos. A baixa produtividade, ademais, refletia incentivos desalinhados: um mercado de trabalho centralizado, sindicalização compulsória e pagamento baseado na ocupação, não no desempenho. O imposto de renda, com uma faixa superior de 66%, inibia qualquer esforço, exceto o de fugir dos impostos. Os controles de importação significavam que, em muitas indústrias, apenas uma ou duas fábricas satisfaziam o mercado, dada a pequena população. Havia apenas duas marcas de máquinas de lavar roupa, por exemplo, ambas feitas pela mesma empresa. "Todas as áreas de nossa economia eram licenciadas," afirmou Gibbs, "e se você tivesse uma licença estava protegido, e ninguém poderia entrar em seu mercado." A falta de concorrência significava que as firmas tinham pouco incentivo para inovar ou para reduzir os custos.

No início da década de 1980 havia inflação, desemprego, déficit governamental, déficit comercial e uma crise de câmbio. A Nova Zelândia estava vivendo, literalmente, de empréstimos. As reformas, quando finalmente aconteceram, foram amplas. Além das macroeconômicas, foram feitas reformas voltadas para a melhoria do mercado: reduzir as barreiras ao comércio internacional; privatizar as empresas estatais e abri-las à concorrência; abolir os controles de preços e outras intervenções na agricultura; injetar incentivos de preços na administração dos recursos naturais; mudar as leis trabalhistas generalizando os contratos individuais nos mercados de trabalho.

As reformas despertaram uma controvérsia intensa entre os neozelandeses, pois provocaram mudanças sociais. O desemprego disparou durante o período da reforma. As desigualdades se ampliaram e a pobreza aumentou. Pela primeira vez passou-se a ver famílias sem teto vagando pelas ruas. A Federação dos Sindicatos queixou-se de que as "políticas de desregulamentação contribuíram para as crescentes desigualdades na sociedade neozelandesa". A professora de Direito Jane Kelsey afirmou que a mudança estrutural radical transformou a Nova Zelândia em "uma sociedade extremamente instável e polarizada"[3]. As rendas estagnaram: nos primeiros oito anos de reforma não ocorreu virtualmente nenhum crescimento econômico. Só após essa transição é que o crescimento foi retomado, sendo em média de pouco mais do que 4% na primeira metade da década de 1990, e depois recuando para algo entre 2 e 3%.

Já que as reformas orientadas para o mercado eram tão necessárias, por que a economia respondeu tão devagar? Boa parte dos problemas não deve ser atribuída às reformas, mas às políticas prévias. A procrastinação de governos anteriores significava que a recessão era inevitável, a despeito das políticas adotadas na década de 1980. Mas parte das dores veio das reformas.

O sucesso mais rápido e mais claro foi a estabilização macroeconômica. O orçamento do governo equilibrou-se e a espiral inflacionária foi quebrada. Essas políticas de estabilização macroeconômica eram necessárias para corrigir os severos desequilíbrios deixados pelas políticas anteriores às reformas. Ademais, a dor é inerente ao programa de reforma profunda. No ambiente reformado, com mais concorrência e menos intervenção governamental, trabalhadores e empresas tiveram de fazer grandes ajustes. Surgiram novas maneiras de fazer os mercados funcionarem, de organizar empresas e de fazer negócios, suplantando as antigas. Isto leva tempo, inevitavelmente.

No começo das reformas, muitas das empresas neozelandesas eram ineficientes. Formadas com controles de preços e lucros, e protegidas das importações, elas enfrentavam pouca concorrência no mercado de produtos. Depois que as reformas abalaram sua vida calma, as firmas tiveram que se tornar mais ativas e se reestruturarem — mudar as linhas de negócios e abrir outras, redesenhar as hierarquias internas, dar mais incentivos aos trabalhadores, encontrar melhores gerentes, mais capazes de dar conta do novo ambiente, impor novas supervisões financeiras, localizar novos parceiros de negócios e refazer as redes de consumidores e fornecedores.

A primeira resposta das firmas aos incentivos de mercado foi reduzir a produção. Racionalizaram a composição de seus produtos, fecharam as fábricas de custos mais altos e focalizaram em uma variedade de produtos em que tinham alguma vantagem competitiva. Só no início da década de 1990 é que se pôde notar alguma melhora real: as empresas começaram a se dedicar a novos produtos e a se envolver na pesquisa tecnológica e de mercado de que esses produtos necessitavam. Aumentou a rotatividade dos administradores principais, e há evidências de que os novos administradores eram melhor qualificados do que os antecessores. Cresceu o uso de pagamento por desempenho dos trabalhadores, com planos de incentivos individuais ou por equipe. As firmas ficaram mais enxutas, e reduziu-se o número de camadas hierárquicas. As empresas maiores passaram a encomendar fora um volume de trabalho cada vez maior, e com isso tornaram-se mais especializadas e mais eficientes. Levou uma década ou mais até que as firmas se adaptassem ao novo ambiente e a produção voltasse a crescer. Embora as mudanças de política fossem rápidas, as respostas da indústria foram lentas.

Os estoques nacionais de trabalho, capital e recursos naturais passaram a ser melhor administrados do que antes. A produtividade cresceu na manufatura e na agricultura. As empresas responderam ao aumento da competição tornando-se mais enxutas, fechando suas fábricas de custo mais alto e concentrando-se numa variedade menor de negócios. As reduções às barreiras de negócios reorientaram o padrão de produção, aumentando tanto as importações como as exportações, racionalizando a produção e ampliando o âmbito das indústrias de exportação. Desse modo, as reformas lograram o efeito desejado e melhoraram a economia.[4] Elas tiveram efeitos além daqueles puramente econômicos. A nação se revigorou. "Essa terra está simplesmente em ebulição", disse Catherine Tizard, a governadora-geral, 12 anos após o início das reformas. "As realizações não param de acontecer, uma após a outra."[5]

Normalmente as reformas são difíceis, mas as da Nova Zelândia foram ainda mais difíceis do que o previsto pela maioria das pessoas. Pode-se argumentar que a terapia de choque foi a escolha certa para a Nova Zelândia. A magnitude dos problemas justificava um tratamento radical. O principal argumento contra a terapia de choque em geral — de que atrapalha o desenvolvimento de instituições econômicas e políticas necessárias — não se aplicava à Nova Zelândia, porque todas as instituições já estavam no lugar. Por melhor desenhadas que tenham sido as reformas da Nova Zelândia, a transição para mercados mais funcionais foi dolorosamente lenta.

A Rússia escolheu o método do salto gigante quando iniciou sua transição da planificação para os mercados. Sua terapia de choque teve três componentes: o equilíbrio do orçamento governamental, a eliminação imediata do controle de preços e a rápida privatização das empresas. O objetivo era derrubar as instituições econômicas existentes e construir outras novas, a partir do zero. Lawrence Summers, que era então o economista-chefe do Banco Mundial, disse no começo das reformas russas: "Não cometam erros, este é um dos maiores desafios econômicos da história."

No dia de Ano-Novo de 1992, o governo russo aboliu os controles de preços sobre quase todos os bens (continuaram os controles apenas sobre os preços de energia e transporte). Entre outubro de 1992 e junho de 1994 as empresas estatais foram privatizadas, sendo transferidos certificados para os cidadãos. Numa transferência de ativos espantosamente grande, 2/3 da indústria russa, cerca de 15.000 firmas, subitamente passaram a ser de propriedade privada. A tentativa de equilibrar o orçamento governamental começou com firmeza, depois fraquejou, mas acabou sendo razoavelmente bem-sucedida. Em 1992 a inflação era de 2.500% ao ano. Em 1996 a inflação estava sob controle, a 22%, embora ainda fosse uma ameaça.

Com as instituições políticas e econômicas russas implodindo, o governo não viu outro caminho a não ser mover-se rapidamente em todas as frentes. Anatoly Chubais, que como vice-primeiro-ministro era responsável pelas reformas, acredita que não havia alternativa; segundo ele, "não há dúvida de que a abordagem gradual sempre é melhor — exceto quando o país está na iminência de um colapso imediato, como era o caso da Rússia." No entanto, os mais efusivos defensores da terapia de choque não baseiam seus argumentos apenas na necessidade política. Eles simplesmente acham que é a melhor maneira de reformar qualquer economia.[6]

As reformas russas foram profundamente impopulares. Uma piada sardônica resume o espírito: "Tudo o que os comunistas diziam acerca do comunismo era uma mentira completa e profunda. Infelizmente tudo o que os comunistas disseram sobre o capitalismo mostrou-se verdadeiro." Numa pesquisa de opinião de âmbito nacional em que era perguntado se as políticas de privatização haviam tido um "mau" efeito, 70% responderam que sim.[7] Alguns achavam que a terapia de choque era um complô americano para destruir sua economia.

Os padrões de vida desabaram. A Renda Nacional em 1994, com dois anos de reforma, era pouco mais da metade do que havia sido em 1989. A queda registrada na renda de certa forma exagerava a queda real, porque alguns dos novos negócios surgidos em resposta às reformas operavam na economia informal, para evitar propinas e impostos, e a renda que eles geravam não aparecia nos dados oficiais. Mas mesmo corrigindo isso, ocorreu um declínio desastroso nos padrões de vida, provocando uma queda na expectativa de vida e um aumento da dissolução de famílias.

O declínio nos padrões de vida foi, em parte, a ressaca inevitável do comunismo, com sua combinação de inflação, escassez e ineficiência. Parte da privação — é impossível saber o quanto — foi causada pelas tentativas de implantar um dos pontos da terapia de choque: equilibrar o orçamento governamental. Os gastos anteriores do governo haviam de tal modo excedido as receitas que era inevitável uma tentativa urgente de equilibrar o orçamento. Mas parte da ruptura podia ser atribuída aos dois outros princípios da terapia de choque, a liberalização de preços e a privatização em massa.

No primeiro dia de preços livres, os alimentos subiram 250%. A maior parte dos salários não subiu, de modo que de repente muitas pessoas se viram desesperadamente pobres. Poupanças guardadas a vida inteira viraram pó. Muitos só sobreviveram porque plantaram a própria comida.

Os preços se elevaram após a liberalização porque os planificadores sistematicamente haviam estabelecido preços muito baixos, tendo como resultado demandas insatisfeitas. Em um mercado normal, quando os preços se elevam, mais produtos são postos à venda. Mas na Rússia da década de 1990, com seus ineficientes mecanismos de mercado, as elevações de preços foram seguidas por uma queda acentuada na produção. Embora houvesse uma inflação geral, com aumento dos preços em rublos da maioria dos bens manufaturados, ocorreu uma variação menor dos preços em rublos do trabalho e da energia, dois dos principais fatores de produção. Em 1993, a razão entre preços dos produtos e salários na indústria era três vezes maior do que em 1992; em 1995 era dez vezes mais alta. Esse aumento dos preços dos produtos em relação aos salários deveria ter gerado mais produção. Isto não aconteceu. A produção total caiu 19% em 1992, no primeiro ano da terapia de choque, mais 12% em 1993, e ainda 15% em 1994. Levou anos até que a produção voltasse a crescer. A liberalização de preços exemplifica uma das falhas da terapia de choque. Liberar os preços é contraproducente se a resposta da oferta se fizer na direção errada.

No começo da reforma todas as empresas russas eram de propriedade do Estado. Elas precisavam de profundas reestruturações para serem capazes de responder aos sinais dos preços. Necessitavam de melhores procedimentos decisórios, pagamentos baseados no desempenho e práticas contábeis mais modernas. Elas tinham de levantar capital para pagar pela reestruturação e para encontrar novos produtos e fregueses. "A maioria desses problemas pode ser melhorada com uma privatização rápida", disse, na época, o economista Jeffrey Sachs.[8] Infelizmente, não era bem assim.

Na onda mundial de privatização, mais de cem países, do Reino Unido à Malásia e ao México, converteram empresas estatais em empresas privadas, e o processo, em sua maior parte, alcançou os objetivos pretendidos. Os incentivos da propriedade privada normalmente levam a um melhor desempenho — exceto na Rússia. Logo após a privatização ocorreu pouca reestruturação nas firmas russas, porque a privatização precedeu por muitos anos o desenvolvimento de instituições de apoio ao mercado.[9] Numa economia normal, como vimos, a propriedade privada não é a única força a induzir as firmas a operarem produtivamente. Pressões de mercado de vários tipos também disciplinam os administradores: pressão dos acionistas e do mercado de ações, dos fregueses e dos concorrentes.

As firmas russas não tinham tais disciplinas. Como os planejadores soviéticos achavam que maior era sempre melhor, muitas firmas eram monopolistas, e assim, mesmo depois da privatização, continuaram livres dos controles normalmente trazidos pela competição. Mesmo em indústrias com muitas firmas, a competição demorou a se desenvolver porque, com poucos canais de informação no mercado, era difícil encontrar novos fregueses. A privatização pôs a propriedade nas mãos de quem já estava dentro: numa firma típica, os administradores e os trabalhadores ficavam com cerca de 2/3 das ações. Os administradores responsáveis se entricheiraram, e os acionistas de fora não tinham como influenciá-los. A ausência de leis de falência efetivas significava que não havia a sanção final para os maus administradores; o Estado continuava sendo seu fiador. Em 1994, Anatoly Chubais disse que a privatização não havia mudado a administração dos negócios. "Permanecem os mesmos instintos, hábitos e conexões, e a mesma espinha curvada. É raro o diretor que não corre para o governo, que não procura conexões com os altos funcionários, que não implora créditos subsidiados, isenções de impostos, cotas e privilégios."[10]

Outra razão para a queda de produção na Rússia foi que a terapia de choque abalou as relações entre as firmas.[11] Em qualquer economia, a produção industrial é um processo de cooperação; as firmas adaptam seus produtos às necessidades das outras. Antes das reformas, os planificadores definiam quem vendia para quem, e, muitas vezes, os casamentos entre as firmas eram inapropriados. Com a reforma, de repente as firmas ficaram livres para buscar parceiros de negócios mais convenientes, só que estabelecer relações a partir do zero não era fácil. A busca de novos parceiros comerciais levou tempo, durante o qual as firmas relutaram em investir, pois não sabiam que bens produzir, nem para quem. Com o tumulto no mercado de produtos, valia a pena esperar para ver.

Um efeito dominó aumentou o problema. A fabricação de um carro, por exemplo, envolve um grande número de firmas diferentes. Se cada uma delas produz um componente que nenhuma outra firma da cadeia esteja produzindo (como tende a ser o caso nas economias planificadas), caso uma firma deixe de entregar o produto, muitas outras serão afetadas. Se uma firma perde o fornecedor de um insumo crucial, não vai poder satisfazer a seus fregueses, que, por sua vez, não vão satisfazer aos seus. Assim, como uma tempestade que fecha o aeroporto de Chicago pode atrasar um vôo de Nova York para Dallas, porque o avião estava programado para fazer uma escala em Chicago, da mesma forma a quebra na relação entre duas firmas afeta outras. Os atrasos dos aviões são resolvidos em questão de horas; no caso das firmas, pode levar anos até ser reconstruída a cadeia.

Na Rússia, a terapia de choque criou um vácuo institucional. A propriedade privada é importante, mas não basta para produzir firmas eficientes. É preciso também haver mercados financeiros e de produtos. A terapia de choque privatizou as firmas antes que o apoio de mercado de que elas precisavam tivesse tido tempo de se desenvolver. Ela demoliu as velhas instituições, e foram necessários anos até que fossem construídas outras. As reformas foram mais rápidas de que a capacidade da economia de se ajustar.

A China seguiu um caminho diferente. Sem tentar saltar ravinas, ela adotou reformas graduais. O método funcionou. Ao contrário da renda em queda livre, como aconteceu com os russos, a China manteve o crescimento econômico, imediato e rápido: cerca de 8% de crescimento anual *per capita* por mais de duas décadas, desde 1980. Os ganhos se difundiram amplamente, e o padrão de vida da maioria dos cidadãos se elevou. Surgiram novas firmas, provocando um grande deslocamento no emprego, atraindo gente das empresas estatais. Em menos de uma década a maior parte da economia chinesa passou a ser orientada pelos mercados.[12] A China conseguiu o que a maioria dos países não conseguiu: reforma virtualmente sem dor.

Parte da razão para o sucesso é tipicamente chinesa. Grandes ganhos ocorreram rapidamente após a reforma agrária, como vimos antes, liberando o mercado para as novas fábricas. A agricultura era responsável por três quartos da força de trabalho, e isso deu ao processo de reforma uma vantagem inicial, sem a qual o caminho da reforma chinesa teria sido muito mais difícil. Mas o sucesso da China não estava só na agricultura.

As reformas chinesas se assemelharam às russas em um dos três componentes da terapia de choque: controle sobre a inflação. A hiperinflação teria solapado qualquer tentativa de reestruturar empresas ou criar mercados. Mas, em si mesma, a estabilidade macroeconômica não gera crescimento. Construir uma economia de mercado significa transformar incentivos e direitos de propriedade. Nos dois outros componentes da terapia de choque, as abordagens chinesa e russa diferiam. A Rússia privatizou imediatamente suas empresas estatais. A China adiou. A Rússia liberou os preços em um único e dramático movimento. A China liberalizou-os furtivamente.

Os preços foram reformados de uma maneira muito pouco convencional. No sistema planejado, as empresas estatais eram obrigadas a vender sua produção para o Estado a preços fixos. Com a reforma, este aspecto do plano continuou no lugar, mas elas tiveram permissão de produzir a mais para vender nos mercados. Havia dois preços; normalmente o preço de mercado era bem mais alto do que o preço oficial. A fração da produção de empresas estatais que era vendida no mercado aumentou progressivamente.

Com preços duplos, as decisões da firma sobre quanto produzir, que insumos usar e que investimentos realizar não eram afetadas pela cota de produção para o Estado, já que ela era menor do que a produção total. Nessas decisões, o que importava era o preço recebido por qualquer produção extra, ou seja, o preço de mercado. Embora fosse uma maneira gradual de reforma de preço, o preço duplo teve, assim, um impacto instantâneo, pois levou as firmas a se orientarem pelo mercado. O preço duplo evitou a reação em cadeia que a terapia de choque gerava. A permissão de vender a produção extra e comprar insumos extras nos mercados fez com que as empresas estatais pudessem criar novas relações entre as firmas, em torno da plataforma estável das maneiras existentes de fazer negócios.

Ocorreram muitas e crescentes dificuldades. O preço duplo permitia aproveitamentos ilícitos por pessoas com boas conexões, como os filhos de funcionários importantes, que conseguiam bens aos baixos preços do plano e os vendiam aos preços mais altos do mercado. O ódio a estas práticas corruptas foi uma das fagulhas que detonaram as demonstrações de 1989 na Praça da Paz Celestial. Os preços duplos foram um expediente temporário para suavizar o processo de reforma, e deveriam ter sido substituídos pelo preço de mercado logo que possível, ou seja, no final da década de 1980, e não quando aconteceu, no começo da década de 1990. Embora tenham durado mais do que devia, os preços duplos foram um artifício inteligente para promover a reforma de preços com pouca ruptura.

Ao invés de privatizar suas empresas estatais, a China manteve-as sob o controle do Estado, e fez poucas privatizações até o final da década de 1990. Mas elas foram reestruturadas, alcançando ganhos de produtividade respeitáveis. De início muito ineficientes, melhoraram significativamente sua produtividade, em resposta a uma série de incentivos. O governo permitiu que elas retivessem parte dos lucros, que foram usados para financiar bônus para os trabalhadores, benefícios como assistência à saúde e investimentos em novas instalações e equipamentos. O pagamento dos administradores passou a ser baseado no desempenho da empresa. Em alguns casos, eles eram obrigados a assinar um título que seria cobrado se o desempenho da firma fosse insatisfatório. Os administradores tiveram autonomia para decidir o que, quanto e como produzir, e tiveram permissão de pagar bônus para os trabalhadores. Foram introduzidos novos métodos de seleção de administradores, e ocorreu uma considerável circulação de gerentes; como resultado, foram designados gerentes melhores.[13] Devido ao fortalecimento dos incentivos e à melhora da organização, no final da década de 1980 as empresas estatais eram muito menos ineficientes do que antes, e contribuíram para o crescimento da China.

Ao invés de privatizar, a China estimulou a criação de novas firmas. Embora não fossem muito notadas nos primeiros anos da reforma, as novas empresas industriais cresceram muito depressa, e em 12 anos eram responsáveis por metade da produção industrial. Esse empreendedorismo ocorreu a despeito de vários impedimentos: leis de contrato inadequadas, direitos de propriedade fracos e mercados de capital subdesenvolvidos.

As novas firmas tinham uma estrutura organizacional nova. A maioria não era privada. Para qualquer um acostumado aos conceitos ocidentais de controle empresarial, essas firmas pareciam estranhas. Localizadas principalmente em áreas rurais, elas eram administradas pelas prefeituras das aldeias. Sua propriedade era vaga, e não havia direitos claros aos retornos residuais. Elas tinham poucos dos instrumentos normais de controle empresarial: não havia controle acionário nem podiam ser tomadas. Para a maneira de ver a que estamos acostumados, elas simplesmente não podiam funcionar. No entanto, funcionaram eficientemente.

Essas empresas de aldeia se mostraram muito bem adaptadas às peculiaridades da economia de transição. Elas não precisavam de acesso aos mercados de crédito (que, de qualquer forma, não existiam), porque seus donos, os governos das aldeias, tinham poder para levantar os fundos localmente. Elas funcionavam eficientemente, apesar de serem de propriedade pública, porque operavam em mercados intensamente competitivos e tinham que ser eficientes para sobreviver. As novas firmas foram a principal fonte do dinamismo chinês durante a reforma.

A deplorável falta de progresso em direitos humanos e em liberdades políticas obscurece o sucesso econômico chinês. Com 20 anos de reformas econômicas, a China tornou-se apenas um pouco menos autoritária do que antes. As liberdades de expressão, de reunião e de religião são limitadas. Os prisioneiros políticos, mantidos em condições brutais, provavelmente chegam a dezenas de milhares. No entanto, mesmo considerando esses pesados óbices, triplicar a renda de um bilhão de pobres é um feito significativo.

As experiências da China e da Rússia não poderiam ser mais distintas. Na China, a reforma foi seguida por um crescimento recorde por 20 anos. Na Rússia, a renda reduziu-se drasticamente. Diferenças em suas condições iniciais — a China era pobre e agrícola, a Rússia estava na média da renda e era industrial — respondem por algumas diferenças nas respostas à reforma. Mas muito se deve às políticas seguidas.

A diferença mais conspícua entre a China e a Rússia está na forma de governo. Por todo o período de reforma, a China continuou sob o controle comunista, enquanto a Rússia tornou-se democrática. Essa diferença política excluiria a possibilidade de se tirar uma lição econômica geral da China? Será que a China precisa de um governo autoritário para seguir seu caminho econômico, ou ela poderia ter promovido as reformas sob um governo democrático? É impossível responder. Há razões para crer, no entanto, que a economia chinesa pode ser separada de sua política, e que ela poderia ter seguido um caminho econômico semelhante se fosse democrática.

As reformas chinesas foram as de um Estado relativamente fraco. Imensas barreiras políticas se interpuseram no caminho da reforma econômica. Os reformadores tiveram de construir uma coalizão política que favorecesse o processo de mudança: tiveram de fazer politicagem para conseguir implementar suas medidas.[14] Depois de abrir mão do marxismo e do maoísmo, o Partido Comunista tinha pouca legitimidade além de sua capacidade de produzir crescimento econômico. O compromisso político com a reforma não decorreu de qualquer força inerente do Estado, mas dos prematuros e cumulativos êxitos da reforma.

No fundamental, a terapia de choque russa diferiu do gradualismo chinês no grau de ativismo do governo. Paradoxalmente, a Rússia recém-democrática escolheu um caminho de reforma que exigia um Estado forte, enquanto a China autoritária escolheu um caminho em que isto não era necessário. "A exigência crucial do sucesso" da terapia de choque, disse o economista Robert Skidelsky, um de seus defensores, "é também a mais difícil: um Estado forte e legítimo." O programa russo de privatização foi implementado por decreto presidencial (exceto a legislação inicial, votada pelo Parlamento).[15] Como era preciso mover-se rapidamente, a terapia de choque significou passar ao largo dos processos democráticos de debate e deliberação.

Enquanto na Rússia o governo controlava a transição, ou tentava fazê-lo, na China o governo era muito passivo. Seu principal papel era afastar as proibições: permitiu aos fazendeiros trabalharem em terras individuais, aos empresários formarem novas firmas e às empresas estatais venderem nos mercados. Deixou no lugar os mecanismos existentes de controle da economia, e deixou as pessoas construírem a nova economia em torno da antiga. As reformas chinesas foram movidas por mudanças de baixo para cima. A nova economia surgiu mais das iniciativas do povo chinês, que construiu novas firmas e criou novas maneiras de fazer negócios, do que de mudanças impostas pelo governo.

Algumas mudanças de cima para baixo também eram necessárias; na verdade, aconteceu mais do que isto. O governo foi indevidamente relaxado na correção dos imensamente inadequados sistemas financeiro e legal; sem dúvida alguma parte do crescimento baseou-se em investimentos mal alocados. A privatização foi adiada demais. Mas o que o êxito chinês mostra é que uma economia de transição não precisa consertar tudo de uma vez. Ela pode funcionar com soluções temporárias, artifícios como as empresas de aldeia, que não existem na prática ocidental nem nos livros-texto.

Em qualquer uma das economias planejadas, o ponto de partida para a transição eram os preços desalinhados, empresas improdutivas e nichos de mercado não-ocupados. Tais ineficiências ofereciam uma grande possibilidade de melhoria. Introduzir um pouco de incentivo e alguma competição numa economia altamente distorcida podia ter efeitos dramáticos, como ilustra a situação chinesa. Mas era difícil prever que incentivos funcionariam nas circunstâncias peculiares da economia de transição. Decorre daí que é prudente seguir uma abordagem experimental, e se dispor a viver por algum tempo com instituições não convencionais, caso elas funcionem. Essas soluções de emergência podem muito bem jamais vir à tona em um Ministério da Fazenda, para não falar do Banco Mundial ou de uma universidade ocidental. É mais provável que elas sejam descobertas por pessoas cujas vidas estão em jogo.

A confiança nos conselhos de estrangeiros ilumina a diferença entre a terapia de choque e o gradualismo. A Rússia voltou-se para os advogados, economistas e banqueiros do Ocidente em busca de conselhos sobre como privatizar suas empresas estatais, desenvolver mercados de capital e reformar o sistema legal. O governo dos Estados Unidos gastou US$2,3 bilhões de empréstimos em assistência técnica para apoiar as reformas russas.[16] A China, ao contrário, pouco apelou para consultores estrangeiros. Não se trata de uma xenofobia chinesa *versus* uma abertura russa. Deve-se à própria natureza das reformas. Na China muitas das decisões importantes foram tomadas localmente. Pequim precisava de menos peritos que Moscou porque decidia menos.

Refletindo sobre os oito primeiros anos das reformas chinesas, o líder Deng Chiao Ping disse: "Todos os tipos de pequenas empresas surgiram no campo, como se um estranho exército tivesse aparecido do nada." O rápido crescimento das novas empresas de aldeia "não era nada que eu já tivesse imaginado. Nem os outros camaradas. Isto nos surpreendeu."[17]

Pode-se dizer que essas novas firmas foram o fator mais importante para o êxito da reforma chinesa. Foram um componente fundamental para o impulso da reforma e para o crescimento econômico. Elas fortaleceram a nascente economia de mercado, criando empregos, fornecendo bens de consumo muito necessários, mobilizando as poupanças e acabando com o monopólio das empresas estatais. No entanto, como disse Deng, seu crescimento "não foi uma realização de nosso governo central". Como admitiu ele, os reformadores deixaram de prever o aspecto central de suas próprias reformas.

As empresas de aldeia eram uma maneira estranha de organizar firmas. A economia planificada fracassou devido à propriedade privada, mas o caminho da China para se distanciar da economia planificada, como se viu, envolveu a criação de mais empresas públicas. Com uma perspectiva mais distanciada, podemos explicar o êxito das novas firmas. Todas elas estavam sujeitas a uma intensa concorrência pelas muitas firmas similares. Como eram de propriedade dos governos locais, elas podiam levantar fundos sem um mercado financeiro, mas sabiam que não poderiam ser socorridas pelo governo se fracassassem. Elas cooptaram os funcionários do Partido Comunista (que, se não fosse assim, teriam sabotado as reformas) dando-lhes uma participação na economia emergente. O medo do fracasso induziu os administradores a gerir as firmas eficientemente. Mas essas explicações vêm depois do fato; o êxito dessas firmas não foi previsto.

As empresas de aldeia mostram o aspecto mais importante de qualquer programa de reforma profunda — sua imprevisibilidade. A transição não pode ser planejada porque não podemos saber, antecipadamente, que políticas vão funcionar. Há muitas coisas para os reformadores fazerem. Eles devem desenhar novas instituições para a economia de transição (e os especialistas podem dar uma ajuda importante neste ponto). São necessárias decisões de cima para baixo para criar a propriedade privada, escrever novas leis de contrato e construir os mecanismos da regulamentação financeira. Mas o exemplo da China sugere que os reformadores também devem deixar que as soluções surjam de baixo para cima, e devem estar dispostos a aceitar soluções novas que não se conformem aos pontos de vista preconcebidos. A experiência chinesa, além disto, sugere ainda que nem todos os mecanismos de cima para baixo precisam ser criados desde o início das reformas.

Quando faltam as instituições convencionais, ou quando elas não funcionam bem, algumas vezes as pessoas podem criar substitutos. No lugar de leis de contrato, as contratações relacionais possibilitam que os negócios sejam feitos e que as promessas sejam cumpridas. Como não existiam mercados de crédito, as firmas investiram os resultados dos negócios e os lucros retidos. O mercado e o empreendedorismo são mais robustos do que se crê. A economia pode ir surpreendentemente longe sem algumas das instituições normalmente vistas como pré-requisitos da atividade de mercado.

Existem, no entanto, limites para os mecanismos que surgem de baixo para cima. Há um conjunto de instituições para as quais não há substituto: é preciso garantir os direitos de propriedade, pois a corrupção pode descarrilar a economia. Esses direitos não podem ser alcançados de baixo para cima, pois o que é preciso são restrições às pessoas de cima. Além do mais, os mecanismos que vêm de baixo não funcionam bem em grandes empresas. Existe um contraste chocante nas economias de transição entre o êxito das empresas iniciantes (pelo menos nos países onde a corrupção não está fora de controle) e o fraco desempenho das firmas privatizadas. Uma das causas dessa diferença é simplesmente o tamanho. As grandes empresas precisam do apoio das instituições de mercado. Julgar complexas disputas comerciais exige um sofisticado sistema legal, que só o Estado pode fornecer. Para uma firma crescer o suficiente para se beneficiar de economias de escala, ela precisa fazer grandes investimentos cujos retornos só ocorrem no longo prazo. Tais investimentos exigem proteção legal, que impeça o governo ou outras firmas de expropriá-los. Ademais, onde as leis não são adequadas, as firmas tendem a fazer negócios apenas com conhecidos, não com estranhos, e isto limita a quantidade de consumidores e fornecedores, restringindo seu crescimento.

Para a economia se desenvolver, são necessárias regras de cima para baixo. Apesar disso, os mecanismos de baixo para cima funcionaram surpreendentemente bem, ao apoiar as transações nos primeiros estágios da transição. A adaptação funciona melhor do que os esquemas grandiosos.

Os países que realizaram reformas para construir mercados começaram de pontos muito diferentes. A Nova Zelândia era uma economia rica mas excessivamente regulamentada. A China e a Rússia eram economias comunistas planificadas; a Rússia era um país de nível médio de renda e industrializado, e a China era muito mais pobre e principalmente agrícola. A despeito das diferenças, as respostas destes três países às reformas têm alguns elementos em comum. Desenhar a economia de mercado implica reestruturar as firmas existentes, criar novas firmas e construir mercados de trabalho, financeiros, e de produtos — e isto é difícil em qualquer país.

"A perseverança ganha a corrida", como disse a tartaruga para a lebre na fábula de Esopo. O gradualismo chinês mostrou-se um caminho mais rápido para os mercados do que a terapia de choque russa. Depois de oito anos de reformas, os mercados estão funcionando mais efetivamente na China do que na Rússia. Em 1986 a agricultura da China havia sido convertida ao mercado, um grande número de novas firmas estava surgindo, os preços, em geral, estavam alinhados aos custos, e a renda *per capita* havia subido fortemente. Em cada um destes aspectos, a China de 1986 estava na frente da Rússia de 2000.

Como se viu, o caminho mais rápido entre uma economia planificada e os mercados funcionais não foi a destruição frenética das velhas instituições, a começar com um Estado enxuto, e com a imposição de reformas de cima para baixo. Foi mais rápido deixar a nova economia crescer em torno da antiga, mantendo alguma estabilidade para as pessoas criarem novas maneiras de fazer negócios.

Em circunstâncias diferentes, no entanto, a terapia de choque pode ser adequada. Num país como a Nova Zelândia, onde já existiam instituições de apoio ao mercado — garantias de direitos de propriedade, leis de contrato bem definidas e mercados financeiros ativos —, o principal argumento contra a terapia de choque perde força.

Mercados funcionais dependem de uma mistura judiciosa de controles formais e informais. Embora o governo ajude a estabelecer as regras para o mercado, isto acontece também com os participantes do mercado. Uma economia não pode ser desenhada de cima. Se fosse possível planejar as reformas, seria possível planejar a economia.

16

Guerreiros contra a pobreza

Ativistas em prol dos direitos humanos, sindicalistas, revolucionários, grupos religiosos, ambientalistas e defensores dos animais reuniram-se em dezembro de 1999 nas ruas de Seattle. O que juntou essa heterogênea coalizão foi o ódio à globalização, que para eles estava simbolizada por uma reunião da Organização Mundial do Comércio.

Os protestos se transformaram em um teatro de rua. Cantores, dançarinos e acrobatas entretinham as multidões. Os ambientalistas vestiram fantasias: havia tartarugas e golfinhos e um homem "geneticamente modificado". Anarquistas de roupas pretas e rostos cobertos quebraram as vitrines da McDonald's e da Niketown, lojas que para eles significavam o domínio americano. Os confrontos ficaram violentos quando a polícia reagiu, talvez excessivamente, às provocações dos anarquistas com bombas de gás lacrimogêneo, balas de borracha e cassetetes. O espetáculo foi transmitido nos noticiários das televisões de todo o mundo. Após um conjunto semelhante de protestos em Gênova, em 2001, o *Economist* observou que os manifestantes haviam feito "o que os departamentos de relações públicas da OMC, do FMI e do Banco Mundial e da União Européia não haviam conseguido fazer em meio século: transformaram a economia em algo excitante".

Para os manifestantes, a globalização era culpada de um conjunto de malefícios: aumento das disparidades de renda entre as nações ricas e pobres e, no interior das nações ricas, degradação ambiental, poder excessivo das empresas multinacionais, homogeneização das culturas nacionais. Por causa da globalização, as crianças de Bangladesh trabalhavam duro o dia inteiro fabricando bolas de futebol; as mulheres salvadorenhas costuravam jeans em lugares abafados; os trabalhadores indonésios faziam calçados de atletismo em fábricas quentes, respirando as fumaças tóxicas da cola. Segundo Vandana Shiva, ativista indiano, a globalização era "um novo tipo de colonialismo empresarial imposto aos países pobres e aos pobres dos países ricos"[1].

A globalização decorre dos vínculos cada vez mais próximos entre os mercados mundiais. Mudanças tecnológicas ajudaram a começar. Com os navios transportadores de contêineres e os cargueiros a jato, os custos de transporte reduziram-se drasticamente. Computadores ligados em rede possibilitaram a transferência instantânea de dinheiro. As mudanças políticas também foram importantes, com os governos de todo o mundo abolindo as restrições aos negócios e as barreiras aos investimentos estrangeiros. A globalização mudou até mesmo a maneira pela qual seus inimigos se organizam: a Internet conecta-os através de sites, como o adequadamente chamado www.protest.net.

Vamos pensar na mais fundamental das preocupações dos manifestantes contra a globalização: o empobrecimento do mundo em desenvolvimento. Os manifestantes levantaram questões importantes. Por exemplo, impor aos países em desenvolvimento proteções à propriedade intelectual ao estilo ocidental pode prejudicar os pobres, como mostra o caso dos medicamentos contra a aids que discutimos antes. Mas, no geral, será que os pobres do mundo são vítimas da globalização? Por que os países pobres são pobres?

Cerca de metade da população mundial, 2,8 bilhões de pessoas, vive com menos de US$2 por dia. Esse fato brutal e vergonhoso está subjacente ao ódio dos manifestantes de Seattle. O trabalho infantil, as fábricas insalubres, os problemas ambientais não irão embora enquanto a pobreza não desaparecer.

O abismo entre países ricos e pobres é imenso. A renda média na China é cerca de 1/10 da dos Estados Unidos. A da Índia é 14 vezes menor. Na Tanzânia, para pegar um caso extremo, é 60 vezes menor. Um americano típico gasta em menos de uma semana o que um habitante da Tanzânia faz durar mais de um ano. (Estas comparações são feitas considerando a paridade do poder de compra, levando em conta as variações nos custos de vida entre os países; sem tal ajuste as disparidades seriam ainda maiores.)[2]

Os milionários do mundo chegam a sete milhões, segundo a firma Gemini Consulting. Os milionários, portanto, são um pouco mais do que 1/1.000 da população mundial. Seus ativos chegam a US$25 trilhões.[3] A maioria dos que ganham menos do que US$2 por dia está na África e na Ásia; a maioria dos milionários, na América do Norte e na Europa Ocidental. A renda total anual dos 2,8 bilhões mais pobres é de cerca de US$1,5 trilhões. Se supusermos que o consumo anual dos milionários é de 6% de sua riqueza (provavelmente uma subestimação), então seu consumo é de US$1,5 trilhões. Os 0,1% mais ricos do mundo consomem tanto quanto os 45% mais pobres.

Dividir a riqueza é uma opção para melhorar a miséria dos pobres? Vamos fazer uma aritmética hipotética. Imaginemos que a riqueza dos milionários seja confiscada e distribuída entre todos os que ganham menos de US$2 por dia. Dividindo US$25 trilhões por 2,8 bilhões de pessoas temos US$9 mil para cada uma.

Uma redistribuição drástica como esta exigiria métodos autoritários. Ela seria inviável, por muitas razões, uma das quais o fato de que tributar a renda em 100% esmagaria qualquer incentivo para ganhá-la. Isso não vai acontecer. Mas colocando de lado todas estas objeções óbvias, mesmo que se pudesse fazer tal redistribuição, ela não eliminaria a pobreza. A quantia de US$9 mil é uma soma alta para um morador da Tanzânia ou de Bangladesh, mas trata-se de uma única transferência, já que o experimento em que estamos pensando é de confisco de riqueza. Se as pessoas investissem a quantia recebida e ganhassem 10% ao ano, suas rendas anuais seriam de US$1,5 mil: a renda *per capita* da Argélia ou do Equador. Embora essa redistribuição reduzisse claramente a pobreza extrema, os pobres continuariam pobres.

A pobreza global não pode ser eliminada dividindo-se a riqueza. Os pobres são muito mais numerosos do que os ricos, e as diferenças de renda são muito grandes. Mesmo que se pudesse implementar uma maciça redistribuição mundial, os ganhos para os países pobres seriam limitados. Portanto, a única solução real é o crescimento econômico, de modo a expandir os recursos mundiais totais. Crescimento significa simplesmente um aumento na renda da nação. Dizer que a redução da pobreza leva ao crescimento é quase uma tautologia, mas não é bem assim, porque os efeitos sobre a pobreza dependem de como o crescimento se distribui.

O crescimento é efetivo: ele traz grandes melhorias nos padrões de vida. O americano médio de hoje ganha seis vezes mais do que um século atrás. Em 1900, uma família americana típica vivia em uma casa do tamanho de uma garagem para dois carros dos dias de hoje. Na época, as pessoas gastavam a maior parte do dinheiro em comida, roupa e moradia; atualmente muito do dinheiro dos americanos está disponível para gastos mais discricionários. (Em 1900 o americano médio gastava mais de 1/3 da renda em alimentos; em 2000, 1/7.) As pessoas comuns nos Estados Unidos e Europa Ocidental vivem hoje muito melhor em termos materiais do que qualquer pessoa, exceto as muito ricas, que tenha vivido antes do século XX.

As boas novas são que a maior parte da população mundial, não apenas no Ocidente, está cada vez melhor. A maioria dos países, ricos e pobres, vem crescendo ao longo do tempo. A Índia, por exemplo, cresceu lenta mas consistentemente entre 1950 e 1980 (um crescimento real *per capita* de cerca de 1,5%), e um pouco mais rápido nas décadas de 1980 e 1990 (4% ou mais). Como resultado, em 2000 o indiano médio era mais do que duas vezes mais rico do que em 1950.

Embora a maioria dos países tenha crescido, o crescimento é desigual. A maior parte dos países relativamente ricos do início do século XX continuou a crescer. Os países que no início eram pobres seguiram padrões de crescimento muito diferenciados. Alguns cresceram muito rapidamente, e muitos estavelmente, mas alguns dos mais pobres cresceram pouco ou não cresceram. A desigualdade atual entre os países é conseqüência de taxas diferenciadas de crescimento no passado. Os países são pobres porque cresceram pouco ou não cresceram por um longo período de tempo. Para reduzir as desigualdades globais é preciso acelerar o crescimento desses países.

Isto é possível. Os tigres asiáticos tiveram um sucesso impressionante — Hong Kong, Coréia do Sul, Cingapura e Taiwan — assim como, o que é notável, Botswana. De 1960 a 1990 estes cinco países cresceram a taxas anuais *per capita* de 6% ou mais, o que significa que a renda das pessoas dobrou a cada 12 anos. (É possível fazer um cálculo aproximado de quantos anos a renda leva para dobrar dividindo a taxa de crescimento por 72.) Em 2000 a renda *per capita* em Botswana era sete vezes mais alta do que a média da África Subsaariana. Botswana teve a sorte de possuir minas de diamantes; mas não foi apenas sorte, porque outros países ricos em minerais não conseguiram crescer.

A força do crescimento continuado aparece no exemplo de Cingapura. Em meados da década de 1960, o habitante médio de Cingapura ganhava míseros US$500 (equivalente a menos de US$3 mil em dólares de 2000). O futuro parecia sombrio, tanto em termos econômicos como políticos. Cingapura havia acabado de sair de uma federação com a Malásia, e enfrentava o risco de um golpe comunista. Não tinha recursos naturais e pouca indústria. Suplantando esse início adverso, cresceu até alcançar uma riqueza genuína. No ano de 2000, com uma Renda Nacional *per capita* de mais de US$30 mil, Cingapura alcançou os países mais ricos do mundo. O primeiro-ministro Goh Chok Tong gabou-se: "Chegamos tão longe a partir do nada."

A maioria dos países pobres do mundo tornou-se menos pobre com o tempo, embora mais gradualmente do que Cingapura. Em alguns dos países mais pobres, no entanto, como Guiana, Chad, Mali e Zâmbia, a renda *per capita* caiu ao longo do tempo.[4]

Vamos agora olhar os efeitos do crescimento econômico em um dado país. Quem ganha com o crescimento? Ele beneficia os pobres ou somente os ricos? É uma questão de fatos, não de ideologia. Temos de examinar os dados.

Goethe disse: "Já se afirmou que o mundo é governado pelos números. Conheço isto: os números nos dizem se ele está sendo bem ou mal governado." Nos últimos anos, as pesquisas em economia tornaram-se cada vez mais empíricas, à medida que os avanços nos computadores colocaram ao alcance de qualquer economista um imenso poder de análise de dados, e novas técnicas estatísticas produziram maneiras mais precisas de se fazer inferências a partir deles. Os fatos sobre a economia não aparecem de forma clara. Para aprender com os dados é preciso não só julgamento como técnica, e quando há julgamentos envolvidos pessoas razoáveis podem discordar. Mas uma das principais conquistas da economia moderna foram os refinamentos nas técnicas estatísticas, que reduzem o âmbito do julgamento necessário.

Um dos resultados é um melhor entendimento do crescimento econômico. Imensos conjuntos de dados, cobrindo muitos países por muitos anos — mostrando taxas de crescimento, níveis de investimento, matrículas escolares, taxas de fertilidade, índices de corrupção e do domínio da lei, incidência de pobreza e assim por diante — foram usados para explicar o crescimento econômico. Mais tarde examinaremos o que essa pesquisa descobriu sobre as fontes de tal crescimento. Por enquanto, vamos ver o que os dados nos dizem sobre os efeitos do crescimento sobre os pobres.

Distribuído igualmente, um aumento de 5% na renda de uma nação significaria que todos no país receberiam a mesma percentagem a mais. Mas o crescimento não se distribui igualmente. Para estudar o efeito do crescimento sobre os indivíduos, os economistas usam duas medidas distintas: pobreza e desigualdade. A pobreza é uma medida absoluta: o número de pessoas que ganham menos do que o mínimo necessário para pagar por alimento e abrigo básicos. A desigualdade é uma medida relativa: a amplitude do hiato entre os pobres e os ricos.

A desigualdade é calculada de várias maneiras; uma medida simples é a fração da Renda Nacional que cabe aos 20% mais pobres da população. A pobreza é medida por uma linha um pouco mais arbitrária. Os estudos sobre a pobreza global normalmente consideram uma renda de US$1 ou US$2 por dia como o limite. Os países mais ricos estabelecem suas linhas de pobreza mais alto. Nos Estados Unidos, em 2000, o Censo definiu como pobre qualquer família de quatro pessoas com uma renda anual de menos que US$17.761. (Há duas maneiras de olhar este número. Por um lado, ele é mais do que quatro vezes maior do que a renda *per capita* da maioria dos países em desenvolvimento. Por outro, a maioria dos americanos não consegue imaginar como uma família de quatro pessoas possa viver com menos de US$20 mil.)

Para melhor compreender a diferença entre os dois conceitos, desigualdade e pobreza, vamos considerar que a renda de agricultores indianos arrendatários de terra, que mal conseguem viver, aumentou 12% nos últimos dois anos. As coisas ficaram melhores? Pelo critério da pobreza, a situação é mais justa do que antes, pois os pobres podem comprar mais comida para suas famílias. Já pelo critério da desigualdade, vai depender do que acontecer com a renda dos ricos. Se ao mesmo tempo os donos de terra ficarem 12% mais ricos, a nação não melhorou. Talvez nos países ricos a desigualdade seja mais patente, mas nos países pobres, segundo a maioria dos economistas, a pobreza é a preocupação mais premente.

Os dados mostram que normalmente a pobreza diminui com o crescimento econômico. A maré quando enche eleva todos os navios. Pela definição de pobreza de US$1 por dia, a fração da população mundial que é pobre caiu de 24% em

1987 para 20% em 1999. A pobreza diminuiu em quase todos os lugares onde ocorreu crescimento. Ela é mais persistente em países que não conseguiram crescer. Uma análise dos dados de 80 países por mais de quatro décadas mostra que embora os efeitos da pobreza variem muito de país para país, normalmente os pobres colhem alguns dos frutos do crescimento. Num país típico, a renda dos 20% mais pobres se eleva na proporção de um para um com o crescimento econômico global.[5] Os pobres melhoram com o restante da população.

Em outras palavras, o grau de desigualdade tende a ficar constante com o tempo, de modo que qualquer crescimento significa alguma redução na pobreza. Mas isto é uma afirmação sobre médias; os benefícios do crescimento sobre os pobres variam de país para país e com o tempo.

O volume de redução da pobreza depende do grau de desigualdade. Em países com baixa desigualdade, o crescimento tem um impacto maior sobre a pobreza do que em países muito desiguais.

Na segunda metade do século XX, o crescimento trouxe ganhos diferenciados nos Estados Unidos. A desigualdade aumentou, e os ricos ficaram mais ricos, principalmente em decorrência de mudanças tecnológicas que aumentaram os salários dos qualificados em relação aos não-qualificados. Mas, mesmo assim, o crescimento trouxe ganhos generalizados. O robusto crescimento da década de 1990 reduziu a incidência da pobreza, principalmente ao criar empregos. Mais de 1/5 das pessoas que em 1992 viviam abaixo da linha oficial de pobreza haviam saído dela em 1999. (O número de pessoas abaixo da linha de pobreza caiu de 15,1% para 11,8% da população.) Rebecca Blank, especialista em pobreza nos Estados Unidos, concluiu: "A lição mais importante que a década de 1990 deu aos guerreiros que lutam contra a pobreza foi que o crescimento econômico sustentado é uma coisa maravilhosa."[6]

Na China, como vimos, após a reestruturação da agricultura, seguiu-se crescimento econômico e redução da pobreza em escala maciça. A China não é o único caso. Também na Índia a produtividade agrícola se elevou — não como na China, em decorrência de uma reforma radical de um sistema extremamente ineficiente, mas em resposta aos avanços tecnológicos. A revolução verde, com suas variedades de sementes melhores, estimulou os aumentos na produção de alimentos. Os frutos do crescimento econômico que se seguiu ao crescimento da produtividade agrícola espalharam-se amplamente.[7] Num período de 35 anos, os níveis absolutos de pobreza reduziram-se significativamente. Muitos milhões saíram da pobreza extrema.

Isto não quer dizer que basta o crescimento para eliminar a pobreza, ou que uma redistribuição dos ricos para os pobres não deva necessariamente ocorrer. O crescimento não é toda a solução para a pobreza. Mas é uma parte indispensável.

Uma razão pela qual o crescimento em si não pode resolver o problema da pobreza é que, na verdade, a pobreza extrema pode impedir o início de qualquer crescimento. Embora o crescimento normalmente traga benefícios tanto para pobres como para ricos, os dados mostram que a desigualdade afeta a taxa de crescimento — numa direção que vai contra a sabedoria convencional. Países com distribuição de renda mais eqüitativa crescem, em média, mais rapidamente do que aqueles em que essas diferenças são mais amplas. Inversamente, nos países com extrema desigualdade, ela, por si só, pode ser um obstáculo ao crescimento.[8]

Em geral os países pobres são mais desiguais do que os ricos. Uma medida de desigualdade é a razão entre a renda média dos 40% mais ricos e a renda média dos 60% mais pobres. Nos países mais industrializados, essa taxa fica entre 2 e 3 (na Alemanha é 2,4; no Reino Unido, 2,5; na França, 2,7; nos Estados Unidos, 2,9). Enquanto em alguns países em desenvolvimento o grau de desigualdade é semelhante (no Paquistão é 2,2 e no Egito, 2,5), na maioria é muito mais alta (nas Filipinas ela é 4,3 e no Brasil chega a 6,4).[9]

Por que a desigualdade é um obstáculo ao crescimento? Uma das razões é que uma grande desigualdade gera inquietação e instabilidade política, prejudicando a economia. Outra é que em países pobres e desiguais um grande número de pessoas vive em pobreza extrema. Os pobres não conseguem aproveitar as oportunidades de investimento. Empresários em potencial não podem pedir empréstimo ou poupar o capital que precisam para começar suas firmas. Os filhos dos pobres não conseguem estudar e são, assim, excluídos dos empregos qualificados. Onde existir extrema desigualdade de oportunidades, o crescimento é lento, simplesmente porque muito do talento da nação é desperdiçado.

Em Taiwan, no começo da década de 1950, por exemplo, pouco antes do início de seu rápido surto de crescimento, o governo impôs uma grande reforma agrária, redistribuindo a terra entre os pobres. A subseqüente queda na desigualdade — na época Taiwan tinha uma das distribuições de renda menos desiguais — auxiliou no salto da economia e em seu crescimento rumo à riqueza.[10] Outros países pobres continuam presos no ciclo vicioso da desigualdade que provoca baixo crescimento, o que perpetua a desigualdade.

O crescimento econômico não é um fim em si mesmo, mas um meio para atingir padrões de vida mais altos. É preciso mais do que crescimento para acabar com a miséria dos pobres do mundo. O crescimento não é uma condição suficiente para corrigir os problemas sociais — mas é uma condição necessária. Ter mais recursos não melhora automaticamente a vida das pessoas, mas ajuda.

A saúde é uma medida do padrão de vida. À medida que a renda de um país se eleva, sua população fica mais saudável, e isto pode ser verificado. Medidas como ingestão de calorias e de proteínas e leitos hospitalares *per capita* são significativamente mais altas onde a renda é maior. Como resultado, a expectativa de vida é maior. A mortalidade infantil cai quando a Renda Nacional se eleva. É verdade que não é apenas a renda que afeta os níveis de saúde; os programas de saúde pública e os novos conhecimentos sobre as doenças são cruciais. Mas os países mais ricos são países mais saudáveis.

As desigualdades de gênero também tendem a cair quando a economia cresce. A discriminação é em grande parte cultural, mas a cultura pode responder às mudanças econômicas. Nos países mais pobres, como Bangladesh e Somália, as moças cursam metade dos anos escolares dos rapazes. Nos países com a renda de média para baixa, como Filipinas e Botswana, rapazes e moças têm uma escolaridade aproximadamente igual. (No entanto, no Oriente Médio e nos países da África do Norte, como Tunísia, Argélia e Iraque, comparadas aos rapazes, as moças têm cerca de dois anos a menos de escola.) As mulheres trabalhadoras também se beneficiam com o crescimento: os diferenciais de pagamento por gênero tendem a ser menores nos países mais ricos. O crescimento ajuda a reduzir a diferença de gênero.[11]

Segundo Robert Lucas, ganhador do Prêmio Nobel, as conseqüências do crescimento econômico para o bem-estar humano "são simplesmente tremendas. Quando se começa a pensar nelas é difícil pensar em qualquer outra coisa."[12] É urgente compreender como obter um bom desempenho econômico. Estamos longe de ter todas as respostas, mas já temos algumas.

O investimento — definido de maneira ampla de modo a incluir investimento em equipamento e maquinaria, em pessoas, através da educação, e em idéias, através de pesquisa e desenvolvimento — é o caminho direto para o crescimento. Países que investem mais em equipamento crescem mais rápido, como mostram os estudos estatísticos do crescimento. No entanto, o investimento em um número cada vez maior de máquinas acaba atingindo rendimentos decrescentes. Com todos os outros fatores iguais, um país que já possui um grande estoque de capital tem um menor impulso com qualquer investimento adicional do que um país com pouco capital. Isto significa que os países pobres deveriam crescer mais rapidamente do que os países ricos, porque seus investimentos devem gerar retornos mais altos. Os níveis de renda dos países deveriam convergir. Mas isso não acontece.

Os países ricos têm conseguido evitar os rendimentos decrescentes dos investimentos físicos através do progresso tecnológico. Idéias novas e melhores são uma saída para os limites ao crescimento. Além do mais, um país só pode se beneficiar do estoque mundial de idéias se educar sua população. A educação, ou investimento em capital humano, é uma grande fonte de crescimento, além do investimento em máquinas e equipamentos. Os países que gastam mais em educação crescem significativamente mais rápido. A educação estimula o crescimento.[13]

O rápido crescimento em Cingapura, por exemplo, algumas vezes é descrito como milagre, mas na verdade tem uma explicação direta. Cingapura simplesmente mobilizou seus recursos. A fonte primária de crescimento foi o investimento maciço em capital físico. Os cingapurianos pouparam e investiram até 40% de sua renda. Uma outra fonte de crescimento foi o investimento nas pessoas. Em 1966, mais da metade da força de trabalho não tinha qualquer educação formal; em 1990 2/3 havia completado o segundo grau.[14] O crescimento de Cingapura, longe de ser um milagre, baseou-se em investimento cumulativo.

Investimento em máquinas, pessoas e idéias não é suficiente para garantir o crescimento. O investimento deve ser bem dirigido para ser produtivo. Para isto, é preciso haver mercados.

É possível ter uma medida da importância dos mercados calculando a fração da Renda Nacional que é gasta pelo governo; a fração restante passa pelo setor privado. Governos grandes estão relacionados estatisticamente à taxa de crescimento da maneira que a maioria das pessoas esperaria. Grandes gastos governamentais estão associados a crescimento lento. Um governo que controla muitos recursos da economia reduz sua velocidade.[15]

Duas outras medidas da dependência de um país com relação aos mercados são sua abertura ao comércio internacional e o grau de desenvolvimento de seus mercados financeiros. Grandes barreiras ao comércio significam intervenção governamental no funcionamento cotidiano da economia. A proibição de comércio além-fronteiras significa não deixar os mercados operarem plenamente. Os sinais de preços são distorcidos, de modo que os investimentos dirigem-se a áreas não-produtivas, tais como projetos intensivos em capital em países onde ele é escasso. A ausência de concorrência externa significa que as firmas podem ser monopolistas preguiçosas, não sendo obrigadas a se manterem enxutas para sobreviver. Por outro lado, barreiras reduzidas ameaçam as indústrias nacionais. Os estudos estatísticos de crescimento corroboram isto: países relativamente abertos ao comércio internacional tendem a investir mais e a crescer mais rápido.

Os mercados financeiros promovem o crescimento. Onde o sistema financeiro é inadequado, é difícil para as firmas crescerem o suficiente para se beneficiar das economias de escala, pois as indústrias tendem a ser administradas por um grupo politicamente favorecido. Os mercados financeiros possibilitam a entrada e o crescimento de novas firmas. Os estudos estatísticos mostram que os países com bancos e bolsas de valores funcionais tendem a investir mais e a crescer mais rápido. Ademais, o controle da inflação é parte da saúde financeira. A inflação aumenta a incerteza dos negócios ao aumentar os riscos de empréstimos e ao fazer com que os preços não sejam sinais confiáveis da demanda e da oferta. Uma inflação menor tende a se correlacionar com crescimento mais rápido.[16]

Os mercados, assim, são necessários para manter o crescimento econômico, gerando um nível suficiente de investimentos, voltados para as áreas certas. No entanto, ao contrário das afirmações dos mais entusiasmados fãs do mercado livre, os mercados só não bastam.

Se o governo for pequeno, grande parte da economia, por definição, será deixada aos mercados. Mas governos pequenos não significam necessariamente crescimento rápido. Como já se disse, o gasto do governo tem um efeito negativo sobre o crescimento — mas só até certo ponto. Quando o governo é uma parte grande da economia, governos menores tendem a significar crescimentos mais rápidos — mas não quando é uma parte pequena demais.[17] O governo não pode estar ausente, se quiser estimular o crescimento. Os investimentos governamentais são necessários. Os dados mostram que o crescimento é mais rápido em países que constroem infra-estruturas públicas funcionais, tais como rodovias, ferrovias, pontes, portos e redes elétricas e de telefonia. Se a infra-estrutura de um país é esparsa, congestionada ou de má qualidade, fica difícil fazer negócios e isso atrapalha o crescimento. Às vezes o governo é pequeno demais.

Permitir que os mercados abarquem a maior parte da economia não é uma garantia de sucesso econômico. Alguns dos países mais pobres do mundo são predominantemente economias de mercado. Eles não conseguem crescer, mesmo que a maior parte das decisões seja dos mercados. Nos países da África Subsaariana, por exemplo, os gastos governamentais são responsáveis por apenas 26% da Renda Nacional, pouco mais do que nos outros países em desenvolvimento. (No Sul e no Leste da Ásia e na América Latina esse número fica entre 20 e 24%.) Nas décadas de 1980 e 1990 os países africanos tiveram, no total, crescimento negativo, a despeito de seus governos terem sido responsáveis por apenas um quarto de suas economias.

A Somália é um caso extremo de governo pequeno: como disse a Anistia Internacional, é um país sem Estado. No começo da década de 1990 ela foi devastada pela guerra civil. No ano 2000, cinco anos depois de as forças de paz da ONU deixarem o país, reconhecendo que não conseguiam estabilizá-lo, a economia começou a reagir. Ela era, então, uma pura economia de mercado. Não se recolhiam impostos. Os negócios floresceram, com as empresas competindo ferozmente pelos fregueses. Mas a economia não funcionava tranqüilamente. As firmas enfrentavam altos custos de transação. "É preciso providenciar tudo sozinho," disse Abdi Muhammad Sabria, um negociante de Mogadício. "Você tem que recolher o lixo de sua rua."[18] Como não havia forças policiais, as firmas tinham de pagar bandos armados para proteger sua propriedade. Elas geravam sua própria eletricidade e tratavam de encontrar sua própria água. A falta de um porto funcional significava que era difícil conseguir insumos importados. A concorrência entre as três companhias telefônicas rebaixou as tarifas, mas elas não se falavam entre si, de modo que as empresas tinham de ter três linhas telefônicas. A ubiqüidade dos mercados e a ausência de governo não resultaram em uma economia eficiente.

Os mercados não geram crescimento automaticamente. Não basta os governos ficarem de fora da economia e simplesmente deixarem tudo para os mercados. Os investimentos altos e sustentados que são necessários para o crescimento a longo prazo exigem mais. Os dados estatísticos indicam que além disso, para um país crescer, são necessárias instituições sólidas. O crescimento é mais rápido em países com direitos de propriedade garantidos, regras que impeçam a corrupção, leis de contrato funcionais e estabilidade política.[19]

Os vínculos entre crescimento e tais variáveis institucionais são fáceis de ver. A instabilidade política não apenas desencoraja a atividade econômica, ao elevar os riscos dos negócios, como desvia os recursos da firma, que saem das atividades produtivas e se dirigem para a busca de favores políticos. A corrupção desencoraja o investimento. Direitos de propriedade inseguros e obrigações contratuais em que não se possa confiar impedem os mercados.

O que é causa e o que é efeito? Os países crescem mais rápido porque seus funcionários são honestos, ou a corrupção cai em conseqüência do aumento da riqueza? Leis efetivas são causa ou conseqüência do crescimento? Os dados mostram que a causalidade se exerce nos dois sentidos: a maior parte dessas variáveis tanto provoca quanto se segue ao crescimento econômico.[20] Como resultado, ele pode ser auto-reforçador. Um país pode crescer porque educa sua população; o crescimento significa, então, que ele pode arcar com um nível de educação mais alto, o que traz mais crescimento. Um país que consegue reduzir a corrupção estimula o crescimento e, como resultado, é capaz de dedicar ainda mais recursos para combater a corrupção, de modo que cresce ainda mais. O crescimento se beneficia dessas retroalimentações virtuosas. No entanto, invertendo essa mesma lógica, os países mais pobres podem ficar presos numa armadilha. Suas instituições disfuncionais significam que são pobres e sua pobreza significa que eles não podem fazer o que é necessário para melhorar suas instituições.

Em resumo, as variáveis que os economistas descobriram serem associadas a aumentos da renda *per capita* se situam em dois grandes grupos: investimentos e instituições. O crescimento econômico exige não apenas que os mercados sejam extensos, mas também que sejam bem desenhados. É necessária uma plataforma sólida: mecanismos de proteção de direitos e de contratos, mercados financeiros acessíveis, ambiente competitivo para as firmas, limites aos gastos de governo, política estável e inflação baixa para limitar as incertezas dos negócios, e adequada infra-estrutura pública de transportes e comunicações. Dada essa plataforma, os mercados geram crescimento.

Alguns países são confortavelmente ricos, enquanto outros são dolorosamente pobres, devido, em grande parte, à qualidade de suas instituições. O ambiente político e econômico determina a eficiência da atividade do mercado: fabricação, invenção, investimento, compra, venda. Se a plataforma do mercado for inadequada, os recursos escassos da nação serão desperdiçados.

A globalização revelou ser uma questão lateral, no tocante à pobreza. Ela não torna os países ricos nem pobres. Os países são pobres porque não conseguem crescer. A globalização não os impede de crescer: afinal de contas, alguns países em desenvolvimento conseguiram crescer rapidamente quando a globalização se fez. Por outro lado, ela não necessariamente os ajuda a crescer. Muitos países cresceram tão lentamente em 2001 quanto em 1970; a globalização passou ao largo.

A globalização pode ajudar os países pobres quando torna os mercados dos países ricos acessíveis aos seus produtos. Pregando hipocritamente as virtudes da economia global, os Estados Unidos e a Europa Ocidental relutaram muito em expor suas próprias firmas à concorrência dos produtores do Terceiro Mundo. Alguns países pobres obtiveram um benefício alternativo com a globalização. Ao reduzir suas próprias barreiras comerciais, eles ampliaram a variedade de bens de consumo para seus cidadãos e induziram suas próprias firmas, ao enfrentar a concorrência estrangeira, a se tornarem mais eficientes. Os dados mostram que países com barreiras comerciais baixas tendem a crescer mais rápido. No entanto, a abertura ao comércio é apenas uma das fontes de êxito no crescimento, e sequer é a principal.

A pobreza não tem de ser uma armadilha. É possível promover o crescimento, e quando ele ocorre, segue-se uma grande redução na pobreza. Segundo o Banco Mundial, o rápido crescimento chinês nas décadas de 1980 e 1990 tirou da linha de pobreza mais de 200 milhões de pessoas.[21] São as políticas feitas em casa que fazem a diferença entre crescimento rápido e crescimento nulo. O desempenho econômico de sucesso reflete as decisões políticas internas do próprio país. Os países podem afetar seu próprio destino.

A Rússia mostrou que consertar uma economia que funciona mal é um processo longo e algumas vezes doloroso. Não se sabe que políticas vão funcionar. Ainda temos muito a aprender sobre o que um país deve fazer para ter crescimento econômico. Como disse Robert Solow, ganhador do Prêmio Nobel: "Não existe uma fórmula do capitalismo, que se possa colocar em um livro para ser seguida. Você tem de abrir seu próprio caminho."[22]

Embora não exista nenhum livro de receitas para o sucesso econômico, os amplos estudos resumidos neste capítulo e as análises mais detalhadas dos capítulos anteriores nos dão algumas lições. Para haver crescimento é preciso que as instituições estejam no lugar. Isto significa que o Estado deve realizar ações apropriadas. Significa também deixar para os mercados aquilo que eles fazem de melhor. Para isso, o sistema de mercado deve ser bem desenhado, para que as informações fluam com facilidade, as relações de negócios se desenvolvam, os contratos sejam obedecidos, os direitos de propriedade sejam garantidos, as externalidades prejudiciais sejam controladas e a concorrência seja estimulada.

A justificativa mais profunda para a economia de mercado é que, onde ela funciona, é o melhor remédio que temos contra a pobreza. A razão mais profunda para estudar o desenho de mercado é que os mercados, às vezes, funcionam mal e com isso não conseguem eliminar a pobreza.

17

Imperativos do mercado

Perguntaram a William F. Buckley, grande defensor do conservadorismo de livre mercado e guru da direita americana, então com 74 anos, que idéias ele seguiria se fosse um estudante universitário nos dias de hoje. "Eu seria socialista", respondeu ao espantado entrevistador. "Eu diria que até mesmo comunista."[1] E apresentou uma lista de motivos, entre eles a pobreza mundial e a aids, que o fariam, se ele fosse jovem, duvidar do mercado livre. Uma outra observação na mesma entrevista reforça a genuinidade de seus receios. A ênfase no mercado pelos conservadores, segundo ele, "é muito chata. Você ouve uma vez e já entende tudo."

Dizer que Buckley, ou qualquer outro, é capaz de "entender" de economia ouvindo falar uma só vez é, no máximo, uma caricatura. No mundo real as coisas são mais variadas. A caricatura critica uma crise como a aids ou a pobreza, que não se encaixam numa visão mundial unidimensional.

Como vimos, a economia é um sistema altamente complexo. É pelo menos tão complexo quanto os sistemas estudados pelos físicos e biólogos. (O sistema econômico tem uma camada adicional de complexidade: seus componentes são pessoas, que reagem inteligentemente e até mesmo o reformulam.) Ninguém pode achar que é capaz de compreender a física ou a biologia com facilidade. Tanto os ideólogos a favor do mercado como os que são contra o mercado — que são, para a economia, o que os defensores da Terra achatada são para a física — gostam de reduzir o sistema de mercado a alguns poucos preceitos universalmente aplicáveis. E só conseguem fazer isso com simplificações grosseiras.

Para responder a qualquer pergunta sobre economia é preciso uma boa teoria que organize os pensamentos e alguns fatos que os façam se dirigir para o lugar certo. É preciso olhar e ver como as coisas realmente funcionam ou não funcionam. Isto pode parecer tão banal que nem vale a pena mencionar, mas o fato é que ainda são lamentavelmente comuns as afirmações sobre questões econômicas baseadas mais em preconceitos do que nas especificidades da situação.

Esse gênero sem fatos ou com poucos fatos é exemplificado por um livro de 1999, *A origem do capitalismo*, de Ellen Meiksins Wood (segundo a propaganda do livro, "uma das mais importantes pensadoras marxistas de nosso tempo"). Diz Wood: "Onde quer que os imperativos do mercado regulem a economia e governem a reprodução social, não há como escapar da exploração." Ao "deprimir as condições de grandes multidões de pessoas", o mercado provoca "desemprego em massa e pobreza".[2] Não é apresentada qualquer evidência de que os mercados provoquem pobreza: nenhum dado sobre taxas de pobreza nas economias de mercado, ou sobre como elas variam nos diferentes países, ou sobre como mudaram ao longo do tempo. Para alguns, afirmar que o mercado provoca miséria é um artigo de fé — fé equivocada, pois, como vimos, as evidências negam isto. A crença de que os mercados são inevitavelmente ruins para os pobres é clara e perigosamente equivocada.

Um modo de raciocinar também distante da realidade, embora num espectro político oposto, é o usado pelos libertários. Ayn Rand encara a economia como filosofia; na verdade, filosofia era uma de suas palavras favoritas. Seus discípulos libertários hoje em dia constroem websites que são verdadeiros relicários, onde se discute bizantinamente alguns pontos sofisticados de doutrina e onde evangelizam seu credo. Como disse um deles, acreditam "na verdade segundo Ayn Rand, e apenas Ayn Rand".

Os títulos dos livros de Ayn Rand, como *A virtude do egoísmo* e *Capitalismo: O ideal desconhecido*, evocam seus temas: mercados livres são a maneira ideal de organizar qualquer sociedade; o melhor governo é o que menos governa. Argumentando que a única função do Estado é prover a lei e a ordem para "proteger os homens daqueles que dão início ao uso da força física", ela "advogava a abolição de toda e qualquer forma de intervenção governamental na produção e no comércio". O governo não deve regulamentar a economia nem redistribuir riqueza. "Num sistema de capitalismo pleno deve haver (mas, historicamente, ainda não houve) uma separação completa entre Estado e economia, da mesma maneira e pelas mesmas razões que há separação entre Igreja e Estado."[3]

Mercados livres restritos apenas por leis são injustos, dizem os críticos do libertarianismo, porque não fornecem uma rede de segurança para quem, mesmo que não seja por culpa própria, não consegue enfrentar a concorrência irrestrita de mercado. É uma crítica equivocada. Não só os pobres, mas também os ricos sairiam prejudicados se as idéias libertárias chegassem a ser postas em prática. Haveria um deslocamento econômico. Uma economia moderna simplesmente não funciona com os princípios libertários. Para ela funcionar, como argumentei, o Estado precisa fazer mais do que simplesmente proteger as pessoas contra violência, roubo e fraude. O mundo ideal de Rand, com sua "completa separação entre Estado e economia", é uma fantasia que não funciona.

Duas ironias resumem minha mensagem. Os que estão na extrema esquerda do espectro político e abominam a pobreza defendem políticas que a fazem crescer. Os fervorosos proponentes do *laissez-faire*, que amam os mercados, advogam um sistema que provocaria seu colapso.

Venho argumentando em prol de uma abordagem pragmática para o mercado, contra as visões quase religiosas de que tudo nele está certo ou de que ele é fundamentalmente mau. O sistema de mercado não é um fim em si mesmo, mas um meio imperfeito de elevar os padrões de vida. Os mercados não são mágicos, nem são imortais. Eles têm realizações significativas; e também podem funcionar mal. Vai depender de seu desenho se um dado mercado funciona mal ou bem.

Muitas vezes pode-se inferir as opiniões das pessoas a respeito do sistema de mercado a partir de sua orientação política geral. Os conservadores vêem-no através de lentes cor-de-rosa. Os mais à esquerda são cínicos a seu respeito. Mas não há nenhuma necessidade lógica de que assim seja. É possível separar a convicção sobre o que é justo e correto da avaliação sobre a eficiência dos mercados. A primeira questão diz respeito a valores, sobre os quais mesmo as pessoas mais razoáveis poderão discordar. E a outra é uma questão de ponderar as evidências. No mundo confuso e real da economia, as evidências muitas vezes não são transparentes. Eu tentei mostrar, no entanto, que são mais conclusivas do que geralmente se reconhece. Construímos alguns entendimentos reais sobre os mercados.

As evidências, como se mostrou, apóiam pontos de vista em todo o espectro político. O crescimento econômico é bom para os pobres; a renda dos pobres normalmente cresce quando a renda cresce em geral. Esse fato vem ao encontro de um ponto de vista conservador típico: poderia justificar políticas de estímulo a uma economia eficiente através de incentivos ao esforço produtivo. Por outro lado, os estudos sobre o crescimento mostram que a igualdade é boa para que se cresça; países com distribuição de renda mais igualitária tendem a crescer mais rápido do que países menos igualitários.[4] Nesse caso, as evidências levam a uma direção politicamente liberal.

Como vimos, os mercados não são intrinsecamente antitéticos às preocupações sociais. Os incentivos de mercado já foram usados para ajudar a conservar pesqueiros em perigo e para produzir ar limpo. Os mecanismos de mercado, adequadamente desenhados, são o estímulo mais efetivo à invenção de medicamentos vitais contra a aids e outras doenças. Para as nações pobres, o mercado é o único caminho confiável para escapar da pobreza.

Mas os mercados não podem fazer tudo, e nem se deve esperar que possam. As externalidades e os bens públicos põem à prova o escopo dos mercados. Uma externalidade como a poluição, que afeta terceiros, exige alguma decisão coordenada; é preciso regras para impedir o prejuízo de terceiros. Definir as regras pode envolver alguma ação centralizada pelo Estado ou por outra organização. Bens públicos, como conhecimento científico básico, que beneficiam a todos, quer paguem por eles ou não, só têm oferta suficiente se houver alguma decisão coordenada. Uma comunidade pequena e coesa pode ser capaz de gerar seus próprios bens públicos, mas bens públicos que tragam benefícios para muitos exigem financiamento e talvez fornecimento pelo governo. O Estado ajuda a estabelecer as regras do jogo do mercado de maneiras que vão além de simplesmente manter o sistema legal. A regulamentação, algumas vezes, pode ajudar no funcionamento dos mercados, ao sustentar os arranjos financeiros ou ao precaver contra a monopolização.

A melhor maneira de entender a interação entre Estado e mercado não é debatendo em abstrato, mas examinando como funcionam economias reais com graus variados de intervenção governamental. Se é preciso intervenção, e quanta, é uma questão a ser decidida caso a caso. Para isso é preciso examinar os detalhes de cada mercado e, ao mesmo tempo, considerar qualquer distorção que a ação do governo possa trazer. É uma questão tecnocrática, e não de altos princípios.

É claro que a análise econômica tem seus limites. Ela não pode resolver um importante ponto: se o governo deve, e em quanto deve, redistribuir renda. Quanto dos frutos do sucesso econômico deve ser partilhado é uma questão que depende de valores. Não é apenas um juízo de valor, pois podemos medir o lado ruim da redistribuição: até que ponto tributar os mais ricos desencoraja-os de trabalhar e investir, atrapalhando assim a economia. Algumas vezes os debates entre a esquerda e a direita se reduzem a afirmações, muitas vezes implícitas, sobre o tamanho dos desincentivos da tributação. Os economistas podem ajudar muito em tais debates, avaliando empiricamente as conseqüências da redistribuição.[5] Porém, dados melhores não resolvem a questão central sobre a redistribuição — qual é a obrigação da sociedade com seus pobres? —, pois a resposta depende do que é justo e correto. Um economista tem tanto a dizer sobre isto quanto qualquer outro.

O "principal mérito" da economia de mercado, como disse o economista e defensor do mercado F.A. Hayek, é que se trata de "um sistema em que as pessoas más causam menos prejuízo"[6]. A abordagem do desenho de mercado endossa a afirmação de Hayek — e a mitiga. O mercado põe em cheque o comportamento prejudicial ou anti-social. Nem sempre ele impede que as "pessoas más" façam mal, mas normalmente é isso o que acontece, desde que seu desenho esteja correto.

John le Carré disse em uma entrevista que as histórias horríveis das trapaças empresariais que ele escreveu em seu romance *O jardineiro fiel* refletiam sua "total frustração" com a "crença extraordinária", e que ele julga ser amplamente partilhada, de que "no centro das empresas existe um propósito moral, alguma restrição humanitária. Isto é tolice." A abordagem do desenho do mercado toma esse ponto como dado. Não se pode supor que as pessoas nas grandes corporações vão se comportar bem.

O desejo do lucro não é o mais atraente dos traços humanos. Ele pode ter conseqüências impróprias, como na peça *A morte do caixeiro-viajante*, de Arthur Miller, na qual uma tragédia decorre da necessidade desesperada de Willy Loman de "morrer grande", sua absurda perseguição da idéia de um milhão de dólares. Atraente ou não, a motivação do lucro é extremamente potente. Qualquer economia é movida por ela. O desafio do desenho de mercado é imaginar mecanismos, ou permitir que os mecanismos que canalizem a busca de lucros evoluam em uma direção socialmente produtiva.

Para um mercado funcionar bem, é preciso confiar na maioria das pessoas na maioria das vezes; é preciso ter certeza de que as propriedades não serão expropriadas; as informações sobre o que está disponível, onde, e de que qualidade, devem fluir facilmente; quaisquer efeitos colaterais sobre terceiros devem ser impedidos; e deve haver concorrência. Uma multidão de mecanismos sustenta estes cinco requisitos-chave dos mercados efetivos. A confiança no parceiro de negócios depende tanto do mecanismo formal da lei, como do mecanismo informal da reputação. Os direitos de propriedade devem estar protegidos pela lei, e, no caso dos investimentos, pela regulamentação. Para ser possível levar o negócio para outros lugares, são necessários canais para o fluxo de informação, para que se possa localizar com quem negociar, e devem existir poucos impedimentos para iniciar e dirigir empresas.

Um desenho de mercado com essas características pode evoluir a partir de baixo ou pode ser imposto de cima. Geralmente é um pouco dos dois. Uma estrutura funcional provê recompensas pelo bom comportamento, assim como controles e compensações para impedir o mau comportamento, de modo que, ao seguir seu interesse próprio, as pessoas ajam honradamente. Quando os mercados são bem desenhados — mas apenas neste caso — podemos acreditar na mão invisível de Adam Smith, reunindo informações dispersas, coordenando a economia e criando ganhos com o comércio.

"A democracia é a pior forma de governo," observou Winston Churchill, "excetuando-se todas as outras que de vez em quando são tentadas." Isto foi num discurso no Parlamento Britânico pouco depois da II Guerra Mundial, que, entre outras coisas, foi uma luta pela democracia. Mais ou menos na mesma época, E.M. Foster ofereceu "dois vivas à democracia: um porque ela admite variedade, e outro porque permite crítica. Dois vivas bastam: não há ocasião para três."[7]

O sistema de mercado é como a democracia. É a pior forma de economia, excetuando-se todas as outras que de vez em quando são tentadas. Ele tem sucesso porque, exatamente como a visão de Forster sobre a democracia, admite variedade e permite crítica. Devemos dar vivas a ele porque resolve alguns problemas muito difíceis de serem tratados, que não foram resolvidos por nenhuma das formas alternativas de organização econômica. Ele gera riqueza. Ele alivia a pobreza. Mas ele tem limites. Há coisas que ele não faz. Ele não faz, necessariamente, nem mesmo aquilo que ele deve fazer; ele só funciona bem se for bem desenhado. Dois vivas bastam.

Notas

Prefácio p.7

1. Vargas Llosa fez este comentário referindo-se à história de como os pobres no Peru conseguiam viver de mercados negros (em seu prefácio a Soto (1989), p.xi).

Capítulo 1: A única economia natural p.9

1. Dados de Bloemenveiling, Aalsmeer, www.vba.nl, acessado em janeiro de 2001.
2. Sobre o comércio no Crescente Fértil, ver Wiss (1998). Sobre as origens utilitaristas da escrita, ver Green (1989) e Postgate, Wang e Wilkinso (1995), e da matemática, Aczel (1996, p.11-2, 41). Sobre a ágora, ver Thompson (1976).
3. Em Merriam-Webster Online Collegiate Dictionary, www.m-w.com, acessado em novembro de 2000.
4. Os dados sobre produção doméstica são de Sharp, Ciscel, e Heath (1998).
5. Havel (1992, p.62).
6. Cox (1999, p.19). A citação de Fuentes é de *World Press Review*, nov 1995, p.47. Gilder é citado por Borsook (2000, p.150, 151). Sobre o rev. Whately, ver Rashid (1998, p.219).
7. As citações dos premiados com o Nobel são de Swedberg (1994). A citação do Nobel é de www.nobel.se/economics/laureates/2001/press.html.
8. Simmel (1978, p.175).
9. O gigante no desenvolvimento da nova teoria é Kenneth Arrow; ver Arrow (1974a). Outros marcos são Stigler (1961), Vickrey (1961), Akerlof (1970), Spence (1973), Rothschild e Stiglitz (1976), e Wilson (1977).
10. A importância dos custos de transação para os mercados e empresas foi primeiro destacada por Ronald Coase e Oliver Williamson; ver Coase (1937, 1960) e Williamson (1985, 2000). As obras de Coase e Williamson estão por trás de muitas das idéias discutidas neste livro. Para mais sobre os vários tipos de custos de transação, ver, em particular, Williamson (1985).
11. Dawkins (1986).
12. Esta descrição da história e evolução do futebol foi tirada de Dunning e Sheard (1979) e Denney e Riesman (1954); a citação do espectador é de Macrory (1991, p.9).
13. Estimativa do Banco Mundial, em www.worldbank.org./poverty/data/trends/income.htm, acessado em janeiro de 2001.

Capítulo 2: Triunfos da inteligência p.21

1. Os mercados de rua de Hanói são descritos por Templer (1999, p.233); o campo de refugiados de Ruanda, por Wrong (2000, p.239); e o campo de prisioneiros, por Radford (1945).

2. Robertson (1983); as citações são das p.469, 490. Ver também Clark (1988). A citação de Adam Smith é de Smith (1971, vol.1, p.477-8).

3. Lockhart (1996, p.151). Sobre os níveis de consumo, ver Miron e Zwiebel (1991).

4. As mudanças econômicas trazidas por avanços nos computadores e na tecnologia da informação estão detalhadas em Shapiro e Variant (1999).

5. A história do eBay foi contada por Holloway e Morgridge (2000). As citações são de *BusinessWeek*, 12 abr 1999, p.33, e de *Economist*, 24 jun 1999, p.67.

6. *New York Times Magazine*, 30 jan 2000, p.18.

7. Spulber (1996, p.137).

8. Sobre Marshall Field, ver Twyman (1954, p.3-4, 179).

9. Sobre a Bolsa de Valores de Nova York, ver Sobel (1970) e Banner (1988).

10. Sobre o mercado futuro de Osaka, ver Schaede (1989) e West (2000).

11. *San Jose Mercury News*, 26 jun 2000 e 30 dez 2000, p.11C; e *Upside Today*, 15 dez 2000.

12. Sobre Rembrandt, ver Alpers, (1988, cap. 4); as citações são das p.101, 105. Sobre os compositores alemães, ver Baumol e Baumol (1944) e Scherer (2000); a citação é de Gardner (1944, p.48).

Capítulo 3: Quem não pode pagar, morre p.32

1. Unaids (2000, p.25).

2. *New York Times*, 17 jun 2000, p.A6; e 10 jul 2000, p.A1.

3. Trouiller e Olliaro (1999). Para mais informações, ver o website de Médicos Sem Fronteiras: www.accessmed.msf.org/.

4. *New York Times*, 21 mai 2000, p.A1; e 9 fev 2001, p.A1. O *Times* apresentou em 2000-01 uma série de artigos muito bem-feitos sobre a indústria de medicamentos, culminando em um comovente artigo de Tina Rosenberg, "Look at Brazil" (*New York Times Magazine*, 28 jan 2001, p.26-31).

5. Schweitzer (1997, cap. 2); *New York Times*, 21 mai 2000, p.A1; 21 abr 2000, p.I1; e 24 abr 2002, p.C1.

6. Le Carré (2001, p.164, 176, 324, 370, 459); entrevista em *Observer*, 17 dez 2000.

7. Citações do *New York Times*, 9 jul 2000, p.4-1; e 21 mai 2000, p.A8.

8. Estimativas de custos por Trouiller e Olliaro (1999) e Schweitzer (1997, p.27). Os dados de gastos em pesquisa são de www.phrma.org./publications/publications/profileoo/tof.phtml, acessado em fevereiro de 2001.

9. Comaner (1986), Scherer (1993). Os dados da *Fortune* estão em www.fortune.com/fortune/fortune500.

10. *New York Times*, 21 mai 2000, p.A1; Swi, Söderland e Schneider (2000).

11. Ver Pritchett e Summers (1996), Easterly (1999) e Ranis, Stewart e Ramirez (2000).

12. Sobre os sucessos da indústria farmacêutica, ver o website de Pharmaceutical Research and Manufacturers of America: www.phrma.org.

13. *New York Times*, 4 nov 2000, p.B1.

14. Cockburn e Henderson (1997, p.2); Chirac et al. (2000); Narin, Hamilton e Olivastro (1997); *New York Times*, 23 abr 2000, p.1-20. Citação da Organização Mundial de Saúde, *New York Times*, 11 mar 2001, p.4-3.

15. *New York Times*, 10 jul 2000, p.A1; e 19 jul 2000, p.A1.

16. Berndt et al. (1995). Similarmente, uma estimativa da demanda por drogas patenteadas, feita por Ellison et al. (1997), descobriu uma sensibilidade aos preços relativamente pequena, nos medicamentos patenteados, embora se estime que essa sensibilidade seja substancial no caso dos medicamentos genéricos (ou seja, sem patente).

17. *Economist*, 30 set 2000, p.69. Por acordo internacional, em 2005 a Índia será obrigada a se conformar ao estilo ocidental de leis de patentes.

18. *Washington Post*, 17 set 2000; Chirac et al. (2000); Unaids (2000, p.101); citação de Cardoso no *New York Times*, 31 mar 2001, p.A4.

19. *San Jose Mercury News*, 24 dez 2000, p.6A; Unaids (2000, p.101-3); *Far Eastern Economic Review*, 17 fev 2000. Citação de Sullivan em *New Republic*, 5 mar 2002. Porta-voz da PhRMA citado em *Washington Post*, 17 set 2000.

20. Sobre a Cipla, ver *New York Times*, 7 fev 2001, p.A1. Político queniano citado em *New York Times*, 17 jun 2000, p.A6; porta-voz da indústria farmacêutica, em *Toronto Star*, 18 set 1999.

21. *New Zealand Herald*, 20 abr 2001.

22. *Financial Times*, 8 mar 2001 e 14 mar 2001.

23. Ver Kremer (1998, 2000).

Capítulo 4: A informação quer ser livre *p.45*

1. Gertz (1978). As citações são das p.29-31.
2. Weiss (1998, p.43).
3. Esta lógica é tirada de Diamond (1971).
4. Citado no *Journal of Economic Perspectives*, verão de 2000, p.238.
5. Hsing (1999). A citação é da p.106.
6. Brand (1987, p.202).
7. "All Things Considered", National Public Radio, 8 fev 2000.
8. *San Jose Mercury News*, 16 jul 2000, p.5A.
9. *New Zealand Herald*, 12 set 2000.
10. Salop e Stiglitz (1997).
11. Sobre livros e discos compactos, ver Brynjolfsson e Smith (2000); sobre carros, ver Scott Morton, Zettelmeyer e Risso (2000); e sobre seguros de vida, ver Brown e Goolsbee (2000). O relato mais completo sobre a economia da Internet foi feito por Shapiro e Varian (1999).
12. Akerlof (1970).
13. Kiltgaard (1991, p.51-5). A citação é de Desai (1999, p.171-2).

Capítulo 5: A honestidade é a melhor política *p.57*

1. *New Yorker*, 5 mar 2001.
2. Sobre sinalização, ver Spence (1973), Rothschild e Stiglitz (1976), Kreps e Sober (1991) e Riley (2001). Sobre propaganda como sinal, ver Milgrom e Roberts (1986).
3. Sobre sinalização em biologia, ver Bergstrom (2001) e Sahavi e Sahavi (1997).
4. *Telecommunications Policy Review*, 8 out 1995, p.9.
5. Citado por Abolafia (1996, p.172).
6. As citações sobre GoFish são de National Public Radio, "Morning Edition", 29 jan 1999.
7. Bernstein (1992).
8. Woodruff (1998), Greif, Milgrom e Weingast (1994). Para mais sobre esses e outros mecanismos do setor privado que dão garantias aos contratos, ver McMillan e Woodruff (2000).
9. *Red Herring*, nov 1999, p.178.
10. Este relato sobre os empresários vietnamitas foi tirado de entrevistas e de uma pesquisa feita em Hanói e Ho Chi Min em 1995-97, relatada com mais detalhes em McMillan e Woodruff (1999a, 1999b); as fontes das citações são dadas lá.
11. *New York Times*, 1º jun 2000, p.A1. Para uma teoria de como interagem o contrato formal e o informal, ver Baker, Gibbons e Murphy (1994).
12. Williamson (1985, 2000).
13. Citações de *Fortune*, 21 fev 1994, p.60-4; *Purchasing*, 17 jul 1997, p.127, e 6 nov 1997, p.16; e Macaulay (1963, p.61).
14. Citações de Hume (1978, p.546) e Arrow (1974b, p.357).

Capítulo 6: Pelo maior lance *p.69*

1. Sobre o mercado de Tsukiji, ver Bestor (1998) e o website do leilão.

2. A respeito da teoria do custo de transação da barganha, ver Myerson e Satterwaite (1983), sobre o rompimento da barganha, e Sobel e Takahashi (1983), sobre atrasos no acordo. Com relação à teoria dos lances, ver McAfee e McMillan (1987). Para a comparação entre barganha e competição, ver Johansen (1979) e Bulow e Klemperer (1996). E sobre competição como processo de revelação de informação ver Hayek (1978).

3. Roth et al. (1991).

4. Citações de Renoir e FitzGerald em FitzGerald (1995, p.7, 17). Citação de Fung em *Far Eastern Review*, 22 jul 1993, p.74.

5. Gibbon (1946, p.83-4).

6. Sobre como fazer lances de modo a evitar a maldição do vencedor, ver Wilson (1969) e Milgrom e Weber (1982). Para as experiências, ver Garvin e Kagel (1994).

7. As citações de John Sterling, Elyse Cheney, David Rosenthal, Molly Friedrich e Carol Reidy são do *New York Times*, 17 mai 2001, p.B3, e do *New Yorker*, 8 jan 2001, p.31.

8. Hendricks, Porter e Boudreau (1987).

9. Os preços pagos pelos contratos de televisão são da *Regional Review*, set 1999 e do *Financial Times*, 15 jun 2000.

10. O fato de a concorrência funcionar como "procedimento de descoberta" foi observado pela primeira vez por Hayek (1978); sobre essa teoria, ver Wilson (1977).

11. Os custos de montar um negócio vêm de um estudo exaustivo por Djankow et al. (2000). Esse estudo, cobrindo 75 países, verificou que os custos oficiais de entrada tendem a ser mais altos em países com níveis mais altos de corrupção e com governos menos democráticos.

12. As citações dos pareceres do juiz Jackson são do *New York Times*, 4 abr 2000, p.A1.

13. Tchekhov (1987), p.51.

Capítulo 7: Façam seus lances! *p.79*

1. Letra de W.H. Auden e Chester Kalman.

2. Citação de Skoll de *Standford Business*, fev 2000, p.14.

3. Milgrom e Weber (1982), McAfee e McMillan (1987).

4. Myerson (1981), Riley e Samuelson (1981).

5. Esse valor dos leilões pela Internet foi retirado de Bajari e Hortacsu (2000), Luckin-Reiley (2000) e Roth e Ockenfels (2000).

6. Citação de Whitman no *San Jose Mercury News*, 8 abr 2001, p.1G.

7. .www.perfect.com

8. Essa discussão foi tirada de McAfee e McMillan (1996). As fontes de todas as citações dessa discussão estão citadas ali. Para maiores informações sobre o processo de desenho dos leilões da FCC, ver Milgrom (2000). Para informação atualizada, ver o site do leilão da FCC, . Muitas das idéias usadas no desenho do leilão são de Robert Wilson; ver seu discurso presidencial na Econometric Societ, em Wilson (1999).

9. A idéia por trás do leilão simultâneo ascendente é de Preston McAfee, Paul Milgrom e Robert Wilson.

10. Para mais informações sobre o desenho de leilões, ver o website de Market Design Inc.: www.market-design.com.

11. *Financial Times*, 2 nov 2000.

12. A citação de McCain é do *New York Times*, 16 out 2000; a citação de Fritts, do *Washington Post*, 17 dez 2000, p.H1.

13. McCain e McMillan (1986).

14. *MSJAMA Online*, , 1º set 1999.

15. Roth (1984), Roth e Peranson (1999). Os detalhes do algoritmo de combinação estão em Roth (1996).

16. *MSJAMA Online*, 3 mar 1999.

17. Plott (2000).

Capítulo 8: Trabalhando para você mesmo *p.92*

1. Hart (1985).
2. Kellek (1992). As frases citadas, do Hadith, o livro dos ditos do profeta, foi traduzido para o inglês por Muhamet Yildez.
3. *Financial Times*, 27 jan 2000, p.15; *Economist*, 6 jan 2000, p.62.
4. Sobre a teoria dos *trade-offs* da pesquisa e do desenvolvimento em uma firma integrada comparados a uma firma independente, ver Aghion e Tirole (1994).
5. Zhou (1996, p.56, 58). A história do fim das comunas é narrada no fascinante livro de Zhou, e em Yang (1996). Algumas das citações são do *New York Times*, 19 set 1998, p.A4; outras são de Zhou (1996, p.59).
6. A história de MacLaine é contada no *New York Times*, 23 fev 1997, p.E4, e no *Irish Times*, 18 out 1997, p.8.
7. Jin (1999, p.95).
8. Nyberg e Rozelle (1999, p.95).
9. Robinson (1976, p.8, 38).
10. Esta história é contada em Lyons (1984).
11. Relatado por Nyberg e Rozelle (1999, p.63) e Brandt et al. (2000).
12. *New York Times*, 20 abr 2001, p.A1.
13. Deininger e Feder (1998), Nyberg e Rozelle (1999). A citação de Jefferson vem de uma carta para Isaac McPherson de 13 de agosto de 1813, disponível em http://etext.liv.virginia.edu/Jefferson/.

Capítulo 9: O embaraço da patente *p.105*

1. Sobre o McDonald's: *Economist*, 15 jul 2000, p.60; *Toronto Star*, 25 out 1987, p.F7; *Sunday Telegraph*, 27 jun 1993, p.41; *Daily Telegraph*, 24 set 1996; *Scotsman*, 14 abr 1998, p.4.
2. Ver Tomer (1986).
3. Sobre a lei e a economia de patentes, direitos autorais e marcas registradas, ver Besen e Raskind (1991) e Gallini e Scotchmer (2002). As citações sobre direitos autorais são da lei de direitos autorais dos Estados Unidos; ver Besen e Raskind (1991, p.6).
4. Arrow (1962) chamou a atenção para esse trade-off.
5. Para exemplos de *softwares* desenvolvidos com o objetivo de serem patenteados, ver Heckel (1992). Para dados sobre pesquisa e desenvolvimento de *softwares* antes e depois da patente, ver Bessen e Maskin (2000, fig.5).
6. Essas patentes podem ser encontradas em Class 705, Subclass 37, no website do departamento de patentes, www.uspto.gov. Citado em *New Scientist*, 25 nov 2000.
7. *San Jose Mercury News*, 3 jan 2001, p.1C.
8. Sobre o Grateful Dead, ver Jackson (1999, p.277); *Atlantic Monthly*, set 1998.
9. O depoimento está em www.napster.com/pressroom/legal.html e em www.riaa.com/Napster_Legal.cfm. Os números de vendas de CDs estão em www.riaa.com/pdf/year_ end_2000.pdf.
10. A história do programa roubado e as citações estão em Manes e Andrews (1992, p.81.91) e Levy (1994, p.227-9), bem como no *New York Times*, 26 mar 2000, p.3-1, e 18 set 2000, p.C1. A análise sobre o Vale do Silício foi tirada de Saxenian (1994) e Gilson (1999).
11. As citações dos empresários estão em Saxenian (1994, p.36, 54, 55).
12. Para estabelecer o preço da compra antecipada, ver Kremer (1998) e Shavell e van Ypersele (1999).
13. Sobre os torneios de pesquisa, ver Taylor (1995) e Fullerton e McAfee (1999); os exemplos são deste último.
14. A história de *Casablanca* é de Marx (1994, p.14). A história de São Petesburgo é do *Moscow Times*, 27 jan 2000.
15. *St. Petersburg Times* (Rússia), 29 ago 2000.

Capítulo 10: Nenhum homem é uma ilha p.121

1. Glickman (2001). Os dados sobre o tempo gasto no tráfego são de um estudo feito pelo Texas Traffic Institute da Texas A&M University: *New York Times*, 9 mai 2001, p.A14.

2. O imposto necessário para corrigir a externalidade do congestionamento de trânsito foi calculado por Edlin e Mandic (2001). O efeito que o imposto sobre o álcool tem sobre as mortes em estradas foi calculado por Ruhm (1996).

3. Vickrey (1963).

4. *Deutsche Presse-Agentur*, 1º abr 1998.

5. Sobre soluções negociadas, ver Coase (1960). Sobre impostos e subsídios, ver Pigou (1947); a citação é da p.42.

6. Steinbeck (1996).

7. Botsford, Castilla e Peterson (1997, p.509); Jackson et al. (2001, p.636). Para um ótimo relato sobre a economia da crise das áreas de pesca, ver Grafton, Squires e Kirkley (1996).

8. *Calgary Herald*, 15 jun 1997, p.A2; *Ottawa Citizen*, 1º abr 1995, p.B3.

9. O relatório do World Wildlife Fund foi resumido em *Monterey County Herald*, 19 ago 1998. Citação de Sorlien no *New York Times Magazine*, 27 ago 2000, p.38.

10. *Regulation*, primavera de 1998, p.10.

11. Bender, Kagi, e Mohr (1998), Sethi e Somanathan (1996), *New York Times Magazine*, 27 ago 2000, p.40.

12. Grafton, Squires e Kirkley (1996), Grafton, Squires e Fox (2000).

13. Leal (2000). A citação de Garvey é do *New York Times Magazine*, 27 ago 2000, p.41.

14. Grafton, Squires e Fox (2000).

15. Sobre monitoramento, ver Batkin (1996) e Squires, Kirkley e Tisdell (1995). Os dados sobre a pesca ilícita de lagostim são de *New Zealand Herald*, 17 fev 2000.

16. *Japan Economic Newswire*, 27 ago 1999; *New Zealand Herald*, 23 ago 1999; *Global Information Network Interpress Service*, 3 set 1999.

17. *New York Times*, 11 nov 1999, p.A25; 7 abr 2000, p.A1; e 1º jul 2000, p.B17. Citação de Costas no *New York Times Book Review*, 2 jul 2000, p.14, em uma resenha de seu livro *Fair Ball*.

18. Sobre o tamanho dos efeitos do equilíbrio competitivo no beisebol, ver Rascher (1999); no futebol americano, ver Welki e Zlatoper (1999); nas regras do futebol australiano, ver Borland e Lye (1992); no críquete, ver Hynds e Smith (1994); e no futebol, ver Szymanski (2001).

19. Noll (1991), Scully (1995, cap. 1).

20. *New York Times*, 8 ago 2000, p.C23.

21. Esta análise da política de equilíbrio competitivo foi tirada de Fort e Quirk (1995), Kahn (2000), Rosen e Sanderson (2001, p.25) e Weiler (2000).

22. Weiler (2000, p.190-1).

23. *New York Times*, 1º nov 2000, p.C27, e 21 nov 2000, p.C21.

24. *Financial Times*, 27 out 2000.

25. Cheung (1973).

26. Smith (1975). Citação de Sugimoto em *Business Daily*, 13 fev 1998.

Capítulo 11: Uma conspiração contra o público p.137

1. Sobre o Zaire de Mobutu, ver Wrong (2000).

2. Estimativas de Levin e Satarov (2000).

3. As informações sobre a corrupção na Rússia são de Brady (1999, p.187), Handelman (1995, p.378-9), Johnson et al. (2000) e Waller e Yasmann (1995). As citações são de Brady (1999, p.187) e *New York Times*, 18 abr 2000, p.A31.

4. Johnson, McMillan e Woodruff (2001).

5. Os cálculos sobre as taxas de crescimento caso a corrupção fosse reduzida são baseados em Wei (1998), usando estimativas de Mauro (1995); estimativas semelhantes estão em Knack e Keefer (1995).

6. *New York Times*, 16 jan 1998, p.A1; *Washington Post*, 25 jan 1998, p.C1; *New York Times*, 12 out 1999, p.A1; *Financial Times*, 27 jun 2000; Vatikiotis (1998, p.43-5, 151-2).

7. Os dados do investimento pelo setor privado são de Glen e Sumlinski (1999).

8. www.transparency.de/, acessado em novembro de 2000.

9. Shleifer e Vishny (1993). A lógica é muito semelhante à do excedente de pesca discutido no capítulo 10.

10. Handelman (1995, p.39, 286).

11. O relato sobre a Indonésia de Suharto foi tirado de MacIntyre (2000).

12. Para as fontes de informação sobre como as companhias organizam e executam o *dango* e as citações referentes a essa discussão, ver McMillan (1991). A citação de Adam Smith é de Smith (1976, vol.1, p.144).

13. *New York Times*, 25 nov 1999, p.A1.

Capítulo 12: Esforços de base p.148

1. A citação de Havel é do *New York Times*, 23 ago 2000, p.A8.

2. Reeditado em Einstein (1995, p.158).

3. As estimativas sobre o número de mortes durante o Grande Salto para Frente foram feitas por Yang (1996, p.37-9).

4. As estimativas de produtividade estão em Bergson (1992) e McMillan, Whalley e Zhu (1989).

5. Wilson (1940, p.480, 483).

6. As falhas nos cálculos das planificações foram perspicazmente analisadas por Hayek (1945). A citação é de Wilson (1940, p.451, 452).

7. Publicado pelo Ministério do Trabalho norte-americano, em www.oalj.dol.gov/libdt.htm.

8. As falhas de informação na planificação estão descritas com detalhes fascinantes por Berliner (1957). A citação é da p.161.

9. Scott (1998); a citação é da p.331. O autor dá numerosos exemplos dos erros dos modelos centralizados, embora não defenda a solução de mercado. Acadêmicos de diversos pontos de vista apontaram a dificuldade em utilizar o conhecimento local como a falha fatal dos modelos centralizados; ver também Hayek (1945) e Stiglitz (1994).

10. Este parágrafo descreve o que em geral se afirma que Smith quis dizer por "mão invisível". Na verdade, ele parece ter querido dizer algo muito diferente: ver Grampp (2000). No entanto, o relevante aqui não é a exegese textual e sim as idéias que estão associadas a Smith. Citações de Smith (1976, vol.1; p.18, 477).

11. Arrow e Debreu (1954). A citação é da indicação de Debreu para o Prêmio Nobel, www.nobel.se.

12. Ver Smith (1982) e Plott (2000).

13. A citação de Querterman está em Gromov (1998); a citação de Berner-Lee é do *San Jose Mercury News*, 30 jan 2001, seção de livros, p.2.

14. Lyman et al. (2000).

15. *New York Times*, 10 fev 2000, p.C1.

16. A citação de Anderson é de Gromov (1998).

17. *New York Times*, 21 nov 1999, p.3-1.

18. Sobre as origens da internet e sua descentralização, ver Abbate (1999), Claffy, Monk e McRobb (1999) e Gillet e Kapor (1997).

19. Press (1996, tabela 3).

20. *San Jose Mercury News*, 14 jan 2001, p.6F.

21. Lyman et al (2000).

22. Smith (1976, vol.2, p.244).

23. Sobre os vendedores ambulantes em Nova York e a citação de Dinkins: *New York Times*, 14 jun 1983, p.B1; *Financial Times*, 3 jun 1998, p.4. Sobre a rede de Otavalo: *Los Angeles Times Magazine*, 14 nov 1993, p.30.

24. Sobre os métodos de medida da economia informal e para as fontes das estimativas citadas, ver Schneider e Enste (2000).

25. As informações sobre a economia informal no Peru se baseiam em Soto (1989), especialmente caps. 3, 5. A citação é da p.152.

Capítulo 13: Administradores do dinheiro alheio p.166

1. Simon (1991, p.27-8). Sobre a empresa como forma de alocação externa ao mercado, ver Holmström (1999) e Goldman e Gorton (2000).
2. Os dados, de 1999, são do Bureau of Economic Analysis, www.bea.doc.gov/bea/dm.htm.
3. Para maiores informações sobre a teoria da firma, ver Milgrom e Roberts (1992). Sobre a Cisco, ver *Economist*, 12 fev 2000, p.61-2.
4. Megginson e Netter (2001) resumem as evidências sobre a importância da propriedade privada.
5. Smith (1976, vol.2, p.264-5).
6. *Economist*, 27 fev 1993, p.70.
7. Schiff e Lewin (1970).
8. Kaplan (1995, p.21).
9. A citação e os dados sobre a Xerox são de McQuade e Gomes-Casseres (1991). A citação do parágrafo anterior está em Hicks (1935, p.8).
10. Tybout (2000, p.15-8).
11. Sobre CUC International: *New York Times*, 8 dez 1999, p.C1, e 15 jun 2000, p.C1. O levantamento sobre fraude corporativa é discutido em Sherwin (2000).
12. *New York Times*, 16 jun 2000, p.C1.
13. Akerlof (1970), Ausubel (1990), Black (2000), Johnson et al. (2000).
14. Ver Shleifer (2000, cap.7). Para os estudos estatísticos sobre a eficácia dos mercados de ações nos diferente países ver Levine (1997), Demirgüç-Kunt e Maksimovic (1998), Claessens, Djankov e Lang (2000), La Porta et al. (1997, 2000) e Wurgler (2000).
15. *New York Times*, 12 fev 2000, p.B4.
16. Black (2000, p.1565).

Capítulo 14: Uma nova era de concorrência p.181

1. *Detroit News*, 9 nov 1999, p.A9. A citação de Dales está em Dales (1968, p.100).
2. Esta seção sobre licenças de permissão de programas usou dados de Ellerman et al. (2000), Bohi e Burtraw (1997) e da Enviromnental Protection Agency (1999). As citações do Environmental Defense Fund aqui e mais adiante são de boletim de março de 1995, em www.edf.org. Ver também o site da EPA, www.epa.gov/acidrain.
3. *Columbus Dispatch*, 1º dez 1999, p.4D; *Buffalo News*, 27 ago 1997, p.16C.
4. Um comentário técnico: é teoricamente possível visualizar um mecanismo que induza as firmas a revelarem sua informação privada, seguindo a linha de Baron e Myerson (1982). Isso envolveria subsidiar as fábricas que mostrarem ter custo baixo (e que seriam então solicitadas a fazer a maior parte do serviço) e tributar as outras. Na prática, no entanto, tal mecanismo é difícil, se não impossível, de implementar.
5. O valor de US$1,5 mil foi definido na Lei do Ar Limpo (Clean Air Act), de 1990, como o preço de vendas diretas de licenças pelo EPA, e a quantia de US$750 foi citada pelo EPA em 1990 como palpite para o preço pelo qual licenças seriam negociadas (Bohi e Burtraw, 1997, p.8). O preço das licenças variou entre US$70 e US$220 no período de 1994-99 (ver www.epa.gov/acidrain/ats/prices). O preço do carvão de baixo teor de enxofre caiu de modo imprevisível, e isso explica parte da diferença entre cinco e dez vezes do preço real e o preço previsto; ver Bohi e Burtraw (1997) e Ellerman et al. (2000). Muito dessa diferença, no entanto, é devido à informação.

6. *Forbes ASAP*, 21 ago 2000.
7. Cason e Plott (1996) apontaram essa falha no leilão da EPA.
8. Citações de *Los Angeles Times*, 11 jan 2001 e 14 jan 2001; *Economist*, 24 ago 2000; *San Jose Mercury News*, 11 abr 2001, p.1A.
9. *San Jose Mercury News*, 11 abr 2001, p.1A.
10. Borenstein, Bushnell e Wolak (2000); *New York Times*, 23 mar 2001, p.A14. Para mais estimativas, ver Joskow e Kahn (2001).
11. Wilson (1999) apresenta o relato autorizado dos princípios do desenho do mercado de eletricidade.
12. Ver Brewer e Plott (1996) para os detalhes desse mecanismo de leilão e das experiências com ele. Um mecanismo alternativo de leilão é proposto por Nilson (1999).

Capítulo 15: Sair para respirar *p.194*

1. *New York Times*, 9 ago 1995, p.A3. McMillan e Naughton (1992) argumentam que nos países ex-comunistas o gradualismo funcionaria melhor do que a terapia de choque. A citação de Braudel está em Braudel (1982, p.26).
2. Russell (1996, p.12). A citação seguinte, de Alan Gibbs, é da mesma página.
3. Kelsey (1995, p.254, 350).
4. Para avaliações mais detalhadas das reformas, ver Evans et al. (1996) e Silverston, Bollard e Lattimore (1996).
5. *National Business Review*, 15 dez 1995, p.18.
6. Para uma cuidadosa apresentação do ponto de vista de que a crise obrigou ao uso da terapia de choque, ver Boycko, Shleifer e Vishny (1995). Para o ponto de vista de que a terapia de choque era simplesmente a melhor abordagem, ver Skidelsky (1996). Chubais é citado em *Australian Financial Review*, 12 dez 1999, p.9, e Summers em *Transition Newsletter*, jan 2001, p.17.
7. *Economist*, 15 mar 1997.
8. Sachs (1992, p.43).
9. Sobre os efeitos da privatização em todo o mundo, ver Megginson e Netter (2001), e na Rússia, Boycko, Shleifer e Vishny (1995), Brown e Earle (2000), Djankov (1998) e Earle, Estrin e Leshchenko (1995).
10. Gustafson (1999, p.37).
11. Blanchard e Kremer (1997) e Roland e Verdier (1999) argumentam que a terapia de choque destruiu as relações entre as firmas.
12. O melhor relato sobre as reformas na China é de Naughton (1995)
13. Sobre reformas em firmas estatais, ver Groves et al. (1994, 1995).
14. Shirk (1993, p.334).
15. Skidelsky (1996, p.142), Boycko, Shleifer, e Vishny (1995, p.5).
16. U.S. General Accouting Office (2000, p.10).
17. A citação é de Zhou (1996, p.106).

Capítulo 16: Guerreiros contra a pobreza *p.209*

1. *Economist*, 23 jun 2001, p.13. A citação de Shiva é de www.gn.apc.or/resurgence/articles/mander.htm, acessado no dia 26 de setembro de 2001.
2. Os dados do Banco Mundial sobre paridade de poder de compra para 1999 estão em www.worldbank.org/data/databytopic/GNPPC.pdf.
3. Os dados sobre milionários para 1999 estão em www.gemcon.com/fs/wealth2000.htm. O número de pobres, uma estimativa para 1998, é apresentado em www.worldbank.org/poverty/data/trends/income.htm.

4. Dados de Temple (1999) e Pritchett e Summers (1996). A citação de Goh Chok Tong é de *Economist*, 22 ago 1992, p.25.

5. Os dados comparando os países são de Dollar e Kraay (2000), cujo estudo abrange 80 países através de quatro décadas; Timmer (1997) e Easterly (1999) relatam resultados semelhantes.

6. Nos Estados Unidos, ver Blank (2000, p.10) e Haveman e Schwabish (1999). Os dados sobre índices de pobreza são de www.census.gov/hhes/poverty/histpov/hstpov5.html.

7. Datt e Ravallion (1998); Desai (1999, p.40).

8. Aghion, Caroli e Garcia-Penalosa (1999), Barro (2000), Benabou (1996).

9. Os dados são de Albanesi (2000).

10. Fei, Ranis e Kuo (2000).

11. Sobre saúde e crescimento, ver Pritchett e Summers (1996), Easterly (1999) e Ranis, Stewart e Ramirez (2000). Sobre desigualdades de gênero, ver Forsythe, Korzeneiwicz e Durrant (2000), Hill e King (2000) e Tzannatos (1999).

12. Lucas (1988, p.175).

13. Sobre idéias como fonte de crescimento, ver Romer (1986), e sobre educação, ver Krueger e Lindahl (2001).

14. Krugman (1996, p.175).

15. Sobre o vínculo estatístico entre gasto governamental e crescimento, ver Alesina (1997), Barro (1991), Levine e Renelt (1992) e Kneller, Bleaney e Gemmell (1999).

16. Levine (1997), Temple (1999), Wacziarg (2001).

17. A idéia de que governos menores correspondem a um crescimento mais rápido, quando o governo é uma parte grande da economia, é sustentada por Barro e Sala-i-Martin (1992). Sobre infra-estrutura: Temple (1999).

18. *New York Times*, 10 ago 2000, p.A3.

19. Ver, entre outros, Alesina (1997), Barro (1991), Hall e Jones (1999), Keefer e Knack (1997), Mauro (1995) e Temple (1999).

20. Chong e Calderón (2000), Mauro (1995).

21. Nyberg e Rozelle (1999, p.95).

22. *New York Times*, 29 set 1991, p.E1.

Capítulo 17: Imperativos do mercado *p.222*

1. Robin (2001).

2. Wood (1999, p.119-21).

3. Rand (1988, p.4). As outras citações de Rand são de *Chronicle of Higher Education*, 9 abr 1999. Para uma declaração mais recente de pontos de vista semelhantes sobre os limites do governo, ver Murray (1997).

4. Sobre crescimento e pobreza: Dollar e Kraay (2000), Easterly (1999) e Timmer (1997). Sobre igualdade e crescimento: Aghion, Caroli e Garcia-Penalosa (1999), Barro (2000) e Benabou (1996).

5. Para uma visão geral dos atuais estudos sobre as conseqüências da tributação redistributiva, ver Slemrod (2000). Os resultados não são claros. Impostos menores parecem induzir mais investimentos pelas empresas, mas têm pouco efeito sobre as decisões de oferta de trabalho dos ricos. As evidências não parecem apoiar a afirmação, algumas vezes feita em debates políticos, de que a redução do imposto sobre a renda abaixo de seu nível corrente nos Estados Unidos estimularia um grande aumento no esforço do trabalho.

6. Hayek (1948, p.11). A citação de Le Carré é de *Observer*, 17 dez 2000.

7. Forster (1951, p.70).

Referências Bibliográficas

ABBATE, Janet (1999). *Inventing the Internet*, Cambridge, MIT Press.

ABOLAFIA, Mitchel Y. (1996). *Making Markets: Opportunism and Restraint on Wall Street*, Cambridge, Harvard University Press.

ACZEL, Amir D. (1996). *Fermat's Last Theorem*, Nova York, Delta.

AGHION, Philippe, Eve Caroli e Cecilia Garcia-Penalosa (1999). "Inequality and Economic Growth: The Perspective of the New Growth Theories", *Journal of Economic Literature* 37, 1999, p.1615-60.

AGHION, Philippe e Jean Tirole (1994). "The Management of Innovation", *Quartely Journal of Economics* 109, p.1185-210.

AKERLOF, George (1970). "The Market for 'Lemons': Quality Uncertain and the Market Mechanism", *Quartely Journal of Economics* 84, p.488-500.

ALBANESI, Stefania (2000). "Inflation and Inequality", inédito, Chicago, Universidade Northwestern.

ALESINA, Alberto (1997). "The Political Economy of High and Low Growth", in B. Pleskovic e J. Stiglitz (orgs.), *Annual World Bank Conference on Development Economics*.

ALPERS, Svetlana (1988). *Rembrandt's Enterprise*, Chicago, University of Chicago Press.

ARROW, Kenneth J. (1962). "Economic Welfare and the Allocation of Resources for Invention", in R.R. Nelson (org.), *The Rate and Direction of Economic Activity*, Princeton, Princeton University Press.

____ (1974a). *Essays in the Theory of Risk-Bearing*, Amsterdã, North-Holland.

____ (1974b). "Gifts and Exchanges", *Philosophy and Public Affairs* 1(4), p.343-62.

ARROW, Kenneth J. e Gerard Debreu (1954). "On the Existence of an Equilibrium for a Competitive Economy", *Econometrica* 22 (jul), p.2265-90.

AUSUBEL, Lawrence M. (1990). "Insider Trading in a Rational Expectations Equilibrium", *American Economic Review* 80, p.1022-41.

BAJARI, Patrick e Ali Hortacsu (2000). "Winner's Curse, Reserve Prices and Endogenous Entry; Empirical Insights from eBay Auction", inédito, Stanford, Universidade de Stanford.

BAKER, George, Robert Gibbons e Kevin J Murphy (1994). "Subjective Performance Measures in Optimal Incentive Contracts", *Quartely Journal of Economics* 109, p.1125-56.

BANNER, Stuart (1998). "The Origin of the New York Stock Exchange, 1791-1860", *Journal of Legal Studies* 27, p.113-40.

BARON, David P. e Roger B. Myerson (1982). "Regulating a Monopolist with Unknown Costs", *Econometrica* 50, p.911-30.

BARRO, Robert (1991). "Economic Growth in a Cross Section of Countries", *Quartely Journal of Economics* 106, p.407-44.

____ (2000). "Inequality and Growth in a Cross Section of Countries", *Journal of Economics* 5, p.5-32.

BARRO, Robert e Xavier Sala-i-Martin (1992). "Public Finance in Models of Economic Growth", *Review of Economics Studies* 59, p.645-61.

BAKTIN, Kirsten M. (1996). "New Zealand's Quota Management System: A Solution to the United States' Federal Fisheries Management Crisis?", *Natural Resources Journal* 36(4), p.855-80.
BAUMOL, William J. e Hilda Baumol (1994). "On the Economics of Musical Composition in Mozart's Vienna", in J.M. Morris (org.), *On Mozart*, Nova York, Cambridge University Press.
BENABOU, Roland (1996). "Inequality and Growth", in B.S. Bernanke e J.J. Rotemberg (orgs.), *NBER Macroeconomics Annual 1996*, Cambridge, MIT Press.
BENDER, Andrea, Wolfgang Kagi e Ernest Mohr (1998). "Sustainable Open Access: Fishing and Informal Insurance in Ha'apai, Tonga", inédito, St. Gallen, Suíça, Institute for Economy and Environment.
BERGSON, Abram (1992). "Communist Economic Efficiency Revisited", *American Economic Review Papers and Proceedings* 82, p.27-30.
BERGSTROM, Carl (2001). "An Introduction to the Theory of Costly Signaling", http://calvino.biology.emory.edu/handicap.
BERLINER, Joseph S. (1957). *Factory and Manager in the USSR*, Cambridge, Harvard University Press.
BERNDT, Ernst R., Linda Bui, David R. Reiley e Glenn L. Urban (1995). "Information, Marketing, and the U.S. Antiulcer Drug Market", *American Economic Review Papers and Proceedings* 85, p.100-5.
BERNSTEIN, Lisa (1992). "Opting Out of the Legal System: Extralegal Contractual Relations in the Diamond Industry", *Journal of Legal Studies* 21, p.115-57.
BESEN, Stanley M. e Leo J. Rasking (1991). "An Introduction to the Law and Economics of Intellectual Property", *Journal of Economic Perspectives* 5, p.3-27.
BESSEN, James e Eric Maskin (2000). "Sequential Innovation, Patents, and Imitation", texto para discussão 00-01, MIT, Cambridge.
BESTOR, Theodore C. (1998). "Making Things Clique: Cartels, Coalitions, and Institutional Structure in the Tsukji Wholesale Seafood Market", in M.W. Fruin (org.), *Networks, Markets, and the Pacific Rim*, Nova York, Oxford University Press.
BLACK, Bernard (2000). "The Core Institutions That Support Strong Securities Markets", *Business Lawyer* 55, p.1.565-607.
BLANCHARD, Olivier e Michael Kremer (1997). "Disorganization", *Quartely Journal of Economics* 111, p.1091-126.
BLANK, Rebecca (2000). "Figthing Poverty: Lessons from Recent U.S. History", *Journal of Economic Perspectives* 14, p.3-19.
BOHI, Douglas R. e Dallas Burtraw (1997). "SO2 Allowance Trading: How Experience and Expectations Measure Up", texto para discussão 97-24, Washington, D.C., Ressources for the Future (fev).
BORENSTEIN, Severin, James Bushnell e Frank Wolak (2000). "Diagnosing Market Power in California's Restructured Wholesale Electricity Market", texto para discussão 7868, Cambridge, Mass., National Bureau of Economic Research.
BORLAND, Jeff e Jenny Lye (1992). "Attendance at Australian Rules Football", *Applied Economics* 24, p.1053-8.
BORSOOK, Paulina (2000). *Cyberselfish*, Nova York, Public Affairs.
BOTSFORD, Louis W., Juan Carlos Castilla e Charles H. Peterson (1997). "The Management of Fisheries and Marin Ecosystems", Science 277 (jul), p.509-15.
BOYCKO, Maxim, Andrei Shleifer e Robert Vishny (1995). *Privatizing Russia*, Cambridge, MIT Press.
BRADY, Rose (1999). *Kapitalism: Russia's Struggle to Free Its Economy*, New Haven, Yale University Press.
BRAND, Stewart (1987). *The Media Lab: Inventing the Future at MIT*, Nova York, Viking Penguin.
BRANDT, Lorend, Jikun Huang, Guo Li e Scott Rozelle (1987). "Land Rights in China: Facts, Fictions, and Issues", inédito, Toronto, Universidade de Toronto.
BRAUDEL, Fernand (1982). *Civilization and Capitalism, vol.II: The Wheels of Commerce*, Londres, Collins.

BRAUDEL, Paul J. e Charles R. Plot (1996). "A Binary Conflict Ascending Price (BICAP) Mechanism for the Decentralized Allocation of the Right to Use Railroad Tracks", *International Journal of Industrial Organization* 14, p.857-86.
BROWN, J. David e John S. Earle (2000). "Competition and Firm Performance: Lessons from Russia", inédito, Estocolmo, Stockholm School of Economics.
BROWN, Jeffrey R. e Austan Goolsbee (2000). "Does the Internet Make Markets More Competitive? Evidence from the Life Insurance Industry", texto para discussão 7996, Cambridge, Mass., National Bureau of Economic Research.
BRYNJOLFSSON, Eric e Michael D. Smith (2000). "Frictionless Commerce? A Comparison of Internet and Conventional Retailers", *Management Science* 46, p.563-85.
BULOW, Jeremy e Paul Klemperer (1996). "Auctions vs. Negotiations", *American Economic Review* 86, p.180-94.
CASON, Timothy N. e Charles R. Plot (1996). "EPA's New Emissions Trading Mechanism: A Laboratory Evaluation", *Journal of Environmental Economics and Management* 30, p.133-94.
CHEUNG, S.N.S. (1973). "The Fable of the Bees", *Journal of Law and Economics* 16, p.11-33.
CHIRAC, Pierre, Tido von Schoen-Angere, Toby Kasper e Nathan Ford (2000). "Aids: Patent Rights versus Patient Rights", *Lancet* 356 (5 ago).
CHONG, Alberto e César Calderón (2000). "Causality and Feedback between Institutional Measures and Economic Growth", *Economics and Politics* 12, p.69-81.
CLAESSENS, Stijn, Simeon Djankov e Larry H.P. Lang (2000). "The Separation of Ownership and Control in East Asian Corporations", *Journal of Financial Economics* 58, p.81-112.
CLAFFY, K. Monk, E. Tracie e Daniel McRobb (1999). "Internet Tomography", *Nature* (7 jan), http://helix.nature.com/webmatters/tomog/tomog.html.
CLARK, Gracia (1988). "Price Control of Local Foodstuffs in Kumasi, Ghana, 1979", in G. Clark (org.), *Traders versus the State: Anthropological Approaches to Unofficial Economies*, Boulder, Colo., Westview Press.
COASE, R.H. (1937) "The Nature of the Firm", *Economica* 4, p.386-405.
____ (1960). "The Problem of Social Cost", *Journal of Law and Economics* 3, p.1-44.
COCKBURN, Iain e Rebecca Henderson (1997). "Public-Private Interaction and the Productivity of Pharmaceutical Research", texto para discussão 6018, Cambridge, Mass., National Bureau Economic Research.
COLLIER, Paul e Jan Willem Gunning (1999). "Explaining African Economic Performance", *Journal of Economic Literature* 37, p.64-111.
COMANER, William S. (1986). "The Political Economy of the Pharmaceutical Industry", *Journal of Economic Literature* 24, p.1178-217.
COX, Harvey (1999). "The Market as God", *Atlantic Monthly* 283 (mar), p.18-23.
DALES, J.H. (1999). *Pollution, Property and Prices*, Toronto, University of Toronto Press.
DATT, Gauray e Martin Ravallion (1998). "Farm Productivity and Rural Poverty in India", *Journal of Development Studies* 34, p.62-85.
DAWKINGS, Richard (1986). *The Blind Watchmaker*, Nova York, W.W. Norton.
DEININGER, Klaus e Gershon Feder (1998). "Land Institutions and Land Markets", texto para discussão em pesquisa política 2014, Washington, D.C., Banco Mundial.
DEMIURGÜÇ-KUNT, Asli e Vojislav Maksimovic (1998). "Law, Finance, and Firm Growth", *Journal of Finance* 53, p.2107-37.
DENNEY, Reuel e David Reisman (1954). "Footbal in America: A Study in Culture Diffusion", in David Riesman, *Individualism Reconsidered*, Glencoe, Ill., Free Press.
DESAI, Ashok V. (1999). *The Price of Onions*, Nova Déli, Penguin.
DIAMOND, Peter A. (1971). "A Model of Price Adjustment", *Journal of Economic Theory* 3, p.156-68.
DJANKOV, Simeon (1998). "Ownership Structure and Enterprise Restructuring in Six Newly Independent States", inédito, Washington, D.C., Banco Mundial.
DJANKOV, Simeon, Rafael La Porta, Florencio Lopes-de-Silanes e Andrei Shleifer (2000). "The Regulation of Entry", texto para discussão 7892, Cambridge, Mass., National Bureau of Economic Research.

DOLLAR, David e Aart Kraay (2000). "Growth Is Good for the Poor", inédito, Washington, D.C., Banco Mundial.

DUNNING, Eric e Kenneth Sheard (1979). *Barbarian Gentlemen and Players*, Oxford, Inglaterra, Martin Robertson.

EARLE, John S., Sal Estrin e Larisa L. Leshchenko (1995). "Ownership Structures, Patterns of Control and Enterprise Behavior in Russia", inédito, Praga, Universidade da Europa Central.

EASTERLY, William (1999). "Life During Growth", *Journal of Economic Growth* 4, p.239-76.

EDLIN, Aaron e Pinar Karaca Mandic (2001). "The Accident Externality from Driving", inédito, Berkeley, Universidade da California.

EINSTEIN, Albert (1995). "Why Socialism?", *Ideas and Opinions*, Nova York, Crown.

ELLERMAN, A. Denny, Paul L. Joskow, Richard Schmalensee, Juan-Pablo Montero e Elizabeth M. (2000). *Bailey Markets for Clean Air*, Cambridge, Inglaterra, Cambridge University Press.

ELLISON, Sara Fisher, Iain Cockburn, Svi Griliches e Jerry Hausman (1997). "Characteristics of Demand for Pharmaceutical Products", *Rand Journal of Economics* 28, p.426-46.

ENVIRONMENTAL PROTECTION AGENCY/EPA (1999). *Progress Report on the EPA Acid Rain Program*, Washington, D.C., EPA, www.epa.gov/acidrain.

EVANS, Lewis, Arthur Grimes, Bryce Wilkinson e David Teece (1996). "Economic Reform in New Zealand 1984-95: The Pursuit of Efficiency", *Journal of Economic Literature* 34, p.1856-902.

FREI, John C., Gustav Ranis e Shirley W.Y. Kuo (2000). "Economic Growth and Income Distribution in Taiwan, 1953-64", in G.M. Meier e J.E. Rauch (orgs.), *Leading Issues in Economic Development*, Nova York, Oxford University Press.

FITZGERALD, Michael C. (1995). *Making Modernism: Picasso and the Creation of the Market for 20th Century Art*, Nova York, Farrar, Straus, and Giroux.

FORSTER, E.M. (1951). *Two Cheers for Democracy*, San Diego, Harcourt Brace Jovanovich.

FORSYTHE, Nancy, Roberto Patrício Korzeneiwicz e Valerie Durrant (2000). "Gender Inequalities and Economic Growth", *Economic Development and Cultural Change* 48, p.573-617.

FORT, Rodney e James Quirk (1999). "Cross-Subsidization, Incentive, and Outcomes in Professional Team Sports Leagues", *Journal of Economic Literature* 33, p.1265-99.

FULLERTON, Richard L. e R. Preston McAfee (1999). "Auctioning Entry into Tournaments", in *Journal of Political Economy* 107, p.573-605.

GALLINI, Nancy e Suzanne Scotchmer (2002). "Intellectual Property: When Is It the Best Incentive System?", in A. Joffe, J. Lerner e S. Stern (orgs.), *Innovation Policy and the Economy*, Cambridge, MIT Press.

GARDNER, Howard (1994). "How Extraordinary Was Mozart?", in J.M. Morris (org.), *On Mozart*, Nova York, Cambridge University Press.

GARVIN, Susan e John H. Kagel (1994). "Learning in Common-Value Auction", *Journal of Economic Behavior and Organization* 25, p.351-72.

GEERTZ, Clifford (1978). "The Bazaar Economy: Information and Search in Peasant Marketing", *American Economic Review* 68, p.28-32.

GIBBON, Edward (1946). *The Decline and Fall of the Roman Empire*, Nova York, Heritage Press.

GILLETT, Sharon Eisner e Mitchell Kapor (1997). "The Self-Governing Internet: Coordination by Design", in Brian Kahin e James H. Keller (orgs.), *Coordinating Internet*, Cambridge, MIT Press.

GILSON, Ronald J. (1999). "The Legal Infrastructure for High Technology Industrial Districts: Silicon Valley, Route 128, and Covenants Not to Compete", Nova York *University Law Review* 74, p.575-629.

GLEN, Jack D. e Mariusz Sumlinski (1999). "Trend Technology Investment in Developing Countries: Statistics for 1970-96", texto para discussão 34, Washington, D.C., International Finance Corporation.

GLICKMAN, Mark M. (2001). "Beyond Gas Taxes", Redefining Progress, www.rprogress.org.

GOLDMAN, Eitan e Gary Gorton (2000). "The Visible Hand, the Invisible Hand, and Efficiency", texto para discussão 7587, Washington, D.C., National Bureau of Economic Research.

GRAFTON, R. Quentin, Dale Squires e Kevin J. Fox (2000). "Private Property and Economic Efficiency: A Study of a Common-Pool Resource", *Journal of Law and Economics* 43, p. 679-714.

GRAFTON, R. Quentin, Dale Squires e James E. Kirley (1996). "Private Property Rights and Crises in World Fisheries", *Contemporary Economic Policy* 14, p.89-99.

GRAMPP, William D. (2000). "What Did Smith Really Mean by the Invisible Hand?", *Journal of Political Economy* 108, p.441-65.

GREEN, W.M. (1989). "Early Cuneiform", in Wayne W. Senner (org.), *The Origins of Writing*, Lincoln, University of Nebraska Press.

GREIF, Avner, Paul Milgrom e Barry Weingast (1994). "Coordination, Commitment, and Enforcement: The Case of the Merchant Guild", *Journal of Political Economy* 102, p.645-776.

GROMOV, Gregory R. (1998). "The Roads and Crossroads of Internet History", www.internetvalley.com/intvalconcl.html.

GROVES, Theodore, Yongmiao Hong, John McMillan e Barry Naughton (1994). "Autonomy and Incentives in Chinese State Enterprises", *Quartely Journal of Economics* 109, p.183-209.

____ (1995). "China's Evolving Managerial Labor Market", *Journal of Poltical Economy* 4, p.873-92.

GUSTAFSON, Thane (1999). *Capitalism Russian-Style*, Cambridge, Inglaterra, Cambridge University Press.

HALL, Robert E. e Charles I. Jones (1999). "Why Do Some Countries Produce So Much More Output per Worker Than Others?", *Quarterly Journal of Economics* 114, p.83-116.

HANDELMAN, Stephen (1995). *Comrade Criminal*, New Haven, Yale University Press.

HART, Oliver (1995). *Firms, Contracts, and Financial Structure*, Oxford, Inglaterra, Clarendon Press.

HAYEK, F.A. (1945). "The Use of Knowledge in Society", *American Economic Review* 35, p.519-30.

____ (1948). *Individualism and Economic Order*, Chicago, University of Chicago Press.

____ (1978). "Competition as a Discovery Procedure", in *New Studies in Philosophy, Politics, Economics, and the History of Ideas*, Londres, Routledge and Kegan Paul.

HAVEL, Vaclav (1992). *Summer Meditations*, Nova York, Alfred A. Knopf.

HAVEMAN, Robert e Jonathan Schwabish (1999). "Economic Growth and Poverty: A Return to Normalcy?", *Focus* 20 (primavera), p.107, www.ssc.wisc.edu/irp/focus.htm.

HECKEL, Paul (1992). "Debunking the Software Myths", in *Communications of the ACM*.

HENDRICKS, Kenneth, Robert H. Porter e Bryan Boudreau (1987). "Information, Returns, and Bidding Behavior in OCS Auctions: 1954-1969", *Journal of Industrial Economics* 35, p.517-42.

HICKS, John (1935). "Annual Survey of Economic Theory: The Theory of Monopoly", *Econometrica* 3, p.1-20.

HILL, M. Anne e Elizabeth M. King (2000). "Women's Education in Developing Countries", in G.M. Meier e J.E. Rauch (orgs.), *Leading Issues in Economic Development*, 7ª ed., Nova York, Oxford University Press.

HOLLOWAY, Charles e John Morgridge (2000). "eBay: Managing Hypergrowth", Stanford, Universidade de Stanford, Faculdade de Administração.

HOLMSTRÖM, Bengt (1999). "The Firm as a Sub-Economy", *Journal of Law, Economics, and Organization* 15, p.74-102.

HSING, You-tien (1999). "Trading Companies in Taiwan's Fashion Shoe Networks", *Journal of International Economics* 48, p.101-20.

HUME, David (1978 [1739]). *A Treatise of Human Nature*, 2ª ed., Oxford, Inglaterra, Oxford University Press.

HYNDS, Michael e Ian Smith (1994). "The Demand for Test Match Cricket", *Applied Economics Letters* 1, p.103-6.

JACKSON, Blair (1999). *Garcia: An American Life*, Nova York, Viking.

JACKSON, Jeremy C. et al. (2001). "Historical Overfishing and the Recent Collapse of Coastal Ecosystems", *Science* 293 (27 jul), p.629-38.

JIN, Ha (1999). *Waiting*, Nova York, Pantheon.

JOHANSEN, Leif (1979). "The Bargaining Society and the Inefficiency of Bargaining", *Kyklos* 32, p.497-522.

JOHNSON, Simon, Daniel Kaufman, John McMillan e Christopher Woodruff (2000). "Why Do Firms Hide? Bribes and Unofficial Activity after Communism", *Journal of Public Economics* 76, p.495-520.

JOHNSON, Simon, Rafael La Porta, Florencio Lopez-de-Silanes e Andrei Shleifer (2000). "Tunnely", *American Economic Review Papers and Proceedings* 90, p.22-7.

JOHNSON, Simon, John McMillan e Christopher Woodruff (2001). "Property Rights and Finance", inédito, Cambridge, Mass., MIT.

JOSKOW, Paul e Edward Kahn (2001). "A Quantitive Analysis of Pricing Behavior in California's Wholesale Electricity Market during Summer 2000", paper 8157, Washington, D.C., National Bureau of Economic Research.

KAHN, Lawrence M. (2000). "The Sports Business as a Labor Market Laboratory", *Journal of Economic Perspectives* 14, p.74-9.

KAPLAN, Jerry (1995). *Startup: A Silicon Valley Adventure*, Nova York, Penguin.

KEEFER, Philip e Stephen Knack (1997). "Why Don't Poor Countries Catch Up?", *Economic Inquiry* 35, p.590-602.

KELLECK, Cengiz (1992). *O Estado e o mercado no tempo do Profeta* [em turco], Istambul, Bilim ve Sanat Vafki Yayinlari1992.

KELSEY, Jane (1995). *The New Zealand Experiment*, Auckland, Auckland University Press.

KLITGAARD, Robert (1991). *Adjusting to Reality*, San Francisco, ICS Press.

KNACK, Stephen e Philip Keefer (1995). "Institutions and Economic Performance: Cross-Country Tests Using Alternative Institutional Measures", *Economics and Politics* 7, p.207-28.

KNELLER, Richard, Michael F. Bleaney e Norman Gemmell (1999). "Fiscal Policy and Growth: Evidence from OECD Countries", *Journal of Public Economics* 74, p.171-90.

KREMER, Michael (1998). "Patent Buyouts", *Quartely Journal of Economics* 113, p.1137-76.

____ (2000). "Creating Markets for New Vaccines", inédito, Cambridge, Universidade Harvard.

KREPS, David e Joel Sobel (1991). "Signaling", in R. Aumann e S. Hart (orgs.), *Handbook of Game Theory with Economic Application*, Amsterdã, North-Holland.

KRUEGER, Alan e Mikael Lindahl (2001). "Education for Growth: Why and for Whom?" *Journal of Economic Literature* 39, p.1001-136.

KRUGMAN, Paul (1996). "The Myth of Asia's Miracle", in *Pop Internationalism*, Cambridge, MIT Press.

LA PORTA, Rafael, Florencio Lopez-de-Silanes, Andrei Shleifer e Robert Vishny (1997). "Legal Determinants of External Finance", *Journal of Finance* 52, , p.1131-49.

____ (2000). "Investor Protection and Corporate Governance", *Journal of Financial Economics* 58, p.3-27.

LE CARRÉ, John (2001). *The Constant Gardener*, Nova York, Scribner.

LEAL, Donald R. (2000). "Homesteading the Commons", Texto PS-19, Bozeman, Mont., Political Economy Research Center.

LEVIN, Mark e Georgy Satarov (2000). "Corruption and Institutions in Russia", *European Journal of Political Economy* 16, p.113-32.

LEVINE, Ross (1997). "Financial Development and Economic Growth", *Journal of Economic Literature* 35, p.688-726.

LEVINE, Ross e David Renelt (1992). "A Sensitivity Analysis of Cross-Country Growth Regressions", *American Economic Review* 82, p.942-63.

LEVY, Steven (1994). *Hackers*, Nova York, Delta.

LUCAS, Robert E. (1998). "On the Mechanics of Economic Development", *Journal of Monetary Economics* 22, p.3-42.

LUCKING-REILY, David (2000). "Auctions on the Internet: What's Being Auctioned, and How?", *Journal of Industrial Economics* 48, p.227-52.

LYMAN, Peter, Hal R. Varian et al. (2000). "How Much Information?", www.sims.berkeley.edu/how-much-info.

LYONS, Thomas P. (1994). "Economic Reform in Fujian: Another View from the Villages", in T.P. Lyons e V. Nee (orgs.), *The Economic Transformation of South China*, Ithaca, N.Y., Cornell University Press.

MACAULAY, Stewart (1963). "Non-Contractual Relations in Business: A Preliminary Study", *American Sociological Review* 28, p.55-67.

MACINTYRE, Andrew (2000). "Investment, Property Rights, and Corruption in Indonesia", in J.E. Campos (org.), *Corruption: The Boom and Bust of East Asia*, Manila, Ateneo University Press.

MACRORY, Jennifer (1991). *Running with the Ball*, Londres, Collins Willow.

MANES, Stephen e Paul Andrews (1993). *Gates*, Nova York, Doubleday.

MARX, Groucho (1994). *The Groucho Letters*, Nova York, Da Capo Press.

MCAFEE, R. Preston e John McMillan (1986). "Bidding for Contracts: A Principal-Agent Analysis", *Rand Journal of Economics* 17, p.326-38.

____ (1987). "Auctions and Bidding", *Journal of Economic Literature* 25, p.699-738.

____ (1996). "Analizing the Airwaves Auction", *Journal of Economic Perspectives* 10, p.159-76.

MCMILLAN, John (1991). "Dango: Japan's Price-Fixing Conspiracies", *Economics and Politics* 3, p.201-18.

____ (1992). *Games, Strategies, and Managers*, Nova York, Oxford University Press.

MCMILLAN, John e Barry Naughton (1992). "How to Reform a Planned Economy: Lessons from China", *Oxford Review of Economic Policy* 8, p.130-43.

MCMILLAN, John, John Whalley e Lijing Zhu (1998). "The Impact of China's Economic Reforms on Agricultural Productivity Growth", *Journal of Political Economy* 97, p.781-807.

MCMILLAN, John e Christopher Wooddruff (1999a). "Dispute Prevention without Courts in Vietnam", *Journal of Law, Economics, and Organization* 15, p.637-58.

____ (1999b). "Interfirm Relationships and Informal Credit in Vietnam", *Quartely Journal of Economics* 114, p.1285-320.

____ (2000). "Private Order under Dysfunctional Public Order", *Michigan Law Review* 98, p.2421-58.

MCQUADE, Krista e Benjamin Gomes-Casseres (1991). "Xerox and Fuji Xerox", caso 9-391-156, Boston, Universidade Harvard, Faculdade de Administração.

MEGGINSON, William L. e Jeffry M. Netter (2001). "From State to Market: A Survey of Empirical Studies on Privatization", *Journal of Economic Literature* 39, p.321-89.

MILGROM, Paul (2000). "Putting Auction Theory to Work: The Simultaneous Ascending Auction", *Journal of Political Economy* 108, p.245-72.

____ e John Roberts (1986). "Price and Advertising Signal of Product Quality", *Journal of Political Economy* 94, p.796-821.

____ (1992). *Economics, Organization, and Management*, Enblewood Cliffs, N.J., Prentice-Hall.

MILGROM, Paul R. e Robert J. Weber (1982). "A Theory of Auctions and Competitive Bidding", *Econometrica* 50, p.1089-122.

MIRON, Jeffrey A. e Jeffrey Zwiebel (1991). "Alcohol Comsumption during Prohibition", *American Review Papers and Proceedings* 81, p.242-7.

MURRAY, Charles (1997). *What It Means to Be a Libertarian*, Nova York, Broadway Books.

MYERSON, Roger (1981). "Optimal Auction Design", *Mathematics of Operations Research* 6, p.58-73.

MYERSON, Roger B. e Mark A. Satterthwaite (1983). "Efficient Mechanisms for Bilateral Trading", *Journal of Economic Theory* 29, p.265-81.

NARIN, Francis, Kimberly S. Hamilton e Dominic Olivastro (1997). "The Increasing Linkage between U.S. Technology and Public Science", *Research Policy* 26, p.317-30.

NAUGHTON, Barry (1995). *Growing out of the Plan*, Nova York, Cambridge University Press.

NILSSON, Jan-Eric (1999). "Allocation of Track Capacity: Experimental Evidence on the Use of Priority Auctioning in the Railway Industry", *International Journal of Industrial Organization* 17, p.1139-62.

NOLL, Roger G. (1991). "Professional Basketball: Economic and Business Perspectives", in P.D. Staudohar e J.A. Mangan (orgs.), *The Business of Professional Sports*, Urbana, University of Illinois Press.

NYBERG, Albert e Scott Rozelle (1999). *Accelerating China's Rural Transformation*, Washington, D.C., Banco Mundial.

PIGOU, A.C. (1947). *Socialism vs. Capitalism*, Londres, Macmillan.

PLOTT, Charles R. (2000). "Markets as Information Gathering Tools", *Southern Economic Journal* 67, p.1-15.

POSTGATE, Nicholas, Tao Wang e Toby Wilkinson (1995). "The Evidence for Early Writing: Utilitarian or Ceremonial?", *Antiquity* 69, p.549-80.

PRESS, Larry (1996). "Seeding Networks: The Federal Role", *Communication of the ACM* 39 (out), p.11-8.

PRITCHETT, Lant e Lawrence H. Summers (1996). "Wealthier Is Healthier", *Journal of Human Resources* 31, p.841-68.

RADFORD, R.A. (1945). "The Economic Organisation of a P.O.W. Camp", *Economica* 12, p.189-201.

RAJAN, Raghuram e Luigi Zingales (1999). "The Politics of Financial Development", inédito, Chicago, Universidade de Chicago.

RAND, Ayn (1988). "Introducing Objectivism", in *The Voice of Reason*, Nova York, New American Library; também em www.aynrand.org.

RANIS, Gustav, Frances Stewart e Alejandro Ramirez (2000). "Economic Growth and Human Development", *World Development* 28, p.197-219.

RASCHER, Daniel (1999). "Test of the Optimal Positive Production Network Externality in Major League Baseball", in Fizel, E. Gustafson e L. Hadley (orgs.), *Sports Economics*, Westport, Conn., Praeger.

RASHID, Salim (1998). *The Myth of Adam Smith*, Londres, Edward Elgar.

RILEY, John (2001). "Silver Signals", *Journal of Economic Literature* 39, p.432-78.

___ e William Samuelson (1981). "Optimal Auctions", *American Economic Review* 71, p.381-92.

ROBERTSON, Claire C. (1983). "The Death of Makola and Other Tragedies", *Canadian Journal of African Studies* 17, p.469-95.

ROBIN, Corey (2001). "The Ex-Cons", *Lingua Franca* 11.

ROBINSON, Joan (1976). *Economic Management in China*, Londres, Anglo-Chinese Educational Institute.

ROLAND, Gérard e Thierry Verdier (1999). "Transition and the Output Fall", *Economics of Transition* 7, p.1-28.

ROMER, Paul M. (1986). "Increasing Returns and Long-Run Growth", *Journal of Political Economy* 9, p.1002-37.

ROSEN, Sherwin e Allen Sanderson (2001). "Labor Markets in Professional Sports", *Economic Journal* 111, p.47-68.

ROTH, Alvin E. (1984). "The Evolution of the Labor Market for Medical Interns and Residents", *Journal of Political Economy* 92, p.991-1016.

___ (1996). "Report on the Design and Testing of an Applicant Proposing Matching Algorithm, and Comparison with the Existing NPRM Algorithm", www.economics.harvard.edu/~aroth/phase1.html.

ROTH, Alvin E. e Axel Ockenfels (2000). "Last Minute Bidding and the Rules for Ending Second-Price Auctions", inédito, Cambridge, Universidade Harvard.

ROTH Alvin, E. e Elliot Peranson (1999). "A Redesign of the Matching Market for American Physicians: Some Engineering Aspects of Economic Design", *American Economic Review* 89, p.748-80.

ROTH, Alvin E., Vesna Prasnikar, Masahiro Okuno-Fujiwara e Shmuel Zamir (1991). "Bargaining and Market Bahavior in Jerusalem, Ljubljana, Pittsburgh, and Tokyo: An Experimental Study", *American Economic Review* 81, p.1068-95.

ROTHSCHILD, Michael e Joseph E. Stiglitz (1976). "Equilibrium in Competitive Insurance Markets: An Essay on the Economics of Imperfect Information", *Quartely Journal of Economics* 90, p.629-50.

ROZELLE, Scott, Linxiu Zhang e Jikun Huang (1999). "China's War on Poverty", inédito, Davis, Universidade da California.

RUHM, Christopher J. (1996). "Alcohol Policies and Highway Vehicle Fatalities", *Journal of Health Economics* 15, p.437-56.

RUSSELL, Marcia (1996). *Revolution: New Zealand from Fortress to Free Market*, Auckland, Hodder Moa Beckett.

SACHS, Jeffrey (1992). "Privatization in Russia", *American Economic Review Papers and Proceedings* 82, p.43-8.

SALOP, Steven e Joseph E. Stiglitz (1977). "Bargains and Ripoffs: A Model of Monopolistically Competitive Price Dispersion", *Review of Economic Studies* 44, p.493-510.

SAXENIAN, Annalee (1994). *Regional Advantage*, Cambridge, Harvard University Press.

SCHAEDE, Ulrike (1989). "Forwards and Futures in Tokugawa-Period Japan", *Journal of Banking and Finance* 13, p.487-513.

SCHERER, F.M. (1993). "Pricing, Profits, and Technological Progress in the Pharmaceuticals Industry", *Journal of Economic Perspectives* 7, p.97-115.

____ (2000). "Free Markets and Entrepreneurship in Music Composition, 1650-1900", inédito, Cambridge, Universidade Harvard.

SCHIFF, Michael e Arie Y. Lewin (1970). "The Impact of People on Budgets", *Accounting Review* 45, p.259-68.

SCHNEIDER, Friedrich e Dominik Enste (2000). "Shadow Economies Worldwide: Size, Causes, Consequences", *Journal of Economic Literature* 38, p.77-114.

SCHWEITER, Stuart O. (1997). *Pharmaceutical Economics and Policy*, Nova York, Oxford University Press.

SCOTT, James C. (1998). *Seeing Like a State*, New Haven, Yale University Press.

SCOTT Morton, Fiona, Florian Settelmeyer e Jorge Silva Risso (2000). "Internet Car Retailing", texto para discussão 7961, Washington, D.C., National Bureau of Economic Research.

SCULLY, Gerald W. (1995). *The Market Structure of Sports*, Chicago, University of Chicago Press.

SETHI, Rajiv e E. Somanathan (1996). "The Evolution of Social Norms in Common Property Resource Use", *American Economic Review* 86, p.766-88.

SHAPIRO, Carl e Hal R. Varian (1999). *Information Rules*, Boston, Harvard Business School Press.

SHARP, David C., David H. Ciscel e Julia A. Heath (1998). "Back to Becker: Valuing Women's Economic Contribution from Housework with Household Production Functions", *Journal of Forensic Economics* 11, p.215-35.

SHAVELL, Steven e Tanguy van Ypersele (1999). "Rewards versus Intellectual Property Rights", texto para discussão 6956, Washington, D.C., National Bureau of Economic Research.

SHERWIN, David (2000). "Fraud — The Unmanaged Risk", *Financial Crime Review* 1, p.67-70.

SHIRK, Susan L. (1993). *The Political Logic of Economic Reform in China*, Berkeley, University of California Press.

SHLEIFER, Andrei e Robert W. Vishny (1993). "Corruption", *Quartely Journal of Economics* 108, p.599-617.

SILVERSTONE, Brian, Alan Bollard e Ralph Lattimore (orgs.) (1996). *A Study of Economic Reform: The Case of New Zealand*, Amsterdã, Elsevier.

SIMMEL, Georg (1978 [1900]). *The Philosophy of Money*, Boston, Routledge and Kegan Paul.

SIMON, Herbert A. (1991). "Organizations and Markets", *Journal of Economic Perspectives* 5, p.25-44.

SKIDELSKY, Robert (1996). *The Road from Serfdom*, Londres, Penguin.

SLEMROD, Joel (org.) (2000). *Does Atlas Shrug? The Economic Consequences of Taxing the Rich*, Cambridge, Harvard University Press.

SMITH, Adam (1976 [1776]). *An Inquiry into the Nature and Causes for the Wealth of Nations*, Chicago, University of Chicago Press.

SMITH, Eugene (1975). *Minamata*, Nova York, Holt, Rinehart, Winston.

SMITH, Vernon L. (1982). "Microeconomic Systems as an Experimental Science", *American Economic Review* 72, p.923-55.
SOBEL, Dava (1996). *Longitude*, Nova York, Penguin.
____ e Ichito Takahashi (1983). "A Multistage Model of Bargaining", in *Review of Economic Studies* 50, p.411-26.
SOBEL, Robert (1970). *The Curbstone Brokers: The Origins of the American Stock Exchange*, Nova York, Macmillan.
SOTO, Hernando de (1989). *The Other Path*, Nova York, Harper and Row.
SPENCE, A. Michael (1973). "Job Market Signaling", *Quartely Journal of Economics Perspectives* 87, p.355-74.
SPULBER, Daniel F. (1996). "Market Microstructure and Intermediation", *Journal of Economic Perspectives* 10, p.135-52.
SQUIRES, Dale, James Kirkley e Clement A. Tisdell (1995). "Individual Transferable Quotas as a Fisheries Management Tool", *Reviews in Fisheries Science* 3, p.141-69.
STEINBECK, John (1996). *Sweet Thursday*, Nova York, Penguin.
STIGLER, George J. (1961). "The Economics of Information", *Journal of Political Economy* 69, p.213-25.
STIGLITZ, Joseph E. (1994). *Whither Socialism?*, Cambridge, MIT Press.
SWEDBERG, Richard (1994). "Markets as Social Structures", in N.J. Smelser e R. Swedberg (orgs.), *The Handbook of Economic Sociology*, Princeton, Princeton University Press.
SZYMANSKI, Stefan (2001). "Income Inequality, Competitive Balance and the Attractiveness of Team Sports: Some Evidence and a Natural Experiment from English Soccer", *Economic Journal* 111, F69-F84.
TAYLOR, Curtis R. (1995). "Digging for Golden Carrots: An Analysis of Research Tournaments", *American Economic Review* 85, p.872-90.
TCHEKOV, Anton (1978). *The Cherry Orchard*, trad. Michael Frayn, Londres, Eyre Methuen.
TEMPLE, Jonathan (1999). "The New Growth Evidence", *Journal of Economic Literature* 37, p.112-56.
TEMPLER, Robert (1999). *Shadows and Wind: A View of Modern Vietnam*, Nova York, Penguin.
THOMPSON, Homer A. (1976). *The Athenian Agora: A Short Guide*, Princeton, N.J., American School of Classical Studies at Athens.
TIMMER, C. Peter (1997). "How Well Do the Poor Connect to the Growth Process?", texto para discussão 17, Cambridge, Harvard Institute for International Development.
TROULLIER, Patrice e Piero Olliaro (1999). "Drug Development Output: What Proportion for Tropical Diseases?", *Lancet* 354 (10 jul).
TYBOUT, James (2000). "Manufacturing Firms in Developing Countries: How Well Do They Do, and Why?", *Journal fo Economic Literature* 38, p.11-44.
TWYMAN, RobertW. (1954). *History of Marshall Field & Co., 1852-1906*, Filadélfia, University of Pennsylvania Press.
TZANNATOS, Zafiris (1999). "Women and Labor Market Changes in the Global Economy", *World Development* 27, p.551-69.
UNAIDS (2000). *Report on the Global HV/Aids Epidemic*, Genebra, ONU, www.unaids.org.
U.S. GENERAL ACCOUTING OFFICE (2000). *Foreign Assistance: International Efforts to Aid Russia's Transition Have Had Mixed Results*, Washington, D.C., GAO.
VATIKIOTIS, Michael R.J. (1998). *Indonesian Politics under Suharto*, 3ª ed., Londres, Routledge.
VICKREY, William (1961). "Counterspeculation, Auction, and Sealed Tenders", *Journal of Finance* 16, p.8-37.
____ (1963). "Pricing in Urban and Suburban Transport", *American Economic Review: Papers and Proceedings* 53, p.452-65.
WACZIARG, Romain (2001). "Measuring the Dynamic Gains from Trade", *World Bank Economic Review* 14.
WALLER, J. Michael e Victor J. Yasmann (1995). "Russia's Great Criminal Revolution", *Journal of Contemporary Criminal Justice* 11, www.konanykhine.com.checkmate/yasmann.htm.

WEI, Shang Jin (1998). "Corruption in Economic Development: Beneficial Grease, Minor Annoyance, or Major Obstacle?", inédito, Cambridge, Universidade Harvard.

WEILER, Paul C. (2000). *Leveling the Playing Field*, Cambridge, Harvard University Press.

WEISS, Walter M. (1998). *The Bazaar: Markets and Merchants of the Islamic World*, Londres, Thames and Hudson.

WELKI, Andrew M. e Thomas J. Zlatoper (1999). "U.S. Professional Football Game-Day Attendance", *Atlantic Economic Journal* 27, p.285-98.

WEST, Mark D. (2000). "Private Ordering at the World's First Futures Exchange", *Michigan Law Review* 98, p.2574-615.

WILLIAMSON, Oliver E. (1985). *The Economic Institutions of Capitalism*, Nova York, Free Press.

____ (2000). "The New Institutional Economics: Taking Stock, Looking Ahead", *Journal of Economic Literature* 38, p.595-613.

WILSON, Edmund (1940). *To the Finland Station*, Nova York, Doubleday.

WILSON, Robert B. (1969). "Competitive Bidding with Disparate Information", *Management Science* 15, p.446-8.

____ (1977). "A Bidding Model of Perfect Competition", *Review of Economic Studies* 44, p.511-18.

____ (1999). "Market Architecture", discurso presidencial na Econometric Society.

WOOD, Ellen Meiksins (1999). *The Origin of Capitalism*, Nova York, Monthly Review Press. [Ed. bras.: *A origem do capitalismo*, Rio de Janeiro, Jorge Zahar, 2001.]

WOODRUFF, Christopher (1998). "Contract Enforcement and Trade Liberalization in Mexico's Footwear Industry", *World Development* 26, p.979-91.

WRONG, Michela (2000). *In the Footsteps of Mr Kurtz: Living on the Brink of Disaster in the Congo*, Londres, Fourth State.

WURGLER, Jeffrey (2000). "Financial Markets and the Allocation of Capital", *Journal of Financial Economics* 58, p.187-214.

YANG, Dali L. (1996). *Calamity and Reform in China*, Stanford, Stanford University Press.

ZAHAVI, Amotz e Avishag Zahavi (1997). *The Handicap Principle*, Oxford, Inglaterra, Oxford University Press.

ZHOUG, Kate Xiao (1997). *How the Farmers Changed China*, Boulder, Westview Press.

ZWI, Karen, Neil Söderland e Helen Schneider (2000). "Cheaper Antiretrovirals to Treat Aids in South Africa", *British Medical Journal* 320 (10 jun), p.1551-2.

Agradecimentos

Agradeço às seguintes pessoas pelos comentários, sugestões e informações: Daniel Berkowitz, Simon Board, Roger Bohn, Ashok Desai, Lewis Evans, Beth Goldberg, Avner Greif, Brad Handler, Eiichiro Kazumori, Kurt Lauk, Patrice Lord, Preston McAfee, Eva Meyersson, Paul Milgrom, Barry Naughton, John Roberts, Paul Romer, Michael Rothschild, Suzanne Scotchmer, Yoav Shoham, Matthew Shugart, Joel Sobel, Dale Squires, Steven Tadelis, Romain Wacziarg, Sonia Weyers, Matthew White, Bryce Wilkinson, Robert Wilson, Christopher Woodruff, Muhamet Yildez e Jeffrey Zwiebel. Na W.W. Norton eu agradeço especialmente a meu editor, Drake McFeely, bem como a Eve Lazovitz e Jack Repcheck. A Faculdade de Administração da Universidade de Stanford deu apoio à redação deste livro. Acima de tudo, agradeço a Patti por sua ajuda calorosa e sábia.

Índice Remissivo

Este livro foi composto pela
Futura Editoração, em Berling Roman e Legacy Sans,
e impresso pela Cromosete Gráfica e Editora em novembro de 2004.